财政部规划教材
全国高等院校财经类教材

金融风险管理

王金安　主　编
陈　蕾　副主编

中国财政经济出版社

图书在版编目（CIP）数据

金融风险管理/王金安主编．—北京：中国财政经济出版社，2014.7
财政部规划教材　全国高等院校财经类教材
ISBN 978－7－5095－5513－2

Ⅰ.①金…　Ⅱ.①王…　Ⅲ.①金融风险－风险管理－高等学校－教材　Ⅳ.①F830.2

中国版本图书馆 CIP 数据核字（2014）第 145733 号

责任编辑：刘瑞思　　责任校对：王　英
封面设计：陈　瑶　　版式设计：兰　波

中国财政经济出版社 出版
URL：http：//www.cfeph.cn
E－mail：cfeph @ cfeph.cn

社址：北京市海淀区阜成路甲 28 号　邮政编码：100142
营销中心电话：88190406　北京财经书店电话：64033436　84041336
北京富生印刷厂印刷　各地新华书店经销
787×1092 毫米　16 开　16 印张　384 000 字
2014 年 8 月第 1 版　2014 年 8 月北京第 1 次印刷
定价：32.00 元
ISBN 978－7－5095－5513－2/F·4457
（图书出现印装问题，本社负责调换）
质量投诉电话：010－88190744
打击盗版举报热线：010－88190492，QQ：634579818

编写说明

Written description

本书是财政部规划教材，由财政部教材编审委员会组织编写并审定，作为全国高等院校财经类教材使用。

金融风险对经济和社会发展的影响越来越广泛、越来越深远，如何对金融风险进行有效管理也成为金融理论界和业界共同关心的重点问题。但是，由于我国金融风险管理人才匮乏，我国的金融风险管理水平远远落后于欧、美、日等发达国家和地区。为了提高金融风险管理水平，需要培养大批熟悉金融风险管理理论与实务的专门人才，希望本书的出版能为金融风险管理人才的培养尽一份绵薄之力。

本教材的编写主要有以下几个特点：

1. 前沿性。本教材的编写参考了国内外理论研究的最新成果以及风险管理实践中的最新探索，有助于学生了解金融风险管理理论和实践的最新进展，拓宽专业视野，掌握金融风险管理的发展趋势。

2. 理论性。本教材对金融风险管理的有关理论进行了比较全面的梳理和介绍，并在每章中增设了“资料链接”，对各种理论的背景和难点进行辅助分析，有助于拓展学生的知识面和提高理论水平。

3. 实践性。为满足应用型人才培养的教学要求以及贴近实际工作需要的目的，本教材在每章中都安排了导入案例、分析案例和思考案例，以激发学生的学习兴趣，并使学生更透彻地理解金融风险管理理论，达到掌握知识、提高分析运用能力的目的。

全书第一章到第五章对包括信用风险、操作风险、利率风险、流动性风险等几种主要的金融风险的度量和管理进行介绍，第六章到第十二章则分别对信贷、股票、固定收益债券、衍生品、保险、外汇以及影子银行等市场的风险管理理论和实践进行介绍；力图做到前沿性、理论性和实践性有机结合，同时考虑了不同金融工具市场的特殊性对风险管理的不同要求。

本教材既可以作为高等院校金融学专业、经济类与管理类有关专业的本科生教材，也可作为各类金融从业人员以及金融实践管理者的参考用书。

本书由王金安任主编，陈蕾任副主编，李芸和许云辉参与编写。其中，王金安编写第三、五、六、八、十一、十二章；陈蕾编写第一、二、四、九章；许云辉编写第七章；李芸编写第十章。全书由王金安总纂定稿。在编写过程中，我们参阅的大量国内外资料为本书提供了不少思路和丰富的内容，在此对相关作者表示诚挚的感谢！

由于金融风险管理理论和实践处在不断发展中，加之我们的水平所限，书中不足之处在所难免，恳请各位读者和专家指正，以便我们进一步完善。

编 者

2014年3月

目　录

Contents

第一章 金融风险概述

【导入案例】

中国式钱荒

2013年6月20日，受美联储量化宽松政策退出消息刺激，上海银行间同业拆放利率(Shibor)罕见"爆表"，隔夜Shibor飙升578.40个基点至13.4440%的历史新高，银行间隔夜回购利率最高达到史无前例的30%，一天期国债逆回购最大年化利率达50%。受此影响，货币市场资金价格大幅上升，银行间市场被迫延迟半小时收市，震动整个金融市场。

为何一向被称为"货币堰塞湖"的中国会出现短期流动性危机？这背后绝不仅仅是流动性本身的问题，而是与"影子银行"治理密切相关。2012年以来，包括银行理财产品、信托计划、委托贷款等影子银行和表外融资泛滥，2013年一季度表外融资增加2.02万亿元，同比增加1.33万亿元，占同期社会融资规模的32.8%。由于"影子银行"杠杆化程度提高，链条复杂，不透明，已经触及金融安全底线。中国银行业闹"钱荒"引发了股票市场的震荡，流动性若持续紧缩，楼市和实体经济也可能面临风险。

金融风险累积所引发的动荡会波及银行、证券、房地产等许多行业。美国花旗银行主席兼总裁沃尔特·维斯顿（1919—1984年）有一句名言："事实上银行家从事的是管理风险的行业。简单来说，就是银行业。"1997年的诺贝尔经济学奖得主默顿也把风险管理与货币的时间价值、资产定价并称为现代金融理论的三大支柱。为何金融风险及其管理在金融业居于如此重要的地位？答案要从金融风险的内涵及特征着手。

资料来源：作者根据相关资料整理。

本章介绍金融风险的内涵和特征、金融风险的类型、金融风险产生的原因以及金融风险对经济的影响等内容。

第一节 金融风险的内涵

风险是金融活动的内在属性，它们总是相伴相随。20 世纪 70 年代以来，由于受金融创新、放松管制和金融自由化等因素的影响，金融市场的波动性日益增大，一些重大的损失性事件乃至系统性危机不断发生。日益严重的金融风险不仅影响了微观经济主体的正常运营，也对整个金融与经济体系的稳定构成了威胁。因此，管理风险成为现代金融的最核心内容。

一、金融风险的定义

（一）风险的定义

“风险”一词现已被广泛运用到实际生活中，人们习惯于将某个结果不确定或者可能带来损失的事件称为是“有风险的”。股票的价格变幻莫测，其风险对投资者而言主要在于市场价格与买价之间差价的不确定性，因为差价决定了投资者的收益或损失大小；商业银行等金融机构时刻面对着贷款者是否按时按量还款等风险。由此可见，风险的本质特征是不确定的。我们把**风险定义为“在一定条件下和一定时期内，由于各种结果发生的不确定性而导致行为主体遭受损失的大小及其可能性的大小”**。

风险与**不确定性**是两个不同的概念。美国经济学家、芝加哥学派创始人奈特在其 1921 年出版的名著《风险、不确定性及利润》中，对风险与不确定性的关系进行了比较全面的分析。在书中，奈特把可能测定的不确定性定义为严格意义上的风险，把不能确定的不确定性定义为真正的不确定性。“是否可测定”成为判别风险与不确定性的一个重要特征。因此，风险表示了损失的大小和损失发生概率的大小。

（二）金融风险的定义

金融风险是指由于金融变量的变动所引起的资产组合的未来收益偏离其期望值的可能性和幅度。其中，定义中的“期望收益”（或称为“预期收益”）是可以预计的平均收益，因而具有确定性；金融风险则是指未来收益偏离预期收益的波动值或标准差，因而具有不确定性。

根据定义，金融风险既可能包含高于预期收益的正偏差，也可能包含低于预期收益的负偏差。但是，有些风险的结果却是单向的，即只可能带来损失，而不可能带来正收益，如信用风险。另外，操作风险与收益也没有必然的联系。因此，对于信用风险、操作风险等金融风险而言，风险的含义往往仅表示未来损失的不确定性，此时的风险度量值也常常被称为“未预期损失”。

二、金融风险的特征

（一）普遍性

金融风险普遍存在于所有的金融活动中。虽然现实生活中人们常称某些金融业务是“无风险业务”，但是这并不表明这些活动绝对没有风险，而是相比较而言，这些活动的风险极低，乃至可以忽略不计。例如，我们通常说国库券是无风险的，实质上是指与企业债券、股票等相比，国库券的发行者是政府，一般不会存在违约等现象，尤其是在短期内可以肯定不会出现风险，但也有例外发生。因此，从严格意义上来说，所有的金融活动只存在风险大小之分，不存在完全无风险之说。

（二）隐蔽性

金融活动的一个典型特点就是可以创造信用，这能让经济主体在很长一段时间内得以继续维持、掩盖或补救已经失败的信用关系或已经发生的损失。通常情况下，一个不能按期偿还债务的企业往往意味着存在较大的财务风险，但该企业却可以通过借新还旧的方式将风险掩盖起来。金融风险的隐蔽性还来自于金融活动的不透明，交易人员在复杂的金融交易中隐蔽风险，进而可能导致损失。

（三）扩散性

作为现代经济的核心，金融活动渗透了经济活动的方方面面，金融主体间的联系也日益密切，各种债权债务关系、交易关系错综复杂，金融风险的发生具有强烈的扩散性效应，由小到大、由此及彼、由单个主体到整个体系，其范围和强度是一个不断放大的过程。2007 年爆发于美国的次债危机是金融风险扩散性的一个极好例证，这起原本是单一国家、单一市场、单一业务的金融事件，在极短的时间内迅速蔓延到其他国家、其他市场和其他业务，最终引发了一场全球性的金融动荡。

（四）复杂性

金融市场任何组成成分的不利变化都会导致金融风险的发生，这些成分包括金融制度变革、金融参数波动、市场参与者的主观意愿等。金融风险的成因十分复杂，某种金融风险的发生，既可能是单一因素的变化，也可能是多种因素变化的综合结果。例如，某笔贷款发生信用风险，其诱因可能是借款人主观上不愿意还款，也可能是其经营失败，没有能力还款。

（五）周期性

受经济周期和货币政策变化的影响，金融风险呈现出周期性的特点。一般来说，在经济复苏和繁荣时期，货币政策较宽松，资金充裕，企业经营状况良好，金融风险处于低发期；反之，在经济衰退和萧条时期，货币政策紧缩，经济生活中各环节的矛盾不断激化，股市下跌，贷款拖欠，金融风险则处于高发时期。

（六）可管理性

金融风险所带来的后果虽然可怕，但并不是不可控制和管理的。首先，金融市场是有组织有秩序的市场，这个市场是有其规律可循的。只要按照规律，因势利导，就能控制风险。其次，金融风险理论研究和相关管理工具的不断发展给管理金融风险提供了有效手段。最后，计算机和网络的发展为管理金融风险提供了有力的技术支持。因此，在相应的理论指导下，通过选择适合的金融风险管理工具，可以在一定程度上达到管理金融风险的目的。正是金融风险的可管理性特征，才使本书的论述具有价值和意义。

第二节 金融风险的类型

对金融风险的分类可以采用不同的标准，相应的，分类的结果也各不相同。例如，按能否量化划分，可以将金融风险划分为可量化风险和不可量化风险；按损失结果划分，可以将金融风险划分为纯粹风险和投机风险，等等。下面，我们将讨论根据几种不同的标准对金融风险的分类。

一、根据金融风险的形态划分

按形态划分，金融风险可分为四种：价格风险、信用风险、流动性风险和操作风险。

（一）价格风险

在市场交易过程中，往往是价格因素导致金融风险的产生并产生扩散性的影响。汇率、利率、股价和金融衍生产品价格是价格作为基础金融变量在金融市场上的主要表现形式，而作为具有一般性质的物价水平，其变动也属于一种金融风险形式，因为它涉及的范围广，整个社会系统都将受到其影响，金融活动也不例外。

价格风险可以分为利率风险、汇率风险、证券价格风险、金融衍生品价格风险和通货膨胀风险（见表 1－1）。

表 1－1　价格风险的类型

风险类型	风险根源
利率风险	利率水平的不确定
汇率风险	汇率的波动
证券价格风险	证券价格的波动
金融衍生品价格风险	金融衍生品价格的波动
通货膨胀风险	一般物价水平的波动

（二）信用风险

信用风险是指由于交易对方（债务人）的信用状况和履约能力的变化导致债权人资产价值遭受损失的风险。

造成信用风险的因素很多，有的来自于主观原因，由债务人的品质、能力等决定，如在远期外汇交易中，公司的对手方可能是持有外汇多头的投机者，在外币贬值时不履行合约而蒙受损失；有的来源于客观原因，如经济恶化、公司倒闭，这些债务人将丧失偿债能力。在商业银行的各种金融资产中，贷款的信用风险最大。而在银行贷款中，不同种类的贷款，其信用风险也不同。

（三）流动性风险

经济实体在经营过程中常常面对资金流的不确定性变动。建立金融市场的目的就是加快社会经济中资金的流动和运转，使经济获得效益和活力。资金流的时大时小、时快时慢，会带来风险。资金流量超过所需，造成资金滞留，因货币时间价值的关系，会使效益下降，预期收益降低；资金流量变小，会使正常的经营发生困难，严重时，资金链发生断裂，会把企业推向绝境。由此可见，由流动性不确定性变动表现出来的金融风险也是很重要的。

（四）操作风险

操作风险包含的内容较多，凡是由于信息系统、报告系统、内部风险监控系统失灵而导致的风险均属于操作风险；即管理层在缺少有效的风险追踪、风险报告系统的前提下，其业务活动带来的风险超过了风险限额而未经察觉，没有采取及时有针对性的行动，最终产生了巨额损失。操作风险产生于两个不同的层次：技术层面，主要是指信息系统、风险测量系统的不完善，技术人员的违规操作；组织层面，主要是指风险报告和监控系统出现疏漏，以及相关的法律法规不完善。

资料链接

银监会关于谨防不法分子利用ATM机进行诈骗的风险提示（技术风险）

近年来，ATM机在我国得到广泛的应用，在给广大金融消费者带来便利的同时，也给一些不法分子利用ATM机进行诈骗活动提供了可乘之机。为此，银监会提醒广大金融消费者注意提防利用ATM机进行诈骗的六种形式：

一是张贴虚假告示。不法分子冒充ATM机管理单位，在ATM上张贴紧急通知或公告，让用户把资金转移到其指定的账户上。

二是制造吞卡假象。不法分子将自制装置放入ATM读卡器内，当取款人将银行卡插入插卡口时，实际上是插入该自制装置，于是就出现"吞卡"假象。

三是设置出钞故障。不法分子利用自制装置在ATM出钞口设障，如用铁片或胶水粘住出钞口，使ATM机吐出的钱卡在出钞口内。

四是监控取款设备。不法分子直接在ATM机上安装微型摄像装置，或利用高倍望远镜在距ATM机不远处窥视，窃取客户的银行卡密码。

五是"热心帮助"设诈。不法分子冒充"好心人"提醒或帮助受害人再提款设诈。

六是取款键盘设障。不法分子用仿造的ATM键盘（内有电路装置，具有记录存储功能）附在ATM键盘上。

资料来源：中国银监会网站，http：//www.cbrc.gov.cn/index.html。

二、根据金融风险的性质划分

按照性质划分，金融风险分为系统性金融风险和非系统性金融风险。

（一）系统性金融风险

系统性金融风险又称为“不可分散风险”，是指能产生使整个金融系统，甚至整个地区或国家的经济主体遭受损失的可能性的风险。系统性金融风险是一种破坏性极大的金融风险，它隐含着爆发金融危机的可能性，直接威胁着一国经济安全。通常由金融投资者自身不能控制的一些因素而引起投资报酬的变动，这些不可控的因素主要是政治、经济、自然灾害和突发事件等，其不利影响可能在整个金融体系引发“多米诺骨牌”效应，造成经济金融的大幅度波动，产生宏观层面上的金融风险。世界上频频发生的金融危机都反复证明：系统性金融风险是国家经济安全最为危险的敌人之一。

（二）非系统性金融风险

非系统性金融风险又称为“可分散风险”，是指某个产业或企业特有的风险。对于这类风险，投资者可以通过实行多样化的策略来避免遭受损失。“特有”即是指这种风险的产生一般都是由于经济行为主体经营管理不善、客户违约等造成的，只是个别的风险。投资者可以通过分散化投资或转换投资品种来消除这种风险。由于非系统性风险是个别性的风险，不会对市场整体产生影响。

操作风险、信用风险等是非系统性风险的主要种类。当非系统性风险还没有显现之时，对于风险的防范重点是采取分散投资的方式，也即不要将所有鸡蛋都放在同一个篮子里。此外，需要特别注意分散投资的程度和分散投资的品种选择，可以根据具体情况的不同来区别对待。

三、根据金融风险的主体划分

按主体不同划分，金融风险可分为四种：金融机构风险、个人金融风险、企业金融风险及国家金融风险。

（一）金融机构风险

金融机构可谓是金融风险的“聚居地”。由于金融机构专门经营金融业务的特殊性，各种各样的金融风险都有可能发生；并且由于商业银行在一国金融体系中占据着主导地位，商业银行的金融风险问题尤为突出，其所面临的金融风险考验尤为严峻。

资料链接

当前金融机构风险的新特征

随着资产证券化等金融创新的发展，金融机构面临的风险出现了新的特征：（1）通过资产证券化等金融创新手段，信用风险被转变成市场风险；（2）一旦高杠杆的衍生品的市场风险与操作风险相交织，往往会置金融机构于死地；（3）低风险的中间业务可能蕴含巨大的法律风险；国债的“金边”不再，主权风险不容忽视。

资料来源：和讯网，http：//opinion. hexun. com/2012 - 12 - 18/149187843. html。

（二）个人金融风险

个人金融风险也可以称为“居民金融风险”，是指个人在进行金融活动时所面临的遭受损失的可能性。股市中最为普遍的是当牛市来临时，股民们所遭遇的证券市场价格波动风险。除了股票、存款、债券、期货等日益增多的可供居民选择的金融工具会给居民带来金融风险外，甚至选择持有现金，居民仍然会面临通货膨胀所带来的风险等。存款是最常选择的理财方式，此时居民们不仅是资金的提供者，也是资金的需求者。

（三）企业金融风险

企业金融风险是指企业在从事金融活动中所面临的遭受损失的可能性。企业是现代经济中金融活动的重要参与者，对金融服务有着较强的需求。西方的“金融”通常指企业在资本市场的行为，即企业金融或公司金融概念。而我国的金融概念至今仍然以金融机构为主导，企业的金融活动尚处于从属地位。企业不论在筹资还是在融资的过程中都将遭遇金融风险。企业的金融风险与金融机构的金融风险是不同的，同一笔贷款，对于商业银行来说是资金的有效运用，但对于借款人企业来说却是实际存在的风险。

（四）国家金融风险

国家金融风险是指将国家作为一个经济整体来讨论其在金融活动中所面临的遭遇损失的可能性。一般的，国家金融风险是一国在从事国际金融活动时所面临的风险。作为金融风险的承担者，国家金融风险的主要表现形式是外债风险。外债风险是指外国投资者（主要是机构投资者）在一国所掀起的有组织、大规模的金融投机活动所造成的风险，一旦超过了一定的国际安全线，外债风险有可能转化为外债危机。

分析案例

美国奥兰治县破产

位于美国加州南部的奥兰治县是美国最富庶的地区之一，平均每户年收入4.6万美元（全加州为3.6万美元），著名的迪斯尼乐园就位于该县境内。

为增加财政收入、弥补财政资金的不足，奥兰治县以通过发行市政债券筹集的巨额资金、县公共机构和镇政府的行政基金、退休金及公积金等资金创建了县财政投资基金。到1994年，基金规模达到74亿美元，参与单位有187个。该基金的管理人叫西纯。

该投资基金的资产组合包括两大组成部分：

第一部分包括美国财政部和其他政府机构的债券，与衍生金融产品投资无关。这些债券的期限大部分在5年或5年以下，购买债券的资金最初来源于市政债券发行收入，但西纯采用了不断地以购入的债券做抵押借入短期贷款，并以之再购入债券的策略。西纯以上述资产作为抵押，向华尔街经纪行借入130亿美元，使投资基金账面金额高达200亿美元，在中长期债券利率高于短期贷款利率的情况下，这种高杠杆率的投资策略能够产生巨额的盈利。但是，如果利率走向与预期相反，就会使基金的短期借贷成本提高，一旦超过其持有的投资收益率，投资基金就会遭受亏损。如

1993年10月，西纯利用每6个月滚转一次的短期贷款购买了面值为12 480万美元的5年期财政部债券，实际年收益率为4.61%，由于当初6个月期的短期贷款利率为3.31%，如果持有期间利率的期限结构不变，基金每年可以从这笔投资中获得1.3%的盈利，也就是160万美元。但实际情况却是：到了1994年底时，6个月期的贷款利率猛升至6%左右，原预定的基金账面利润不但消失，反而仅此一项投资就使基金亏损150多万美元。

第二部分由各种所谓的组合证券组成。组合证券为衍生金融产品的一种新形式，它通常是由一些与政府有关的机构负责发行，然后由一些大投资银行根据投资者的不同需要进行裁剪后，再出售给这些投资者。组合证券的定价比较复杂。如财政基金在1994年2月美国联邦储备理事会首次提高短期利率之后，通过美林证券公司等投资银行购买了由联邦全国抵押贷款协会发行的1亿美元的“分阶段逆向债券”，根据合同，基金最初可以获得7%的利率，直到5月份为止。此后的利率每3个月变动一次，计算方法为用10%减去当时的3月期伦敦同业拆借利率。从1996年起，计算方法变为按11.25%减去同业拆借利率。这一“分阶段逆向债券”将在1999年到期，届时可将原来的投资本金1亿美元收回。但由于1994年5月起，短期利率不断上升，持有这种证券的收益率便不断下降，5月降为5.1%，8月和11月又分别降至4.9%和3.9%，与此同时，短期融资的利率却不断上升，由此使投资基金造成巨额亏损。

上述投资组合能够获利的前提是市场利率趋于下降，长期利率高于短期利率，并且长、短利率间的差额不变，甚至能够扩大。西纯作出上述投资决策是认为美国经济正在复苏，联邦储备委员会理应放松利率以支持复苏过程。实际上，这也是当时经济界颇为流行的想法。但是，1994年美国长短期利率的发展趋势正好与西纯的预料相反。从1993年第四季度起，美国经济出乎意料地强劲增长，大大超出美国联邦储备委员会划定的经济增长安全区，使美国经济的通货膨胀压力增大。为抑制通货膨胀率上升，1994年美国联邦储备委员会6次提高短期利率，将短期贷款利率从年初的3%推至年末的5.5%。经济的强劲增长也促发了人们对通货膨胀率上升的预期，使投资者不愿在中长期资本市场投资，从而造成了美国中期债券利率急跌。美国长、短期利率的这种变化，使奥兰治县财政基金短期借贷的融资成本提高，超过了其持有的投资组合的收益率；另一方面，市场利率的上升也使基金持有的固定利率债券及逆向债券的价格下跌，造成基金出现巨额的账面亏损。

1994年12月1日，奥兰治县公布了74亿美元的财政基金面临16.9亿美元账面亏损的事实。为了防止暂时性的无力支付而导致债权人沽售资产和抵押品，从而取得缓冲时间筹集资金解决债务的偿还问题，12月6日，奥兰治县及其财政基金向圣地安那联邦法院申请破产保护。

资料来源：百度文库，http：//wenku. baidu. com。

四、根据金融风险的层次划分

（一）微观金融风险

微观金融风险是指微观经济主体所遭遇的金融风险。一旦微观金融风险转化为现实，将对金融交易人造成如资产缩水、投资损失、收益减少或严重亏损等形式的损失，此外，微观经济主体还将面临破产的风险，但这类风险出现的概率相对要较低。

（二）宏观金融风险

静态的宏观金融风险主要是指主权国家对本国金融领域是否具有较强的控制力度。如果主权国家对本国经济与金融的控制力较强，说明国家的经济、金融的政策目标与经济、金融运行的结果越接近，国家金融越安全，宏观金融风险也就越少。动态的宏观金融风险是从金融发展的角度看，金融能否实现质和量的协调发展，以及使主权国家在长期内实现动态的经济和社会效益最大化；或者说，宏观金融风险大小取决于主权国家能否实现金融的可持续发展。如果一国金融不能实现可持续发展，说明其存在风险。这种可持续发展能力的大小，就是国家金融安全系数的大小。在金融全球化和自由化的背景下，应特别注意从动态的角度考察一国的金融风险。

第三节 金融风险的成因

一、信息不完全与不对称

信息不完全与不对称是产生金融风险的重要原因之一。信息经济学认为，现实世界中信息是不完全的，或者是不对称的，即当事人一方比另一方掌握的信息多。信息不对称必然产生逆向选择和道德风险。**逆向选择**是交易发生前的信息不对称问题；**道德风险**是发生在交易之后的信息不对称问题。借贷市场的道德风险有三种具体表现形式：一是改变资金用途；二是一些有还款能力的借款人可能隐瞒自己的收入，有还款能力但却不归还银行贷款，特别是指在缺乏对违约的相应制裁的情况下更是如此；三是借款人取得资金后，对于借入资金的使用效益漠不关心、不负责任、不努力工作，致使借入资金发生损失。道德风险三种表现形式的最终结果便是金融风险的产生。

二、金融体系的内在不稳定性

根据《新帕尔格雷夫货币金融大辞典》解释，金融不稳定性假说是指私人信贷创造机构，特别是商业银行和相关贷款者固有的经历周期性危机和破产的倾向。金融不稳定及其危机是经济生活的现实，经济繁荣时期就已埋下了金融动荡的种子。在经济发展的初期，贷款人的贷款条件越来越宽松，企业也充分利用宽松的信贷环境多借款。但是到了经济发展的后期，这些贷款无法偿还，会导致金融中介机构经营状况恶化，随后传导到经济中的各个方面，从而带来全面的经济衰退。金融体系的内在不稳定性蕴藏着金融风险，内在不稳定的实现意味着金融危机的爆发。

三、金融资产价格的波动性

许多金融风险都与金融资产价格的过度波动相关，金融资产价格的过度波动是金融风险产生的一个重要来源，金融资产价格的急剧下跌是金融危机的一个重要标志。

金融资产价格总是处在不断的波动之中，其原因主要集中在四个方面：（1）过度投机的存在。（2）大量信用和杠杆交易。（3）宏观经济的不稳定。虽然宏观经济的波动通常并不像股市那样频繁而剧烈，但股市的波动在很大程度上确实来自宏观经济波动的影响。（4）市场操纵机制作用。所谓证券市场中的操纵行为，是指某人或某组织背离自由供求关系确定证券价格，诱使他人交易证券的行为。通过操纵市场，创造虚假交易繁荣和虚假价格，操纵者从中牟取利益。

四、金融监管的不完美

金融监管与金融风险是此消彼长的关系，即放松监管或监管不力必然产生、加大金融风险，而金融风险的大量出现又加大了金融监管的难度。自20世纪70年代开始，工业化国家放松金融管制，许多发展中国家加快了金融自由化的步伐，促进了金融深化和金融发展，同时也产生了大量的金融风险，甚至成为引发金融危机的重要因素。

第四节 金融风险的影响

一、对微观主体的影响

（一）金融风险可能给经济主体带来直接的经济损失

经济主体购买股票后，股价大跌；买进外汇进行套汇或套利时，汇率下滑；进行股指期货炒作，指数与预期相反，都会给行为人造成重大损失。

（二）金融风险会给经济主体带来潜在的损失

一个企业可能因贸易对象不能及时支付债务而影响生产的正常进行；购买力风险不仅会导致实际收益率下降，而且会影响经济主体持有的货币余额的实际购买力；一家银行存在严重的信用风险，会使消费者对存款安全产生担忧，从而导致银行资金来源减少，业务萎缩。

（三）金融风险增大了经营管理的成本

不确定性的存在既加大了经济主体搜集信息、整理信息的难度，更增大了经济主体的决策风险。同时，经济主体在实施某项计划和决策的过程中，由于金融风险导致市场情况变化，必须适时调整行动方案，一些计划必须修改，一些计划必须放弃，这就增大了管理成本，甚至因为对金融风险估计不足还将导致一些不应有的损失。例如，一个企业在生产过程中，由于实际通货膨胀率超过其预期的通货膨胀率，导致生产资金预算不足而不得不修改计划。企业可能因为银行拒绝已做出的贷款承诺（信用风险）而不得不取消一项投资计划。

（四）金融风险降低了部门生产率

在生产经营中，各种产品的边际生产率都是随着投入的增加而递减，只有当各种用途的边际生产率相同时，部门内的资源才达到最优配置。然而，由于金融风险的存在，导致过多的资源流向风险较小的产品，极少有资源流入风险较高的产品中，这使得一些产品的边际生产率接近甚至低于要素的价格，而另外一些产品的边际生产率却远远高于要素的价格，导致部门整体生产率下降。同时，由于长期内的不确定性比短期内的不确定性大、开发新产品的风险比较大等原因，导致一些企业行为短期化，因循守旧，也使部门生产率受到影响。

（五）金融风险降低了资金利用率

由于金融风险的广泛性及其后果的严重性，企业不得不持有一定的风险准备金来应对金融风险。如企业为保证生产持续顺利的进行，不得不准备一笔资金以备在原材料价格上涨时能及时购买原材料，这样就造成了这笔资金闲置，无法发挥效益。对于银行等金融机构而言，由于流动性变化的不确定性，难以准备安排备付金的数额，往往导致大量资金闲置。此外，由于对金融风险的担忧，一些消费者和投资者往往持币观望，也造成社会上大量资金闲置，增加了机会成本，降低了资金的利用率。

（六）金融风险增加了交易成本

由于资金融通中的不确定性，许多资产难以正确估价，不利于交易的顺利进行，增加了交易成本，也会因此而产生一些纠纷，影响交易的正常进行，使市场缺乏效率。而且，信用风险、利率风险等的存在往往给企业筹资带来困难，给银行的负债业务和中间业务带来影响，阻碍市场的扩展。

二、对宏观经济的影响

（一）金融风险对宏观经济变量的影响

金融风险将引起实际收益率、产出率、消费和投资的下降，风险越大，下降的幅度越大。这是因为金融风险可能会导致十分严重的后果，如投资者为了降低投资风险，不得不选择风险较低的技术组合，引起产出率和实际收益率下降。同样，由于未来收入的不确定性，个人未来财富可能会出现较大波动，境况可能会变坏，因而不得不改变其消费和投资决策，即消费者为了保证在未来能获得正常消费，总是保持较谨慎的消费行为。

（二）金融风险对金融市场秩序的影响

严重的金融风险还会引起金融市场秩序混乱，破坏社会正常的生产和生活秩序，甚至使社会陷入恐慌，极大地破坏生产力。1997 年发生的东南亚金融危机造成经济严重受损，世界经济增长率受其影响下降了 1% 以上。处于危机中心的一些国家和地区的经济增长率受到严重打击，经济增长率都下降了 2% 以上，有些国家经济因此而倒退了十多年。

（三）金融风险对宏观经济政策制定和实施的影响

一个国家的宏观经济政策旨在通过政府对经济的调节，控制总供给或总需求，以实现政府目标。从一定程度上讲，政府对宏观经济的调节，也就是对市场风险的调控。金融风险反过来又影响着宏观政策，它既增加了宏观政策制定的难度，又削弱了宏观政策的效果。从宏观政策的制定来看，由于金融风险导致市场供求经常性变动，政府难以及时、准确地掌握社会总供给和总需求状况以做出决策，而且金融风险常导致决策滞后，在政策的传导过程中，金融风险将使传导机制中的某些重要环节（如利率、汇率、信用等）出现障碍，从而导致政策出现偏差。同时，经济主体为了规避风险，总是尽可能充分地利用有用的信息，并以此为依据对未来的政策及其可能产生的效果做出判断，采取相应的措施来加以应对，就使政府的政策难以达到预期效果。

（四）金融风险对国际收支的影响

金融风险，特别是国际金融风险，直接影响着一个国家的国际收支，影响该国国际经贸活动和金融活动的进行和发展，主要表现在以下几个方面：

1. 汇率的上升或下降影响着商品的进出口总额，从而影响一个国家的贸易收支平衡表。

2. 利率风险大、通货膨胀严重、国家风险大等原因造成投资环境差，会使外国投资者减少对本国的投资和其他交往，导致各种劳务收入的减少。

3. 国际金融风险也影响着资本的流入和流出。利率风险和汇率风险的大小，会引起国内资本的流出或者国外资本的流入，企业信用风险、国家风险等都会影响甚至决定国际金融组织贷款、政府借贷、短期资金的拆放、直接投资等经济行为和决策，从而直接影响着一国的资本项目。

4. 汇率的波动将会引起官方储备价值增加或减少，因而影响着国际收支的平衡。

第五节 金融风险的管理

一、金融风险管理的定义

金融风险管理是指人们通过实施一系列的政策和措施来控制金融风险，以消除或减少其不利影响的行为。金融风险管理的具体内涵是多重的，对金融风险管理的含义应从不同角度、不同层面加以理解。

金融风险管理根据管理主体不同，分为内部管理和外部管理。**金融风险内部管理**是指作为风险直接承担者的经济个体对其自身面临的各种风险进行管理。内部管理的主体是金融机构、企业及个人等金融活动的参与者，尤以金融机构的风险管理为代表。**金融风险外部管理**主要包括行业自律管理和政府监管，其管理主体不参与金融市场的交易，因而不需要对其自身的风险进行管理，只是对金融市场的参与者的风险行为进行约束。金融风险的行业自律管理是指金融行业组织对其成员的风险进行管理。政府监管是指官方监管机构以国家权力为后盾，对金融机构乃至于金融体系的风险进行监控和管理，具有全面性、强制性和权威性。

根据管理对象的不同，金融风险管理又分为微观金融风险管理和宏观金融风险管理。微观金融风险只是对个别金融机构、企业或部分个人产生不同程度的影响，对整个金融市场和经济体系的影响较小。微观金融风险管理的目标是采用合理的方法使微观金融活动主体因金融风险的影响而受到损失的可能性降至最低。宏观金融风险则可能引发金融危机，对经济、政治、社会的稳定可能造成重大影响。因此，宏观金融风险管理的目标是保持整个金融体系的稳定性，避免出现金融危机，保护社会公众的利益。

二、金融风险管理的程序

金融风险管理的过程一般包括风险识别、风险度量、风险管理决策与实施、风险控制等四个阶段。

（一）金融风险识别

金融风险识别是指对经济主体面临的各种潜在的或存在的金融风险进行认识、鉴别和分析。风险识别所要解决的主要问题是确定哪些风险应予以考虑，以及分析引起金融风险的原因、类型、性质及其后果。

风险管理者首先要分析经济主体的风险暴露。金融风险的暴露是指金融活动中存在金融风险的部位以及受金融风险影响的程度。风险管理者可以针对具体的资产负债项目进行分析，还要对经济主体的资产负债搭配进行整体上的考察。风险管理者不仅要考察表内业务的风险暴露，还要关注表外业务的风险暴露，例如承诺、保证等业务以及金融衍生品的风险暴露。通过对风险暴露的判断与分析，风险管理者可以确定风险管理的重点。

风险管理者要进一步分析金融风险的成因和特征。不同的金融风险具有不同的特征，有的可以通过分散投资降低或是消除风险，有的则无法消除。风险管理者对风险的性质进行分析，可以为制定风险管理策略提供理论基础。

（二）金融风险度量

金融风险度量主要是衡量各种风险导致损失的可能性的大小以及损失发生的范围和程度，风险度量是风险识别的延续。准确的评估金融风险的大小对最大限度地减少损失和获取利润都十分重要。金融风险的度量是金融风险管理的核心部分。

（三）金融风险管理决策与实施

在风险识别和风险度量的基础上，风险管理者要采取措施减少金融风险暴露，将金融风险水平控制在可承受的范围内。

首先，风险管理者应当确定风险管理策略。对于不同的金融风险，可以根据其各自的风险性质、特征和风险水平采取不同的管理策略。其次，风险管理者需要制订具体的行动方案，包括使用何种风险管理工具以及如何运用这些工具、如何调整资产负债结构等。风险管理者需要从中选出最为合理的方案。最后，风险管理者组织该方案的实施，各部门配合执行。

（四）金融风险控制

风险控制是指对风险管理措施实施后的检查、反馈和调整。风险管理者要督促各部门严格执行有关风险管理的规章制度，确保风险管理方案得以落实和实施。因此，管理者要定期或不定期对各业务部门进行全面或专项检查，发现隐患后迅速加以纠正或补救。管理者应对风险管理方案的实施效果进行评估，测定实际效果与预期效果之间是否一致，并根据内部条件与外部环境的变化，对金融风险管理方案进行必要的调整。

【复习与思考】

一、关键概念

金融风险管理　不确定性　系统性风险　信息不完全

二、思考题

1. 如何对金融风险进行定义？
2. 金融风险有哪些分类？（注意分类标准）
3. 什么是信息不完全？
4. 什么是金融体系的内在不稳定？
5. 金融风险管理的程序包括哪些？

三、思考案例

基于两个典型案例对金融市场风险的认识

[案例一] 汇率风险——英国雷克航空公司的破产。20 世纪 70 年代后期，由于美元汇率较低，到美国旅游相对较为便宜，因此，大量英国旅客搭乘雷克航空公司的飞机去美国度假，公司的航班座次供不应求。于是，雷克公司利用美元融资购置了 5 架 DC－10s 客机。雷克公司的收入主要来自英国游客，以英镑为主，但须用美元来偿还购置客机的美元债务。因此，公司暴露在汇率风险之中。1981 年，美元开始变得坚挺，雷克公司经营中的外汇风险立刻显示出来。随着美元不断升值，雷克公司的债务支出越来越多，最终因为入不敷出而破产。

[案例二] 利率风险——美国储蓄信贷协会的遭遇。20 世纪 70 年代，美国金融市场的收益率曲线向上倾斜，储蓄信贷协会通过吸收短期存款后再发放长期固定利率抵押贷款就可以获得稳定收益。到了 80 年代，收益率曲线发生了逆转，短期利率开始大幅上扬，导致短期利息支

出迅速增加，但长期利息收入却不能相应增长，储蓄信贷协会因此而陷入困境。

资料来源：作者根据相关资料整理。

问题思考：分析上述案例中金融风险的作用机理，列举其他能影响金融风险的事件。

第二章 信用风险

【导入案例】

安然事件引发J. P摩根和花旗集团信用风险

安然曾是一家位于美国的得克萨斯州休斯敦市的能源类公司。在2001年宣告破产之前，安然拥有约21 000名雇员，是世界上最大的电力、天然气以及电讯公司之一，2000年披露的营业额达1 010亿美元之巨。公司连续六年被《财富》杂志评选为“美国最具创新精神公司”，然而真正使安然公司在全世界名声大噪的，却是使这个拥有上千亿资产的公司2002年在几周内破产的持续多年精心策划、乃至制度化系统化的财务造假丑闻。安然欧洲分公司于2001年11月30日申请破产，美国本部于2日后同样申请破产保护。

安然的破产引发了安然的交易对象和那些大的金融财团的信用风险。据统计，在安然破产案中，杜克（Duke）集团损失了1亿美元，米伦特公司损失8 000万美元，迪诺基损失7 500万美元。在财团中，损失比较惨重的是J. P摩根和花旗集团。仅J. P摩根对安然的无担保贷款就高达5亿美元，据称花旗集团的损失也差不多与此相当。此外，安然的债主还包括德意志银行、中国银行、中国招商银行、日本三家大银行等。

安然事件表明即使再好的公司也有可能因为各种原因而违约，从而使对手承受巨大信用风险，这也从另一个角度表明了金融机构信用风险管理的重要性。本章介绍信用风险的定义、成因、度量与管理。

资料来源：百度文库，http：//wenku. baidu. com。

本章主要介绍信用风险的定义、成因、度量与管理。

第一节 信用风险概述

一、信用风险的定义

（一）信用风险的传统定义

信用风险是指受信方拒绝或无力按时、全额支付所欠债务时，给信用提供方带来的潜在损失，包括由于借款人的信用评级的变动和履约能力的变化导致其债务的市场价值变动而引起损失的可能性。

信用风险有广义和狭义之分。从狭义上来讲，信用风险通常是指信贷风险。广义上的信用风险是指所有因客户违约（不守信）所引起的风险，如资产业务中的借款人不按时还本付息引起的资产质量恶化，负债业务中的存款人大量提前取款形成挤兑，加剧支付困难，表外业务中的交易对手违约引致或有负债转化为表内负债等。信用风险一般分为**商业信用风险**和**银行信用风险**。信用风险的范畴还可以进一步扩展到信用的接受者，例如，购买者或借款方也可能承受供货方或银行带来的风险。这种风险主要表现在：供货方或银行可能因资金原因而无法提供商品、服务，而使授信方的交易持续进行。

（二）信用风险的现代定义

从组合投资的角度出发，信用资产组合不仅因为交易对手（包括贷款借款人、债券发行人等）的直接违约而发生损失，而且交易对手履约可能性的变动也会给组合带来风险。一方面，一些影响交易对手信用状况的事件的发生，如信用等级降低、赢利能力下降造成所发行的债券跌价，从而给银行带来风险；另一方面，在信用基础上发展起来的交易市场使贷款等流动性差的资产价值能得到更恰当和及时的反映。如在西方的信用衍生品市场上，信用产品的市场价格的变动也会随时影响银行资产的价值，而不仅仅在违约发生时出现。从这两个方面来看，现代意义上的信用风险不仅包括违约风险，还包括由于交易对手（债务人）信用状况和履约能力上的变化导致债权人资产价值发生变动遭受损失的风险。与传统的信用风险定义相比，这种对信用风险的解释更切合信用风险的本质。

（三）信用风险的主要特点

1. 离散化、发生概率较低，发生后的损失和影响较大，且具有连锁效应。

2. 缺少连续、长周期的历史数据用于量化分析。这一方面由于信用事件并不是天天发生，另一方面由于当事机构对于信用风险事件均不愿披露，因为他们担心这些信息会对自己的信用评级或正在进行中的信用业务产生负面影响。

3. 信用风险管理在实践中难以找到诸如久期、基点价值等直观指标来揭示信用风险的频率和危害。

4. 信用风险的损失难以直观估算，在不同的市场、不同的政策法律环境、不同的对手方以及不同的标的物等情况下，信用风险损失率均会不同。

5. 信用风险往往还具有正反馈放大机制。在信用事件影响下，信用风险承受者本身的资信状况会受到其他相关业务往来机构的质疑或下调，接受更严格的信用审查机制，使之处于雪上加霜的处境，加重了信用风险的破坏作用。

（四）信用风险的内容

1. 违约风险。在现代市场经济条件下，无论企业或个人在其经济活动中一旦与他人或企业签订经纪合约，他们就将面临合同对方当事人不履约的风险，如不支付钱款、不运输货物、不提供服务、不偿还借款等。此外，在信用保险、不同的贸易支付方式（赊账、货到付款、预付货款、交货付款）、国际贸易、托收、汇票、合同保证书、第三方担保、对出口商的中长期融资、福费廷等业务中，均存在对方当事人违约的可能。

2. 主权风险。主权风险是指当债务人所在国采取某种政策如外汇管制，致使债务人不能履行债务时造成的损失。这种风险的主要特点是针对国家，而不像其他违约风险那样针对的是企业和个人。

3. 结算前风险和结算风险。结算前风险一般是指风险在正式结算前就已经发生，结算风险则是指在结算过程中发生不可预料的情况，即当一方已经支付了合同资金但另一方发生违约的可能性。这种情况在外汇交易中较为常见，如交易的一方早晨在欧洲支付资金而后在美国进行交割，在这个时间差中，结算银行的倒闭可能导致交易对手不能履行合同。

4. 信用风险与信贷风险。信用风险与信贷风险是两个既有联系又有区别的概念。**信贷风险**是指在信贷过程中，由于各种不确定性，使借款人不能按时偿还贷款，造成银行贷款本金、利息损失的可能性。对于商业银行来说，信贷风险与信用风险的主体是一致的，都是由于债务人信用状况发生变化给银行经营带来风险。两者的不同点在于其所包含的金融资产的范围，**信用风险**不仅包括贷款风险，还包括存在于其他表内、表外的业务，如贷款承诺、证券投资、金融衍生工具中的风险。由于贷款业务仍然是商业银行的主要业务，所以信贷风险是商业银行信用风险管理的主要对象。

二、信用风险的成因

（一）信用风险是现代金融市场内在本质的表现

信用风险是金融市场的一种内在的推动力和制约力，它既促进了市场参与者管理效率的提高，增添了市场活力，也具有风险的警示效用，起到“看不见的手”的调节和约束作用。

1. 信用风险内生于金融市场。信用风险在经济金融活动中也无处不在。由于金融市场上有无数参与者，每时每刻都有大量的交易产生，因此，金融市场上有大量的信用风险是客观存在。

2. 信用风险是金融市场的一种内在的推动力和制约力量。一方面，金融市场的参与者如果能把握时机，就能获得较好的收益，从而在激烈的竞争中赢得胜利，反之，就可能陷于被动，进而遭受损失。从某种意义上讲，信用风险促进了金融市场参与者管理效率的提高，增添了金融市场的活力。另一方面，信用风险可能造成的严重后果具有警戒作用，能够在一定程度上约束金融市场的参与者，从而对整个金融市场起到调节作用。

（二）信用活动中的不确定性导致信用风险

不确定性是现实生活中的客观存在，它反映了一个特定事件在未来有多种可能的结果。在信用活动中，不确定性包括外在不确定和内在不确定。

1. 外在不确定。外在不确定来自于经济体系之外，是经济运行过程中随机性、偶然性的变化或不可预测的趋势，如宏观经济的走势、市场资金的供求状况、政治局势等，外在不确定也包括国外金融市场上的不确定性冲击。一般来说，外在不确定对整个金融市场都会有影响，所以，外在不确定导致的信用风险等金融风险又称为“系统性风险”。系统性风险不可能通过分散投资等方式来化解，只能通过某些措施来转嫁或规避。

2. 内在不确定。内在不确定来自于经济体系内部，它是由行为人主观决策及获取信息的不充分性造成的，带有明显的个性特征。例如，企业的管理能力、产品的竞争能力、生产规模、信用品质等的变化都直接关系其履约能力，甚至企业内部的人事任命等也会影响其股票和债券的价格。加上投机者不可预测的炒作，更加大了内在不确定性。内在不确定性产生的风险又称为“非系统性风险”。

（三）信用当事人遭受损失的可能性形成信用风险

信用风险往往与损失联系在一起，或者说，信用风险可能导致损失。这里包括两层意思：（1）对于信用活动的一个事件来说，只要它存在着损失的可能性，就表明它存在着信用风险，但这并不意味着该事件不存在盈利的可能性。（2）信用风险指的是一种可能性，是一种结果未知的未来事件。对于已经发生的事情，如企业不能履约归还贷款，使银行遭受损失，这一损失只是信用风险造成的结果，而非信用风险本身。

信用风险可能导致的损失有以下两种情况：一是信用风险可能给行为人带来损失。一般认为，信用风险导致的可能损失越大，信用风险就越大。二是信用风险还可以给行为人带来潜在的损失。例如，银行因贷款不能及时收回、长期债券投资者由于发行人违约不能收回债券本息等，这些因素都可能使人们失去良好的再投资机会，甚至影响到正常的经营秩序。从整个国民经济来看，信用风险还会扰乱整个市场秩序，从而对经济发展产生不利的影响。

第二节 信用风险的度量

对于信用风险度量的研究西方国家起步比较早，大致可以分为这么几个阶段：一是传统的信用风险度量方法（专家制度、判别分析、Logit 模型、人工智能、非参数法）；二是以计量模型为主的信用风险度量方法（单变量模型、多元线性判别模型和多元回归模型）；三是通用的信用风险度量模型，主要是基于资本市场与信息科学的现代信用风险度量模型（包括 CreditMetric 型、CreditRisk + 模型、KMV 模型、cpv 模型等）和新《巴塞尔资本协议》中信用风险的度量。

一、信用风险的传统度量法

（一）专家制度法

专家制度法是一种最古老的信用风险分析方法，它是商业银行在长期信贷活动中所形成的一种行之有效的信用风险分析和管理制度。这种方法的最大特征就是：银行信贷的决策权是由该机构中那些经过长期训练、具有丰富经验的信贷官所掌握，并由他们做出是否贷款的决定。因此，在信贷决策过程中，信贷官的专业知识、主观判断以及某些要考虑的关键要素权重均为最重要的决定因素。此方法根据各个机构自己设置的方法对客户进行信用风险分析，可以总结为5C方法：品格（character）、资本（capital or cash）、偿付能力（capacity）、抵押品（collateral）、经营环境条件（condition）。

抵押品主要是在授信中所采取的担保、抵押等措施，一旦收不到顾客的相关款项，便以抵押品抵补。经营环境条件指可能影响顾客或客户付款能力的经济环境，主要受到商业周期的状态的影响。

这种分析法的最大特点就在于，经验丰富的信贷人员掌握银行信贷的决策权。这会导致判断风险时主观性强，定性的因素多，主要是靠有经验的信贷决策人员的经验判断，一般来说同样的状况可能由于人的不同给出的结论也不同，难以遵循一样的准则，因此实施的效果不稳定，也无法给出企业违约率。

（二）Logit模型（多元逻辑回归模型）

多元逻辑回归模型是一个用来测度企业是否会发生财务危机问题的二元模型。该模型是为了克服线性判别模型假设过于苛刻的缺陷而建立的，模型的估计采用最大似然估计法，先选取某些财务比率来计算公司在一定时间内的破产概率，然后根据各个投资者的风险偏好程度来设定不同的警戒线。

Logit函数可以表示为：

$$LogitP = \ln(Pi/(1-Pi)) \tag{2-1}$$

P为违约的可能性。Martin和John最早利用Logit模型对银行信用进行了分析，研究结果发现准确率达到90%以上。

（三）人工神经网络

前面所介绍的方法大都是利用统计方法的推论原理，然而人类对事情的判断并不只是依靠逻辑数量分析，绝大多数都要参考各方面的信息，包括文字的、画面的、抽象的信息，才做出最后的判断与决策。在对信用风险进行评价时，除了数量方面的客观分析外，主观的定性方面的评价也具有极为重要的分量。也就是说，各项信息在人类大脑中已经累积的知识架构下，经过复杂的接收、处理、传送等程序，才做出最后的判断与决策。这个处理过程仍像个黑箱难以掌握，需要借助一个具有右脑导向的工具来处理，而人工神经网络就是在这样的目的下所发展出来的处理工具，因为人工神经网络就是设法辨认投入资料中的隐藏关系，再凭以预测未来趋势，很像右脑的功能。

人工神经网络存在的明显缺陷是：黑箱性问题，不具有解释性，而且也没有统计理论与基础；易形成局部最优而得不到整体最优，结构确定的困难；迭代次数多、收敛慢、训练效率低等。

二、信用风险的通用度量法

（一）度量期望信用损失

信用风险是债务人到期不能履约的风险。这里所关注的焦点是违约事件的发生以及违约的发生给债权人带来的损失。但在债务人违约前，如果债务人的信用状况恶化，那债务人违约的可能性就增加了，即使还没有违约，债权人承受的违约风险也加大了，应该得到更高的风险升水作为补偿，而这意味着其债权的贬值。因此，可以将信用风险广义地理解为债务人违约可能性的加大给债权人带来的债权贬值的风险。与传统狭义的理解不同，这一理解不是仅仅关注违约事件的发生，而且还关心债务人违约可能性的变化，尤其是违约可能性的上升，因为这会导致债权人的资产价值发生更大的损失。这里考虑的信用风险为交易对手违约或信用品质潜在变化而导致发生损失的可能性。由这种债务所形成组合的信用风险引起的损失可以表示为：

$$L_c = \sum_{i=1}^{N} b_i \times L_i = \sum_{i=1}^{N} b_i \times CE_i \times (1 - f_i) \tag{2-2}$$

式中，L_c 为整个债务组合由信用风险引发的损失；债务组合的数量为 N，b_i 是违约概率为 p_i 的随机变量，如果违约发生，该变量取值为 1，否则取值为 0，有 $E(b_i) = p_i$；L_j 为其中第 j 种事件发生时的损失；CE_i 为违约发生时的信用风险暴露；f_i 为回收率；$1 - f_i$ 为违约发生时的损失率。

假设只有 b_i，$i = 1,2,\cdots,N$ 是随机变量，则由式 2-1 得到的信用损失的期望值为：

$$E(L_c) = \sum_{i=1}^{N} E(b_i) \times CE_i \times (1 - f_i) = \sum_{i=1}^{N} p_i \times CE_i \times (1 - f_i) \tag{2-3}$$

（二）度量信用损失的分布

蒙特卡洛法亦称“随机模拟方法”，有时也称作“随机抽样技术”或“统计试验方法”。它利用随机数进行统计试验，以求得的统计特征值（如均值、概率等）作为待解问题的数值解。蒙特卡洛模拟方法已经成为金融分析中不可或缺的重要方法。

利用蒙特卡罗方法模拟组合信用损失分布的一般步骤如下：

1. 数据准备。通过对资产组合的分析得到相关基础数据如下：

（1）根据资产组合中各个债务项目的信用评级，由相关信用评级机构（如标准普尔、穆迪等）统计结果得到各个资产的违约概率值 P_i；

（2）根据资产组合中各个资产不同的信用级别，根据相关经验、模型或是信用评级机构的统计，得出当发生违约时的资产回收率 f_i；

（3）通过计算资产组合中资产间收益的相关性，在假设信用风险的发生是因为系统风险产生的条件下，得出当资产发生信用风险时，资产组合中资产违约的相关系数 Q_{ij}，于是有：

$$R = \begin{bmatrix} 1 & \rho_{12} & \cdots & \rho_{1n} \\ \rho_{21} & 1 & \cdots & \rho_{2n} \\ \cdots & \cdots & & \cdots \\ \rho_{n1} & \rho_{n2} & \cdots & 1 \end{bmatrix} \tag{2-4}$$

2. 违约事件模拟。由多元正态分布的定义可以推出以下定理：

设 $X = (X_1, X_2, \cdots, X_n)^T$ 为独立标准正态变量，则随机变量 $Y = A^T X$ 服从 n 维正态分布 $N(\mu, \Sigma)$，其中，$\Sigma = AA^T$。

利用矩阵分解方法，产生具有相关性的多元正态随机数，模拟组合信用风险的损失值：

（1）将相关系数矩阵 R 进行分解（Cholesky 分解、特征值分解、奇异值分解等），得到矩阵 A 满足：$R = AA^T$。

（2）计算违约分位点 z_i：$P(y_i < z_i) = p_i$。

（3）产生信用相关的多变量随机数：首先生成 N 个服从标准正态分布的随机数 $X = (X_1, X_2, \cdots, X_n)^T$，则：$Y = A^T X$ 为具有相关系数 R 的随机向量。

（4）通过判断，得到 N 项债务组合的违约是否发生的数量 0~1 变量：$b = (b_1, b_2, \cdots, b_n)$。

$$b_i = \begin{cases} 1, Y_i \leqslant z_i \\ 0, Y_i \geqslant z_i \end{cases}$$

3. 得到信用损失分布。

（1）通过违约事件模拟计算信用损失：

$$L_c = \sum_{i=1}^{N} b_i \times L_i = \sum_{i=1}^{N} b_i \times CE_i \times (1 - f_i) \qquad (2-5)$$

（2）重复（1）若干次（比如 m = 10 万次），即可得到 m 个不同情景下的组合损失，将 m 个组合损失分类汇总，得到信用损失的概率分布列表，计算均值、方差等，由于分类项目较多，一般可用图形显示组合信用损失分布。

（三）度量信用 VaR

VaR 是用一种日常应用于其他领域的标准统计技术。VaR 的准确定义是指在正常的市场环境下，给定一定的时间区间和置信度水平，测度预期最大损失的方法。信用 VaR 是指在某一置信水平下的未期望信用损失。通过构造一个信用损失的分布函数 $f(CL)$。对于给定的置信度 c，最大信用损失就可以定义为：

$$1 - c = \int_{WCL}^{\infty} f(x)\,dx \qquad (2-6)$$

于是信用 VaR 就可以用对 ECL 的偏离程度来度量：

$$\text{CVaR} = WCL - ECL \qquad (2-7)$$

CVaR 的大小应被视作防止未与其损失造成的不利影响而应该持有的经济资本金的数额。其应用在本质上不同于期望信用损失，后者是加总不同时间上的期望损失并取其现值的结果。实际上，CVaR 是对某个目标时间范围（比如说一年）内的未预期信用损失的度量，如果开始发生信用问题的话，这一期间将足够银行采取相应的纠正措施。这些纠正措施包括减少暴露头寸、调整经济资本金数额等，而采取所有这些措施需要的时间都比应对市场风险所需要的时间范围长的多。

一旦计算出信用 VaR，就可以对其进行管理了。贷款组合的管理者可以检查出对 CVaR 影响最大的项目。如果这些项目的盈利性不是特别大，就应该将其从组合中排除。

组合方法还能揭示出不同类型风险间的相关程度。例如，错路项目指的是与风险暴露大小与违约概率负相关的头寸。例如，在亚洲金融危机以前，许多美国银行向亚洲公司贷出美元贷款，或与其签订等效的互换协议。许多这样进行贷款的亚洲企业实际上并没有美元收入，反过来通过将所融得的资金再投资于本国货币来进行投机活动。当亚洲货币贬值时，美国银行的头寸处于实值状况，但实际上却无法收回，因为交易对手都发生了违约。反过来，对路项目则是指风险暴露程度随着交易对手违约概率降低而增大的交易。当一项交易是交易对手的对冲交易时就是如此，例如，在该对冲交易上的损失冲抵了其实际经营的收益。

（四）组合信用风险模型

组合信用风险模型有 Credit Metrcis 模型、Credit Risk + 模型、穆迪 KMW 模型、组合信用观点（cpv）和统计计量法。

1. Credit Metrcis 模型。模型假设：（1）债券未来市场价值和风险完全由其远期利率分布曲线决定，在模型中，唯一的变量是信用等级；（2）信用等级是离散的，同一级别的债券具有相同的迁移矩阵和违约概率，迁移概率遵循马尔可夫过程，同时迁移概率具有稳定性，且实际违约概率等于历史违约概率；（3）风险期限是固定的，一般为一年；（4）不同债务人的信用等级的联合分布是用两者资产回报率联合分布来估计的，资产回报率的联合分布又用所有者权益收益率的联合分布来代替；（5）每个信用等级对应一条零息票收益率曲线；（6）违约的含义不仅指债务人到期没有偿还债务，还可指债务人信用等级的下降所导致的债券市场价值下跌，并且违约事件发生在债务到期时。

模型设定与参数估计：为了阐述方便，本章仅对单一债券的违约概率进行分析。假定债券持续期限为 n（用 k 表示期限），债券等级划分为 m 等（用 j 表示信用等级），且计算第一年的信用风险值。根据不同信用等级的历史违约概率和利率预期理论，计算出信用等级为 j 的债券第 k 年零利率收益率 y_{jk}，这样就可以将债券的票息和本金折算为债券现值 P_j。其计算公式为：

$$P_j = \sum_{k=1}^{n}\left[\frac{M_{jk}}{(1+y_{jk})^k}\right] \tag{2-8}$$

式中，M_{jk} 为债券 j 第 k 年净现金流量。

根据历史信用等级迁移概率计算出该信用等级的迁移概率 c_j，则债券第一年末的期望价值和方差分别为：

$$E(P) = \sum_{j=1}^{m} P_j c_j \tag{2-9}$$

$$\sigma_P^2 = \sum_{j=1}^{m} {P_j}^2 c_j - [E(P)]^2 \tag{2-10}$$

该模型计算债券价值的损失有两种方法：

第一，基于债券价值服从正态分布的假设。在这种情况下，信用等级为 j 的债券的预期损失就是债券现值 P_j 与债券的期望价值 $E(P)$ 的差额，再根据债券价值变化的标准差 σ_P，计算债券在置信水平为 α 下的非预期损失（UL），从而得出经济资本。其计算公式为：

$$UL = N^{-1}(\alpha)\cdot\sigma_P \tag{2-11}$$

第二，基于债券价值的实际分布。在这种情况下，需要采用蒙特卡罗方法和 VaR 技术，即累加该债券向最差的信用等级迁移的概率，直到等于或者近似等于给定的（$1-\alpha$），此时可以得到与此对应的债券价值，该值与债券的期望价值之差就是 VaR 值，即可求出该债券所需的经济资本。

信用度量术的优势：（1）对组合价值的分布有正态分布假定下的解析方法和蒙特卡罗模拟法，在一定程度上避免了资产收益率正态性的硬性假设，可以用资产价值分布和百分位求出资产损失；（2）对违约的概念进行了拓展，认为违约也包括债务人信用等级恶化；（3）它是一种盯市信用风险度量模型，能考虑到债务价值的高端和低端；（4）该模型适用范围非常广泛，包括传统的商业贷款、信用证和承付书、固定收益证券、贸易融资和应收账款等商业合同，而其高级版的信用风险度量术还能够处理掉期合同、期货合同及其他衍生产品；（5）该模型提出了边际风险贡献的概念，很好地刻画新增一笔债券/贷款的风险和收益及其取舍方法。

信用度量术的劣势：（1）大量证据表明信用等级迁移概率并不遵循马尔可夫过程，而是跨时自相关的；（2）信用等级迁移矩阵未必是稳定的，它受到行业因素、国家因素、周期因素等影响；（3）贷款合约与债券在担保、合约条件上有很大不同，以此评价贷款的损失有一定的困难。

2. CreditRisk + 模型。CrediRisk + 模型是瑞士波士顿第一银行产品部在 1997 年源于保险精算学思想开发的。

模型假设：（1）债务/贷款偿还只有两种状态：违约与不违约；（2）在债务人较多的条件下，在相同时间段内违约概率相同；（3）在不重叠的时间段内，违约人数相互独立。

模型设定与参数估计：由于以上假设，用泊松分布可比较好满足以上假设。设：

$$Pr(n) = \lambda^n e^{-\lambda}/n!$$

式中，$Pr(n)$ 为计算期内发生 n 个债务人违约事件的概率；K 为单位时间段内平均违约人数，它服从 Gamma 分布，并且有 $\lambda = \sum_{k=1}^{n} Pr(k) \cdot k$。

根据泊松分布可知，n 是均值为 K 的一个随机变量。

瑞士波士顿银行在处理模型时，将债券/贷款分为 m 个频段，设基础单位金额为 L（例如 100 万元），则可以根据债务人风险暴露划为某一频段（取大于相对比例的最小整数，如 435 万元的频段为 5），频段 j 的风险暴露 v_j 用 L 作单位，则有 $v_j = j$，则在频段 j 内的期望违约人数为：

$$\lambda_j = EL_j/v_j = \sum_{k \in \Omega_j} EL_k/v_k \tag{2-12}$$

则频段 j 的资产组合分布的概率密度函数为：

$$G_j(z) = \sum_{n=0}^{\infty} Pr(EL = nL) Z^n = \sum_{n=0}^{\infty} Pr(n) Z^{nv_j} = \sum_{n=0}^{\infty} (\lambda_j{}^n e^{-\lambda_j}/n!) Z^{nv_j}$$

$$= exp(-\lambda_j + \lambda_j Z^{v_j})$$

$$G(z) = \prod_{j=1}^{m} G_j(z) = \prod_{j=1}^{m} \exp(-\lambda_j + \lambda_j z^{v_j}) = exp\left(-\sum_{j=1}^{m} \lambda_j + \sum_{j=1}^{m} \lambda_j z^{v_j}\right)$$

$$= exp\left(-\lambda + \sum_{j=1}^{m} \lambda_j z^{v_j}\right) \tag{2-13}$$

损失 nL 的资产的概率函数为：

$$Pr(EL = nL) = \frac{1}{n!} \frac{d^n G(z)}{dz^n}, z = 0, n = 0, 1, 2, \cdots \tag{2-14}$$

有了资产损失的概率密度函数，就可以直接利用 VaR 方法求出债券/贷款的经济资本要求，即在一定的置信水平下，可以计算出最大可能违约数 N，这样经济资本就为 NL。

信用风险附加法的优势：（1）易于求出债券/贷款及其组合的损失概率和边际风险分布；（2）模型集中于违约分析，所需估计变量很少，只需要违约和风险暴露的分布即可；（3）模型处理能力很强，可以处理数万个不同地区、不同部门、不同时限等的风险暴露；（4）根据组合价值的损失分布函数可以直接计算组合的预期损失和非预期损失的值，比较简便。

信用风险附加法的劣势：（1）只将违约风险纳入模型，没有考虑市场风险，而且认为违约风险与资本结构无关。（2）没有考虑信用等级迁移，因而任意债权人的债务价值是固定不变的，它不依赖于债务发放人信用品质和远期利率的变化与波动。尽管违约概率受到一些随机因素的影响，但风险暴露并不受这些因素的影响。（3）K_j 的方差并不完全相同，否则会低估违约率。（4）不能处理非线性金融产品，如期权、外币掉期。

3. 穆迪 KMW 模型。KMV 公司于 1993 年开发了违约预测模型，也称“KMV 模型”，用来估计借款企业违约概率。KMV 模型将股权视为企业资产的看涨期权，以股票的市场数据为基础，利用默顿的期权定价理论，估计企业资产的当前市值和波动率，再根据公司的负债计算出公司的违约点（为企业一年以下短期债务的价值加上未清偿长期债务账面价值的一半），然后计算借款人的违约距离（即企业距离违约点的标准差数），最后根据企业的违约距离与预期违约率（EDF）之间的对应关系，求出企业的预期违约率。其计算公式为：

$$S = c(A, K, r, \sigma_A, \tau)$$

式中，S 为股票价值；A 为企业资产的市场价值；K 为银行借款，即负债价值，由所有的短期负债（一年或一年以下）价值加上所有长期债券的账面价值的一半得到；r 为短期利率；σ_A 为企业资产市值的波动性；τ 为其他相关变量。

企业股票市值的波动性 σ_s 与资产市值波动性 σ_A 之间存在着一种理论关系式，即：

$$\sigma_s = g(\sigma_A)$$

这要求根据可观测变量（尤其是股票的市场价格 S 和其波动率 σ_s）来反复进行预测。

这个模型以资产的当前价值与其边界点的差额为基础计算出了预计违约频率。例如，假设 $A = \$100\ 000\ 000$，$K = \$80\ 000\ 000$，并且 σ_A 为 1 000 万美元。将此对违约的差额进行标准化后就可以得到：

$$z = A - K/\sigma_A = 2$$

如果我们假设有正态分布的收益，标准正态变量 z 取值低于 -2 的概率为 2.3%，因此违约频率为：

$$\text{EDF} = 0.023$$

KMV 模型中的信用模型，在本质上是由债务人资产价值变动引起的。给定企业的资本结构 e，一旦设定了资产价值的随机过程，那么任何期限内的实际违约率（不论是一年还是两年等）都可以被推导出来。

穆迪 KMW 模型的优势：（1）信息来源主要是资本市场的信息，而不仅仅是历史资料，充分考虑了市场信息，更能反映借款企业的信用情况，缓解了我国普遍存在的会计信息失真的影响；（2）所采用的数据主要来自股票市场，数据及分析结果更直接更快捷，具有前瞻性，是一种动态的模型；（3）以期权理论为基础，理论依据较强，预测分析的结果更准确，更能满足要求，能够反映出不断变化的预期违约率；（4）不要求有效市场假设，市场预测效果更好，使得预期违约率敏感度更高。

穆迪 KMW 模型的劣势：（1）假设过于简单和比较苛刻，实际生活中的企业财务结构往往很复杂，而且资产收益的分布并不满足正态分布。（2）该模型主要适用于上市公司的信用风险评估，对于非上市公司，由于资料缺乏，预测评估比较困难，预测的准确性差。（3）仅仅抓住了违约预测，忽视了企业信用品质的变化。（4）该模型所推出的预期违约率与违约距离之间的函数关系主要是以美国公司的数据为基础，应用于其他国家和地区其有效性需要进一步验证，适用范围受到限制。（5）未考虑信息不对称情况下的道德风险，在违约数据缺乏的情况下，很难将违约距离转化成实际违约率。不能应用于所有的产品，如期权、外币掉期等。（6）模型不能够对债务的不同类型进行区分，如偿还的优先顺序、担保等类型，使得模型的计算结果不够精确。

4. 组合信用观点（cpv）。1998 年，麦肯锡公司 Saunders 和 Wilson 等人利用基本动力学的原理，从宏观经济环境的角度来分析借款人的信用等级迁移，建立了信贷组合观点，也称“麦肯锡模型”。该模型是通过对 Credit Metrics 模型转移矩阵加入宏观经济因素调整而来。该模型的最大特点是考虑了当期的宏观经济环境，认为企业信用质量的变化与失业率、长期利率水平、GDP 增长等宏观经济因素变动紧密相关。该模型不以企业信用等级转移的历史数据来估计违约概率，而是以当期的经济状态为条件来计算信用等级转移概率及违约概率。该模型适合投机级别的债务人。

模型假设：（1）信用等级在不同时期的迁移概率不是固定不变的，而受到诸如国别、经济周期、失业率、GDP 增长速度、长期利率水平、外汇汇率、政府支出、总储蓄率、产业等因素的影响；（2）宏观经济变量服从二阶自回归过程，即 AR（2）过程。

模型设定与参数估计，即：

$$Pr_{i,t} = 1/(1 + e^{-Y_{i,t}}) \qquad (2-15)$$

式中，$Pr_{i,t}$ 为债务人 i 在时刻 t 的有条件违约概率；$Y_{i,t}$ 为由以上 m 个因素 $F_{i,t}$ 所表示的宏观指数，即：

$$Y_{i,t} = \alpha_{i,0} + \alpha_{i,1}F_{i,1,t} + \alpha_{i,2}F_{i,2,t} + \cdots + \alpha_{i,m}F_{i,m,t} + \varepsilon_{i,t} \qquad (2-16)$$

式中，$\alpha_{i,k}$ 为 $F_{i,k,t}$ 对 $Y_{i,t}$ 的影响系数；$F_{i,k,t}$ 为因素 k 的相对指数；$\varepsilon_{i,t} \sim N(0,\sigma_i)$，$\varepsilon_{i,t} \sim N(0,M_\varepsilon)$，$M_\varepsilon$ 是因素指数协方差矩阵。由第 2 个假设可知：

$$F_{i,k,t} = \beta_{i,k,0} + \beta_{i,k,1}F_{i,k,t-1} + \beta_{i,k,2}F_{i,k,t-2} + e_{i,k,t} \qquad (2-17)$$

式中，$e_{i,t} \sim N(0,\sigma_i)$，$e_t \sim N(0,M_e)$，$M_e$ 是误差项矩阵。

设定矩阵 $E_t = [v_t e_t]^T \sim N(0,M)$，其中，$M = \begin{bmatrix} M_{v,v} & M_{v,e} \\ M_{e,v} & M_{e,e} \end{bmatrix}$，$M_{v,e}$ 是相关系数矩阵。

将矩阵 M 分解为 $M = AA^T$，并设 $Z_t \sim N(0,I)$，则债务人数量足够多时有：

$$M_t = A^T Z_t$$

根据历史的投资级债券的违约概率 P_t 与穆迪或者标准普尔的历史上（无条件）投资级债券的基期违约概率 P_0 的比值可以看出，比值大于 1 则说明经济膨胀，小于 1 则说明经济衰退。利用 $P_{i,t}$ 来调整 P_0，从而得到一个转换矩阵 TM：

$$TM_t = TM(P_{i,t}/P_0)\text{，}TM_t = \prod_{t=1}^{T} TM(P_{i,t}/P_0) \qquad (2-18)$$

由式 2－18 可以得到任何信用等级在任何时刻的向任何信用等级迁移的瞬间迁移概率

和累计迁移概率。事实上，信贷组合观点是对信用度量术的延伸和深化。因为在信用度量术中，信用等级迁移的概率和累计概率是通过历史数据统计出来的，存在一定的时滞，所以，该模型在利用信用度量术的有关处理方法和 VaR 方法的基础上，可以求出债券/贷款及其组合的违约概率、预期损失、非预期损失和经济资本。

信贷组合观点的优势：（1）较为充分地考虑了宏观经济环境对信用等级迁移的影响，而不是无条件地用历史上违约概率的平均值来代替；（2）信用等级迁移概率具有盯市性，因而它与信用度量术结合起来可以提高信用风险度量的准确性；（3）它清晰地给出了实际的离散的损失分布模型，这个损失分布依赖于子组合中信用头寸的个数和大小；（4）它既可以适用单个债务人，也可以适用于群体债务人，如零售组合。

信贷组合观点的劣势：（1）模型的数据依赖于一国很多宏观经济数据，因而数据处理与计算较为繁杂；（2）不能处理非线性产品，如期权、外币掉期。

表 2 -1 比较了现代信用风险内部模型的特征分析，表 2 -2 比较了信用风险内部模型数据要求。

表 2 -1　　现代信用风险内部模型特征分析比较表

模型名称	Credit Metrics	KMV	CPV	Credit Risks
创始人	JP. Morgan	KMV	McKinsey	CSFP
依据原理与分析方法	评级历史数据统计和股权分析	期权定价原理	宏观经济因素调整与模拟	财险思想
违约状态	MM	MM	MM 或 DM	DM
信用事件	信用级别变化/违约	连续违约概率	信用级别变化/违约	违约
相关性结构	来自股本回报的多元模型	来自资产回报的正交多元模式	来自 ARIMA 和多元 Logistic 经济计量模型	来自使用者定义的组合子集 PD 概率密度与外部风险因子之间的关系
产生组合价值分布	用联合转移矩阵模拟信用状态；Monte Carlo 模拟	用 Monte Carlo 模拟相关的资产价值	用 Monte Carlo 模拟经济变量并预测指数值。组合子集的 PD 和转移概率是预测指数值的 Logit 函数	组合子集 PD 服从于一个混合的泊松分布。混合变量是风险因子与线性函数。
结构模型或简化模型	结构模型	结构模型	简化模型	简化模型
违约驱动因素	资产价值及其波动	资产价值及其波动	宏观经济因素	预期违约率
测度的条件性	无条件测度	条件测度	条件测度	条件测度
测度的离散性或连续性	离散测度	连续测度	离散测度	连续测度

资料来源：汪办兴：《中国银行业全面风险管理改进研究——基于“新资本协议”的视角》，复旦大学博士学位论文，2007 年。

表 2-2　　信用风险内部模型数据要求

模型名称	数据要求
Credit Metrics	• 资产特征（回报率、到期日、回收率） • 资产回报率 • 评级体系和转移矩阵 • 远期零息债收益率曲线 • 国别和产业指数以及单项资产对经济中不同部门的敞口
KMV	• 资产特征 • 企业资本结构 • DD 和 EDF 之间的映射关系 • 无风险利差 • 国别和产业指数以及单项资产对经济中不同部门的敞口
CPV	• 宏观经济变量（如 GDP 增长率、利率、失业率等） • 针对国别和地区的校正系数 • 资产特征
Credit Risk +	• 单个债务人的违约概率 • 银行对单个债务人的敞口

资料来源：赵先信：《银行内部模型和监管模型》，上海人民出版社 2003 年版。

5. 统计计量法。统计计量法主要是通过对影响企业违约率相关因素的筛选，选出关键变量并建立违约预测模型的方法。该方法将发生违约企业的某些财务指标如资产负债率、流动比率等与正常企业相比存在的明显差异作为解释变量，将违约率作为被解释变量，通过统计分析来对企业违约与否做出预测。

根据作为判别标准的财务指标的多少，常用统计计量法模型可分为一元线形判定模型、多元线性判定模型、多元逻辑模型三种。

一元线形判定模型是以一项财务指标作为判别标准，来判断企业是否处于破产违约状态的预测模型。应用该方法，应首先确定作为判别标准的某项财务指标（如资产负债率），然后找出该指标违约临界值，指标变动到临界值以下，即可判断借款企业出现概念违约。该模型应用较为简单，但精度不高，难免出现以偏概全的情况。

多元线形判定模型的典型代表是 Altman 的 z-score 模型。该模型是通过对 1968 年美国破产与非破产企业的观察，以 22 个主要财务指标作为观测变量进行数理统计，最后筛选出 5 个关键财务指标作为企业违约判别标准，赋予相应权重后，并以这 5 个指标变动到相应临界值以下作为债务违约发生的判断标准。

分析案例

Z 值评分模型举例

下面以一个具体的例子来说明 Altman 的 Z 值评分模型的应用。以某商业银行为例，选择它的企业客户为对象，考察它们的短期贷款偿还情况。所用的财务比率是参照国内财政部考核企业财务状况和国外相关财务比率指标，对反映企业流动性、盈利性、增长性、速动性及偿债性等方面的指标，利用相关软件进行主因子分析，得到以下五个比率：

X_1 = 运营资本/资产总额

X_2 = 保留盈余/资产总额

X_3 = 息税前利润/资产总额

X_4 = 普通股、优先股市场价值总额/负债账面价值总额

X_5 = 销售收入/资产总额

调查取得的样本总数为 129 家，其中 65 家企业不能偿还银行信用贷款。这 129 家企业被划分为两个子样本，训练子样本由 74 家企业构成，包括 36 家能够偿还银行贷款的企业和 38 家不能按时偿还贷款的企业，检验子样本由 55 家企业构成，包括 28 家能够偿还贷款的企业和 27 家不能按时偿还的企业。对根据样本数据计算得到的 5 个比率进行检验，以考察是否服从正态分布的假设，是否满足等协方差的假设，它们之间是否存在线性相关。然后，根据 STSTGAPHICS 软件包计算得到模型的判别系数，如表 1 所示，5 个比率中的 4 个在 1% 的显著性水平下服从正态分布。模型的预测精度可通过训练样本和检验样本来检验，通常预测精度可用两类错误来度量：第一类错误是指将不能偿还贷款的企业误判为能偿还贷款的企业的错误；第二类错误是指将能偿还贷款的企业误判为不能偿还贷款的企业的错误。结果如表 2 所示，在这两类错误中，第一类错误显然更加严重，因为其误判代价更高。

表 1　　判别分析结果

变量	X_1	X_2	X_3	X_4	X_5	常量
系数	0. 32054	1. 78868	5. 16075	0. 07098	-0. 06743	-0. 52731

其中，X_1，X_2，X_3，X_4，X_5 在 1% 的显著性水平下服从正态分布。

表 2　　训练样本和检验样本的误判

训练样本			检验样本		
第一类错误	第二类错误	总误判	第一类错误	第二类错误	总误判
5（13. 16%）	0（0. 00%）	5（6. 76%）	11（40. 74%）	3（10. 71%）	14（25. 45）

可以看出，训练时判断分析的准确率可以达到90%以上，而且检验中的准确率也有70%以上，结果还是非常理想。该案例表明，Altman 的五因子 Z 值评分模型的判断精度还是非常高的。

资料来源：朱淑珍：《金融风险管理》，北京大学出版社 2012 年版。

现代信用风险管理模型均具有不同的比较优势，从而也各具有不同的适用性。Credit Metrics 和 KMV 适用于度量公司和规模较大的私人客户的信用风险；Credit Risk + 适用于度量零售客户的信用风险；CPV 适用于度量对宏观经济因素变化敏感的投资级债务人或债务项目，如房地产贷款的信用风险。从技术上来看，在我国目前的情况下，推广使用 Credit Metrics 是更为实际的选择。

Credit Metrics 模型几乎涵盖了所有的信用产品，具有广泛的适用性。同时，由于强调信用评级的一致性和一贯性，它也是典型的可以在不同行业之间进行比较的量化方法，这对于我国金融机构目前以定性分析为主、难以进行跨行业比较的信用风险管理方法而言，无疑是一个很好的补充。

二、新《巴塞尔资本协议》与信用风险的度量

在信用风险测量方面，新《巴塞尔资本协议》推荐使用内部评级法。它有两个版本：一是基础内部评级法；二是高级内部评级法。内部评级法提出 4 个主要参数，分别是违约概率、违约损失率、违约暴露及期限。基础内部评级法要求比较简单，银行只需计算违约概率，其余依照监管机构的指引即可，实施比较容易。高级内部评级法相对复杂得多，银行需要自行计算上述 4 项参数。此外，信用风险也取决于违约后损失，这可以用 1 减去回收率，或违约后回收比例来衡量。

（一）违约风险的衡量

违约风险可以用违约概率和违约损失率来衡量。**违约概率**是指未来一段时间内借款人发生违约的可能性。通常，影响违约概率的因素主要有财务因素、经营因素、行业因素、宏观经济环境因素等，并且不同的风险类别，其违约概率的影响因素不同。国际先进银行确定违约概率，一般采用定量和定性分析相结合的分析方法。

违约损失率（LGD）是指预期违约的损失占违约敞口的百分比，违约损失率与关键的交易特征有关，如是否有抵押物。违约损失率有三大类：一是市场损失率，以违约债券或贷款的市价为依据；二是折算的损失率，是指处置及清收后，估计现金流的数据，加以折算出来；三是隐含的市场损失率，是以资产估价模型为基础，按同类未违约债券的利差与价格计算。

国际上估计 LGD 的主要方法有历史数据平均法、资产估值法和因素模型法。

1. 历史数据平均法。历史数据平均法最传统，也是被大多数银行在实践中普遍采用的方法，即依据 $LGD = 1 - R^R$，在 R^R 历史数据基础上估计 LGD。此方法通常根据债务类型（即贷款、债券）和资质（有担保、优先无担保、次级）将 R^R 历史数据进行加权平

均，计算出某一类或组合资产的 LGD 历史平均值。

历史数据平均法的缺陷在于用它测度 LGD 较为保守，没有考虑诸如信用周期、借款者对信用环境的敏感度等重要因素；同时，研究表明，贷款和债券 R^R 的概率分布一般呈双峰分布，即 R^R 的概率分布集中在 70% ~80% 或者 20% ~30% 之间，均值水平并非发生概率最大的水平。因此，使用历史平均法预测 LGD 可能会产生误差。

2. 资产估值法。资产估值法是基于对债务资产在无违约状态和违约状态下价值的变化进行估计，并进而确定 LGD 的方法，主要有三种不同的 LGD 定义和估值方法。

（1）基于历史数据回归分析法的市场 LGD。该方法是根据违约资产的 LGD 历史数据和理论因子模型，应用统计回归分析和模拟方法建立起预测模型，然后将特定项目相关数据输入预测模型中，得出该项目的 LGD 预测值。该方法的估测结果可称为“市场 LGD”，是指在实际违约事件发生后，利用直接观察到的可上市交易的违约债券或贷款在违约发生前后出现的市场价格差异估计的 LGD，即：

$$\text{市场 LGD} = 1 - \frac{\text{债务工具的市场价值}}{\text{违约时点的债务面值}}$$

现行评级机构对 R^R 的研究大多基于此法。该法反映了投资者折现后的预期 R^R，且本金折现、利息支付损失和重组过程中的相关费用均已包含在内。

（2）基于清收数据贴现法的清算 LGD。不同于其他方法利用违约的历史数据或债券交易的市场数据，清收数据贴现法是将违约后清算及追偿过程中产生的各期现金流的估计值以合适的折现率折算为违约时点的现值，再与风险暴露相比，得出清算 LGD，可表示为：

$$\text{清算 LGD} = 1 - \frac{\sum_{t=1}^{T} CF_t (1 + r_t)^{-1}}{\text{EAD}} \qquad (2-19)$$

式中，CF_t 为第 t 期现金流；r_t 为折现率；T 为违约至清算终止期。

（3）基于市场数据隐含分析法的市场隐含 LGD。该方法从市场上尚未出现违约的正常债券或贷款的信用升水幅度中隐含的风险信息（包括 PD 和 LGD）分析得出 LGD。该方法的理论前提是市场对债券定价是有效的，能够有效及时地反映债券发行企业信用风险的变化。这种变化反映在债券的信用升水中，即具有信用风险的公司债券的收益率与没有信用风险的同期限国债收益率的差额。由于 PD 与 LGD 的乘积反映了债券的 EL，是债券信用风险的重要内容，因此，信用升水也同样反映了 PD 与 LGD。在 PD 可以通过其特定的方法估测出来的情况下，隐含在信用升水中的 LGD 也就可以求解出来。

3. 因素模型法。基于此法的著名模型就是 Moody 的 LossCalc 多元回归模型。该模型是对传统的历史数据平均法的改进，是一个动态模型。Moody 在 LossCalc 中的建模过程分三步：即变量变换、建模和映射。该模型在对债券、贷款和优先股的 LGD 估计中，充分考虑了贷款类型、优先等级、企业资本结构、行业差异即宏观经济状况等变量因素，即：

$$Y = \alpha + \beta_1 X_1 + \beta_2 X_2 + \beta_3 X_3 + \cdots + \beta_k X_k \qquad (2-20)$$

式中，X_i 为模型的解释变量，反映上述因素；Y 作为被解释变量，是一个正态化了的 R^R。

为了得到实际 R^R 的预测值，需对模型结果进行 β 分布的逆变换，因为在做线性回归时假定 R^R 遵从 β 分布，但为了在参数估计中方便处理，将 β 分布转换为正态分布。

Moody 认为，变量之间的相关性比较弱，但都能够较好地预测 LGD。用 LossCalc 预测 LGD，相对于历史平均法的优点是：（1）LossCalc 的 LGD 估计值的错误率能明显降低，其生成大错误的概率极低；（2）LossCalc 与真实值的相关性更高，能更好地预测较高或较低的 R^R；（3）LossCalc 能在同类型的工具间更好地区分。但 LossCalc 的局限性是：它是 Moody 针对美国市场开发的，其参数及数据均获自于美国，在我国的实用性还有待检验。

在用不同模型估计 LGD 时，重要的一点是对信用特征，如信用资产资质，包括优先级、抵押品和监控程度、债务人贷款规模、行业因素（对我国而言，还有所有制因素）以及经济周期等因素对 LGD 的影响进行评估并分类统计。

（二）信用风险暴露

信用风险暴露又叫“违约风险暴露”或“风险敞口”，是指由于债务人的违约所导致的可能承受风险的信贷业务的余额。所有风险暴露按扣除特别准备金后的净值计算。违约风险暴露与违约损失率一样，也取决于特定的交易。在大多数情况下，违约风险暴露等于资产的名义金额，但对于某些交易（如尚未使用的承诺），还需对违约前的继续贷款进行测算。

（三）有效期限

有效期限是指某一风险暴露的剩余经济到期日。在其他风险因素不变的前提下，期限越短，风险就越小，金融机构必须为每项风险暴露提供一个期限测量值。

（四）违约后损失

信用风险取决于违约后损失，等于 1 减回收率。信用评级机构利用违约后债券的价值来衡量回收率，这被认为是市场对未来回收率的最好估计，它考虑到了公司的资产价值、破产程序的估计成本和各种支付形式（如用权益资本向债券持有者进行偿还），并把它们折现为现值。有证据表明，回收率取决于下列一些因素：一是债务人的状况，或其偿付优先权，较低的优先权会有较低的回收率；二是经济状况，当经济处于衰退时，回收率可能比较低。

评级也可以包括违约后损失，同一个借款人也许有不同种类的债券，这些债券由于所受到的保护不同得到的评级也不一样，具有较低优先权的债务应该有一个较低的级别。统计显示，回收率的变动范围很大，回收率与违约率呈负相关关系。在债券违约较多的年份，违约后价格比平常要低，这种相关性会导致更大的损失，扩展了信用损失分布的左尾。

第三节 信用风险的管理

上世纪 90 年代，公司倒闭结构性增加、脱媒效应显现、竞争白热化、担保能力下降、金融衍生品急剧膨胀、信息技术飞速发展等因素，促使人们加强了对信用风险的研究。

信用风险管理工具的发展演变经历了如下几个阶段：名义数量、风险加权数量、外部/内部信用评级、内部债务组合信用模型。

一、名义数量

信用风险最初是通过总的名义数量来衡量。用一个乘数，例如8%，乘以这一数量，就得到针对信用风险需要持有的资本储备。这种方法的问题是忽略了违约概率中的变量。

二、风险加权数量

1988年，巴塞尔委员会通过信用分级制定了一个非常粗糙的信用风险分类，提供了衡量每一名义数量的风险权重。这是推动银行根据其风险程度持有足够资本金的首次尝试。

三、内部/外部信用评级

风险权重被证明过于简单，使得银行有动机在巴塞尔资本金要求下改变他们的资产组合来最大化其股东回报。这使得商业银行的资产负债表中存在更大的风险，而这当然不是巴塞尔委员会1988年制定信用风险分类的初衷。例如，AAA评级和C评级的公司信用并没有什么区别。由于在同样的资本金管制下，对C评级公司的贷款比对AAA评级公司的贷款更有利可图，因此银行部门必然将其贷款组合转向低评级的贷款人。这导致了2001年巴塞尔委员会关于允许银行使用其自己内部的或外部的信用评级的提议，这些信用评级更好地概括了信用风险。这里所谓的“更好”，是指与经济测量更加一致。

（一）内部信用评级

内部评级是指金融机构使用自己的评估系统，对客户进行评级及对风险资产进行监测的信用管理活动。信用风险是新《巴塞尔资本协议》最重要的监管对象，新协议的一个核心就是要求银行集团采用内部评级法作为信用风险计量工具。内部评级法根据数据积累情况，可分为初级法和高级法两种，初级法对数据的要求是由监管部门规定的，高级法对数据的要求是由金融机构自行提供的。一般情况下，其对客户的评级结果直接用于信贷活动，在本机构内有效。从国际经验看，只有风险管理水平高的金融机构才能使用内部评级。该方法的优势在于贷款客户数据和违约信息的易获得性。该方法的局限，一是独立性不强；二是评级方法过于简单，风险揭示不足。

（二）外部信用评级

外部评级是指社会专业资信评估公司的信用评级活动。外部评级是相对于银行来说的。一般情况下，社会专业资信评估公司在进行信用评级时，都以新《巴塞尔资本协议》为基础，决定风险权重。因此，与各具特色、各不相同的内部评级相比，外部评级的依据与标准及其结果具有通用性。外部评级的优势主要是独立性、专业性与信息来源的广泛性更强。外部评级的局限是金融机构与外部评级机构的合作意愿不强，被评级对象的覆盖面较窄，评级机构积累的数据有限，其技术方面的优势很难发挥；另外，金融机构对评级机构的评级结果使用率太低，限制了评级机构业务的推广，同时限制了评级机构违约率的计算。

四、内部债务组合信用模型

内部债务组合信用模型开始在单独分析某一类型信用风险的基础上，综合考虑组合对应的信用风险情况。

五、信用衍生品

信用衍生品（信用工具衍生品）是将信用风险从交易的一方转移到另一方的合约，这种合约允许把信用风险从贷款和债券中剥离出来，放在不同的市场上进行交易，是防范信用相关事件风险的一种重要的方法，也是推测信用风险发生概率和损失量的一种方法。

（一）信用衍生品的优点

1. 能使投资者以较低的交易成本防范信用风险。

2. 有非常灵活的结构，例如，一个投资者可能拥有 5 年期的企业债券，但它仅关心后两年的信用风险；信用衍生品可以让投资者将这两年的风险转移出去（转移给其他投资者）。

3. 衍生产品是表外工具，例如，互换不是资产也不是负债。有时，互换中的固定支出一方是净支出，有时，固定支出一方又是净收入。

根据资产负债表定义的约束，管理者为有创新能力的投资银行提供了激励，使其发明衍生品，在不使用客户资产负债表的情况下，将风险转移给他的客户。

（二）信用衍生品的缺点

1. 相对缺乏流动性。因为这种衍生品不同于利率互换，参考信用没有标准化。从定义来看，信用风险本身就是极其特殊的，并且市场上存在不同的定价方法，这是由基本参数数据的缺乏造成的，如违约概率和可收回率等，由此产生的结果是，信用衍生品的公平定价相对于其他衍生品工具而言缺少一致性。

2. 信用衍生品引入了一种新的风险因素——法律风险。实际上，交易各方有时候会为了某种信用事件的定义而争论不休。这种不一致在著名的债务重组和拆分事件中都曾经发生过。这也说明了为什么银行业监管者都在用警惕的眼光关注着这个市场的发展。

【复习与思考】

一、关键概念

信用风险　度量方法　专家制度　判别分析　Logit 模型

人工智能　非参数法　单变量模型

多元线性判别模型和多元回归模型　Credit Metric 型

Credit Risk + 模型　KMV 模型　cpv 模型

新《巴塞尔资本协议》　管理工具

二、思考题

1. 什么是信用风险？什么是信贷风险？两者有何区别？
2. 常用的信用风险度量模型有哪些？它们有何区别？
3. 信用风险管理工具有哪些？如何选择管理工具？

三、思考案例

北海道拓殖银行倒闭

北海道拓殖银行是日本的第十大商业银行，也是日本的城市银行之一。该行原有资产95000亿日元，职工2万多人，国内外共有分支机构200余处，总行设在札幌市。该行根据《北海道拓殖银行法》成立于1900年，成为专门为北海道地区的开发提供长期信贷的特殊银行。战前，北海道地区曾存在十几个银行。太平洋战争期间，银行大合并，该行成为北海道唯一的银行。战后，该行为了扩大业务范围，由特殊银行转变为普通银行。1995年进入城市银行业务，并开始经营外汇业务。

20世纪80年代末泡沫经济时期，该行将巨额贷款投向不动产，泡沫经济崩溃后，不动产建设公司难以偿还贷款，造成巨额呆账。加之该行又未能及时改变经营战略，使经营陷入困境。出现经营困难以后，该行四处奔走，试图在东京地区找到买主，但未能如愿。几经周折后，1997年4月与北海道银行达成合并协议，但由于呆账障碍，合并告吹。11月7日，终因“短期金融市场急速收缩，难以筹措资金”而宣告破产，将业务转移给北洋银行。

北海道拓殖银行的倒闭原因是多方面的，但泡沫经济留下的祸根——呆账问题无疑是最重要的原因之一。日本全国究竟有多少呆账，可以说是一个世界之谜。1996年9月，日本曾公布一个数字，估计全国大约有呆账292 280亿日元，将利息减免到官定利率以下的“利息减免债权”53 760亿日元。而且，各金融机构的呆账比率也不相同，前9位城市银行在3~6之间不等，而位居第10的拓殖银行为13，高出前9位最高值1倍多。以上数字仅为官方公布的数字，而有关方面人士认为实际数字要远远大于以上数字。目前的问题是任何一个金融机构都不肯说出呆账的实际数额，因为真实的呆账数额巨大，一旦公布出去，大量的客户必将纷纷离去，这无异于引火烧身，自取灭亡。

资料来源：百度文库，http：//baike. baidu. com。

问题思考：北海道拓殖银行倒闭的原因有哪些？如何防范商业银行的信用风险？

第三章 利率风险管理

【导入案例】

美国储贷协会危机

美国储贷协会建立于20世纪30年代，其业务是吸收公众的短期储蓄存款，并且用这些所得存款向当地的购房者提供20年和30年的抵押贷款，利率在抵押期内保持不变。显然，如果储贷协会向储户支付的利率低于储贷协会发放的抵押贷款的平均收益率，则储贷协会就有盈利。

从20世纪30年代到60年代中期，利率低且稳定，长期抵押贷款利率高于短期存款利率，即储贷协会的收益曲线总是向上倾斜的，因此，储贷协会的经营也很简单。局外人常嫉妒地拿储贷协会经理的“3－6－3”的经营方式（以3%的利率借款，以6%的利率贷款，每天下午3点打高尔夫球）开玩笑。

不幸的是，在70年代中期利率开始上升。70年代后期，不断上升的通货膨胀对利率施加了向上的压力，并将利率提高到了储蓄机构可以向储户提供的利率上限水平。根据合同，储贷协会不能提高已发放固定利率抵押贷款的利率。所以到70年代末以后，储贷协会全部抵押贷款的平均收益低于新的抵押贷款利率，储贷协会的全部资产收益率低于资金成本，该行业1981年亏损60亿美元，1982年亏损50亿美元，到1982年底，全美大约有1/4或800家储贷协会消失，其中一些已经倒闭，另外一些则并入了更强大的机构。储贷协会行业的净值从1979年的大约320亿美元，降低到1982年底的40亿美元。

可见，如果没有对利率风险加以重视并进行有效管理，金融机构的经营将陷入危机甚至破产的境地。

资料来源：作者根据相关资料整理。

本章主要介绍金融结构经营过程中面临的利率风险的类型、利率风险的度量方法以及利率风险的管理方法。

第一节
利率风险概述

一、利率风险的概念

利率风险是商业银行面临的最主要的市场风险，**是指由于市场利率变动的不确定性导致商业银行的净利息收入与预期值的偏差，或者由于市场利率变化所导致商业银行净值的潜在损失**。

对商业银行利率风险的认识需要把握两个问题：

一是市场利率变化并非都是不利风险。市场利率的变动存在两种可能，即变动方向有利于或不利于商业银行的变动。前者会给商业银行带来经营收益，这是有利的风险；后者会给商业银行带来经济损失，这是不利风险。

二是利率风险的实质是一种可能性。利率风险仅是商业银行在利率风险变动中可能遭受的损失的测度，其实质是一种可能性。利率风险的风险事故既可能发生，也可能不发生，从而利率风险的风险结果既可能出现，也可能不出现。因此，利率风险具有不确定性，不能将其直接界定为现实的损失。

二、利率风险的主要形式

利率风险的主要形式有四种：重新定价风险、收益率曲线风险、基差风险和隐含期权风险。

（一）重新定价风险

重新定价风险是最主要的利率风险，它产生于银行资产、负债和表外项目头寸重新定价时间（对浮动利率而言）和到期日（对固定利率而言）的不匹配，因此也叫“期限错配风险”。通常把某一时间段内利率敏感性资产和利率敏感性负债之间的差额称为“重新定价缺口”。只要该缺口不为零，则利率变动时，就会使银行面临利率风险，因此该风险是普遍存在的。

需要特别注意的是：期限错配并非只存在于存贷款之间，事实上整个银行的资产负债结构都有可能存在期限错配问题。资产及负债的市值等于未来现金流的贴现值；如果市场利率上升，资产和负债的市值将下降；如果市场利率下降，资产和负债的市值将上升。并且，资产和负债的市值随利率的这种变动和它们持有期的长短是有关系的，如果资产的持有期长于负债的持有期，当利率下降时，资产市值的上升大于负债市值的上升；如果资产的持有期短于负债的持有期，当利率上升时，资产市值的下降小于负债市值的下降。反之亦然。

假设某银行用固定利率6%的1年期存款发放了固定利率7%的2年期的贷款。第一年，该银行可以获得1%的利差收益；由于负债的到期日是在资产的到期日之前，第二年银行需要为贷款进行再融资，但其再融资的利率是不确定的，要重新定价。如果银行在第二年取得的再融资利率水平上升了，譬如说上升到8%，而资产的利率水平仍然是7%，显然，银行第二年的利差收益将变为-1%。如果资产的到期日在负债之前，也会发生类似的利率风险。假设该银行是用固定利率6%的2年期存款发放固定利率为7%的1年期贷款。同样，第一年该银行可以获得1%的利差收益；第一年末，贷款到期回收后银行需要重新投资，但其再投资的利率要重新定价。如果银行在第二年的贷款利率水平下降了，譬如说下降到5%，而存款利率仍然是6%，显然，银行第二年的利差收益也变为-1%。

（二）收益率曲线风险

收益率曲线风险是指收益率曲线的改变对银行收入或银行市场价值所造成的不利影响。以银行的资产负债表为例，大多数银行都不同程度地存在借短还长现象，以获取相应的利差收益。当收益率曲线保持向上倾斜的“正常”形状时，这种策略是成功的。即使未来的利率水平发生了突变，只要收益率曲线是平移的，即利率冲击对不同期限的收益率的影响是一样的，所有的收益率曲线都上升或下降相同的基本点，则银行当前的净利息收入就不会改变。然而，如果收益率曲线是非平移的，其形状由向上倾斜变得平坦，甚至于向下倾斜，银行的利差收益将减少。

（三）基差风险

基差风险是从名义利率角度来考察利率风险的，可以称为“名义利差风险”，是指由于不同种类的金融工具所收到的和支付的利息调整的幅度不同而对商业银行可能造成的不利影响。在这种情形下，即使商业银行的资产负债的期限及重新定价频率都保持一致，银行的缺口头寸处于完全匹配的状况，利率的变动仍有可能导致银行的利润水平发生显著的波动。

假设银行存款利率在90天之后将由8%提高到9%，贷款利率在同一时期内由10%提高到11%，从而使银行的净利差仍然保持在原来2%的水平，以便对缺口头寸进行匹配。然而，事实上，当银行的存款利率由8%提高到9%时，贷款利率的上升幅度通常会超过100个基本点。假定贷款利率的风险升水被设定在相当于90天定期存款利率的25%（即8.00%×1.25=10.00%）。如果我们假定风险升水保持不变，那么当90天期定期存款利率由8%提高到9%时，贷款利率应该从原来的10%提高到11.25%（即9.00%×1.25=11.25%）。这样，银行的净利差收入就会增加25个基本点，即从2%（=10%-8%）增加到2.25%（=11.25%-9%）。从长期来看，风险升水并不是一个固定不变的常数，而是随着市场上对风险认识的变化而发生不断变动。如果上述例子中的25%的风险升水减少到19.4%，贷款利率从原来的10%只有提高到10.75%（即9.00%×1.194=10.75%），这时存款利率如提高100个基本点，银行的净利差比以前减少25个基本点，即从2%（=10%-8%）减少到1.75%（=10.75%-9%）。

（四）隐含期权风险

隐含期权风险的产生是由于银行的资产、负债和表外业务中隐含的期权而造成的。期权是指其持有者有权以事先约定的价格买入或卖出某种金融资产的权利。如果市场价格变动对期权合同的持有者有利，期权合同的持有者会选择行权，此时，期权合约的空方将必须被动执行而处于不利境地。银行的资产、负债以及表外业务中许多都带有期权性质，就利率风险而言，大量的期权成分体现在非交易业务所包含的常规工具中。以存贷款为例，一般来说，银行都允许客户提前提取存款，提前归还贷款，而不会对客户收取罚金。当利率上升时，客户有可能提前结清存款账户，然后转存，以获取新的较高利息收入；当利率下降时，客户有可能提前还款，然后再以新的利率重新贷款，以节约资金成本。随着利率的上升和下降，所有银行都会由于其客户行使隐含期权而承受一定程度的风险。利率变动的幅度越大，隐含期权对银行净利差的影响也越为显著。

假设银行有1年期的存款100万元和1年期的贷款100万元，存款利率为8%，贷款利率为10%，净利差为2%。假设3个月后贷款利率下降到9%，借款客户提前归还100万元贷款本金，再以新贷款利率9%重新借款100万元。第一季度银行的净利差是2%，后3个季度净利差只有1%，平均年净利息收入是1.25%，净利息收入下降了0.75个百分点。另外一种情况同样会使银行承受隐含期权风险。假设3个月后存款利率上升到9%，存款客户提前支取100万元存款，然后再以9%的利率存款。第一季度银行净利差为2%，后3个季度净利差只是1%，平均年净利息收入是1.25%，净利息收入下降了0.75个百分点。

第二节 利率风险的度量

利率风险的准确度量是利率风险管理的基础，与各种理论和方法的发展规律一样，利率风险的度量也经历了从简单到复杂、从粗糙到精确的过程。按照利率风险度量的演变过程，度量利率风险的模型主要有以下几种：

一、利率敏感性缺口模型

（一）利率敏感性缺口

在商业银行的利率风险管理实践中，一般将在较短期内到期或需要重新确定利率的资产和负债分别称之为“利率敏感性资产”（Rate - sensitive Assets，RSA）和“利率敏感性负债”（Rate - sensitive Liability，RSL）。利率敏感性资产和利率敏感性负债的差额，构成了利率敏感性缺口（Rate - Sensitive Gap，RSG），用公式表示如下：

$$RSG = RSA - RSL \tag{3-1}$$

由式3-1可以看出，利率敏感性缺口是一个绝对数指标，反映了商业银行利率风险敞口的大小，有正缺口、负缺口和零缺口三种可能。在运用利率敏感性缺口进行利率风险管理的过程中，经常需要做横向比较，以确定其缺口的大小是否合适。由于不同的商业银行规模不同，利率敏感性缺口的大小也不同，在不同的商业银行之间进行比较，只能使用利率敏感性比率指标（Rate - Sensitive Ratio，RSR），用公式表示如下：

$$RSR = RSA/RSL \tag{3-2}$$

由式3-2可知，利率敏感性比率是一个相对比率指标，反映了利率敏感性资产和利率敏感性负债之间的相对比率关系，有大于1、小于1和等于1三种可能。

对比上述公式3-1和公式3-2，可以得到利率敏感性缺口与利率敏感性比率的三种对应关系：当利率敏感性缺口是正缺口时，对应利率敏感性比率值大于1；当利率敏感性缺口是负缺口时，对应利率敏感性比率值小于1；当利率敏感性缺口是零缺口时，对应利率敏感性比率值等于1。

（二）敏感性缺口分析

为了进行敏感性缺口分析，根据商业银行的资产负债结构，将考察期间分成一些更小的细分期间，然后计算在每个细分期间上的敏感性缺口（RSG），接着加总考察期内所有细分期间的敏感性缺口，得到敏感性总缺口（GRSG），再根据市场利率的变动幅度（ΔR），得到商业银行面临的净利息收入变化：GRSG · ΔR，并据此度量银行面临的利率风险。考察期间内细分期间的长短可以根据商业银行的自身需要来确定，可按周、旬、月来划分，也可按天来划分。细分期间的长短不同，风险测量的结果也会不一样，一般而言，细分期间越短，测量的结果越准确，细分期间越长，测量的结果越粗糙。在美国，联邦储备委员会要求银行在每个季度按照以下的期限类别报送资产和负债的敏感性缺口：1天；1天至3个月；3个月至6个月；6个月至1年；1年至5年；5年以上。由于市场利率的变化不是银行可以控制的，所以为了控制利率风险，银行只能通过调整其资产与负债的规模和结构来改变其利率敏感性缺口的大小。

（三）净利息收入的变动

商业银行的净利息收入（NI）的变动直接和利率敏感性缺口相关，用公式表示如下：

$$\Delta NI = \text{RSG} \cdot \Delta R \qquad (3-3)$$

式3-3是以利率敏感性资产和利率敏感性负债的利率等幅度变动为假设前提的。从式3-3可以看出，当商业银行的利率敏感性缺口为零时，利率的上升或下降都不对其净利息收入产生影响，利率风险处于“免疫”状态；当商业银行的利率敏感性缺口为正缺口时，如果利率上升，获利，如果利率下降，则受损；当商业银行的利率敏感性缺口为负缺口时，如果利率下降，获利，如果利率上升，则受损。这几种变动关系简单总结如表3-1所示。

表3-1 利率变动对商业银行净利息收入的影响

利率敏感性缺口	利率敏感性比率	利率变动	净利息收入
正缺口	>1	上升	增加
正缺口	>1	下降	减少
负缺口	<1	上升	减少
负缺口	<1	下降	增加
零缺口	=1	上升	不变
零缺口	=1	下降	不变

（四）简要评价

利率敏感性缺口模型的原理和计算都非常简单，也便于分析，因此是商业银行进行日常性利率风险度量的重要方法。通过缺口分析，商业银行可以判断其资产负债配置的敏感性风险敞口的性质、敞口的大小以及敞口发生的时间，从而可以采取不同的风险管理策略来控制利率风险。但是这种分析方法的缺陷也是显而易见的，主要有：

1. 缺口分析是一种静态的分析方法。缺口分析将商业银行的资产与负债按一定的时段予以划分，反映了该行一定时段内利率敏感性资产与利率敏感性负债之间的差额，只是一个静态的概念，它忽视了在各时段间内资金的时间价值，因而比较粗糙，精确性不高。

2. 缺口分析忽视了利率的隐含期权风险。缺口分析是假定在各细分期间内考察的资产与负债均按照既定的合同来执行的。但是由于利率隐含期权的存在否定了这一假定，因而利率敏感性缺口会发生改变。

3. 缺口分析是以利率敏感性资产和利率敏感性负债作为分析对象的，不能体现部分活期存款和表外项目的利率风险。因为大多数商业银行都将活期存款视为非利率敏感性负债。事实上，利率变动对活期存款有着巨大的影响，当利率上升时，活期存款往往会急剧减少，使商业银行面临利率风险。

4. 缺口分析仅仅度量了市场利率变动对银行经营收入的影响，忽略了利率变动对商业银行资产与负债市场价值的影响。缺口分析采取的是账面价值核算法，按照这种方法，商业银行所购买的债券、提供的贷款以及吸收的存款等都是按它们的历史价值入账的，因而无法显示利率变动对这些资产与负债的市场价值所产生的影响。

5. 缺口分析存在细分期间选择不稳定的问题。细分期间选择的不同，可能会出现不同的利率敏感性缺口状况，导致商业银行管理策略混乱，不能准确有效地进行利率风险管理。

二、久期缺口模型

（一）久期的概念

久期（Duration）的概念是由美国经济学家 Macaulay 于 1935 年首先提出，**是指收回债券投资平均需要等待的时间**。和到期期限相比，久期考虑了每笔现金流的不同时间问题，因此可以更准确地测量资产和负债的利率敏感度。为了得到久期的一般公式，假定债券持有者在时刻 t 收到利息 C_t，连续复利的收益率为 y，根据债券的定价原理，可以得到债券的价格 B：

$$B = \sum_{t=1}^{n} c_t \cdot e^{-yt} \tag{3-4}$$

债券久期 D 的定义如下：

$$D = \sum_{t=1}^{n} \frac{c_t \cdot e^{-yt}}{\sum c_t e^{-yt}} \cdot t = \frac{\sum_{t=1}^{n} t \cdot c_t e^{-yt}}{B} \tag{3-5}$$

根据式 3－4 两边对 y 求导，可得：

$$\frac{\partial B}{\partial y} = -\sum_{t=1}^{n} c_t \cdot t \cdot e^{-yt} \tag{3-6}$$

联合式3－5和式3－6，可得：

$$\frac{\partial B}{\partial y} = -B \cdot D \qquad (3-7)$$

把式3－7改写成 $\frac{\partial B}{B} = -\partial y \cdot D$，其微分形式为：

$$\frac{\Delta B}{B} = -D \cdot \Delta y \qquad (3-8)$$

式3－8表明，债券价格变化的百分比等于债券的久期乘于收益率的变化量①。久期反映了价格变动对收益率变动的敏感程度，即久期就是债券价格的利率弹性。因此，我们可以用久期度量利率风险的大小，即久期越大，单位利率变动引起的债券价格变动就越大，利率风险也就越大；反之亦然。

知识链接

什么是连续复利

假设数额A以利率R投资n年。如果利息按每年计一次复利，则上述投资的终值为 $A(1+R)^n$；如果利息按每年计m次复利，则其终值为 $A\left(1+\frac{R}{m}\right)^{mn}$；如果m趋于无穷大，则称为连续复利（Continuous Compounding），此时终值为 $\lim\limits_{m\to\infty} A\left(1+\frac{R}{m}\right)^{mn} = Ae^{Rn}$。

尽管久期的概念最早是针对债券提出来的，然而，许多商业银行的资产和负债（如贷款、存款等）都具有类似于债券的性质，都属于固定收益证券。因此，久期也可以用来度量这些银行业务的利率风险。

资料链接

什么是修正的久期

假定债券持有者在 t 年收利息 C_t，债券的价格 B 和1年记 m 次复利的收益率 y 的关系为：

$$B = \sum_{t=1}^{n} \frac{C_t}{\left(1+\frac{y}{m}\right)^{mt}}$$

债券的久期 D 的定义为：

$$D = \frac{\sum_{t=1}^{n} t \cdot \frac{C_t}{\left(1+\frac{y}{m}\right)^{mt}}}{B}$$

① 如果不是采用连续复利的计息方式，式3－8则要使用修正的久期 D^*。请参阅知识链接“修正久期”。

也可以写为：

$$D = \sum_{t=1}^{n} t \cdot \left[\frac{\dfrac{C_t}{\left(1+\dfrac{y}{m}\right)^{mt}}}{B} \right]$$

根据公式 $B = \sum_{t=1}^{n} \dfrac{C_t}{\left(1+\dfrac{y}{m}\right)^{mt}}$

可得：

$$\frac{\partial B}{\partial y} = -t \cdot \sum_{t=1}^{n} \frac{C_t}{\left(1+\dfrac{y}{m}\right)^{m\cdot t+1}} = -\frac{t}{\left(1+\dfrac{y}{m}\right)} \cdot \sum_{i=1}^{n} \frac{C_t}{\left(1+\dfrac{y}{m}\right)^{mt}}，即：$$

$$\frac{\partial B}{\partial y} = -B \cdot \frac{D}{\left(1+\dfrac{y}{m}\right)} = -B \cdot D^*$$

其中，$D^* = \dfrac{D}{\left(1+\dfrac{y}{m}\right)}$ 被称为"修正的久期"。

（二）凸度（Convexity）的概念

久期可以看作债券价格对利率小幅度波动敏感性的一阶估计，但是这种估计是有偏差的，而凸度是对债券价格的利率敏感性的二阶估计，它对久期估计的误差进行了有效的校正。因为债券的收益率曲线的形状是凸形的，其斜率是不断变化的，凸度测度的正是斜率变化率。凸度可以通过计算债券价格对利率的二阶导数再除以债券的价格得到。

由式 3－6 两边对 y 求导，可得：

$$\frac{\partial^2 B}{\partial y^2} = \sum_{t=1}^{n} c_t \cdot t^2 \cdot e^{-y \cdot t} \tag{3-9}$$

凸度（T_d）的定义如下：

$$T_d = \frac{\partial^2 B}{\partial y^2} \cdot \frac{1}{B} = \frac{1}{B} \cdot \sum_{t=1}^{n} C_t \cdot t^2 \cdot e^{-yt} \tag{3-10}$$

联合式 3－9 和式 3－10，可得：

$$\frac{\partial^2 B}{\partial y^2} = T_d \cdot B \tag{3-11}$$

由式 3－10 可以看出凸度具有下面几个特点：如果其他条件相同，则通常距到期日越长，凸度越大；给定收益率和久期，票面利率越低，凸度越大；当利率下降时，凸度增加，反之亦然。

为了衡量凸度在债券价格变动中的作用，根据泰勒二级展开式可得：

$$\partial B = \frac{\partial B}{\partial y} \cdot \partial y + \frac{\partial^2 B}{2 \partial y^2} \cdot (\partial y)^2 \tag{3-12}$$

把式 3－7 和式 3－11 代入式 3－12，整理可得：

$$\frac{\partial B}{B}\approx -D\cdot \partial y+0.5T_d\cdot(\partial y)^2 \tag{3-13}$$

写成微分形式为：

$$\frac{\Delta B}{B}\approx -D\cdot \Delta y+0.5T_d\cdot(\Delta y)^2 \tag{3-14}$$

根据式3-14，债券价格总的百分比变化既受到久期的影响，还受到凸度的影响，利用久期和凸度共同估计债券价格波动会更准确。

（三）久期缺口管理

久期缺口管理的目的就是试图构造久期零缺口，使得利率变动对银行资产价值和负债价值的影响相互抵消，从而保持银行净值不变。其具体做法是，先计算出银行每笔资产和负债各自的久期，然后以每笔资产或负债的价值占总资产（A）或总负债（L）价值的比重为权重，计算出银行总资产和总负债的加权平均久期，分别以 D_A 和 D_L 表示，则银行的资产负债的久期缺口 D_G 可用如下公式表示：

$$D_G = D_A-\mu\cdot D_L \tag{3-15}$$

式中，$\mu=\frac{L}{A}<1$，因为负债总是小于资产。

一家银行的净值（NV）等于其资产价值减去负债价值，即 $NV=A-L$，那么随着市场利率（i）的变动，银行的资产和负债价值相应变动，从而使银行净值也发生变动，即：

$$\Delta NV=\Delta A-\Delta L$$

由久期公式3-8可得：

$$\frac{\Delta A}{A}=-D_A\cdot\Delta i \tag{3-16}$$

$$\frac{\Delta L}{L}=-D_L\cdot\Delta i \tag{3-17}$$

因此，$\Delta NV=-\Delta i\cdot A\cdot(D_A-\frac{L}{A}\cdot D_L)$，净资产的任何变动可以用久期缺口表示为：

$$\Delta NV=-D_G\cdot A\cdot\Delta i \tag{3-18}$$

根据式3-18，商业银行净值受到久期缺口、银行资产和利率变动幅度三个因素的影响，由于利率的变动对于银行来说是不可控的，银行资产总是大于零，因此使银行市值不受利率影响的唯一办法就是让久期缺口等于零。这正是久期缺口对银行利率风险管理的意义之所在。如果久期缺口为正值，银行的净值和利率的变动方向相反；如果久期缺口为负值，银行的净值和利率的变动方向相同；如果久期缺口为零，银行的净值和利率的变动无关。

分析案例

下面以A银行为例，说明如何计算银行资产和负债的久期，并根据久期如何调整资产和负债，以规避净资产面临的利率风险。假设目前利率水平为10%，A银行资产和负债的久期计算结果下表所示。

A 银行资产和负债的久期

类别			数额（百万元）	久期（年）	权重	加权久期（年）
资产		准备金和现金	5	0.0	0.05	0.0
	证券	小于1年	5	0.4	0.05	0.02
		1到2年	5	1.6	0.05	0.08
		大于2年	10	7.0	0.1	0.7
	住房抵押贷款	变动利率	10	0.5	0.1	0.05
		固定利率（30年）	10	6.0	0.1	0.6
	商业贷款	小于1年	15	0.7	0.15	0.105
		1到2年	10	1.4	0.1	0.14
		大于2年	25	4.0	0.25	1
		实物资本	5	0.0	0.05	0
	加总	/	100	/	1	2.695
负债	存款	支票存款	15	2.0	0.158	0.316
		活期存款账户	5	0.1	0.053	0.0053
		储蓄存款	15	1.0	0.158	0.158
	CD_s	变动利率	10	0.5	0.104	0.052
		小于1年	15	0.2	0.158	0.0316
		1到2年	5	1.2	0.053	0.0636
		大于2年	5	2.7	0.053	0.1431
		同业拆借	5	0.0	0.053	0.0
	借款	小于1年	10	0.3	0.104	0.0312
		1到2年	5	1.3	0.053	0.0689
		大于2年	5	3.1	0.053	0.1643
	加总	/	95	/	1	1.034

下面分析如果利率从10%增加到15%，A银行净资产价值的变化：

根据式3-15可得：

$$D_G = D_A - \mu \cdot D_L = 2.695 - 0.95 \times 1.034 = 1.713$$

根据式3-16可得：

$$\Delta NV = - D_G \cdot A \cdot \Delta i = - 1.713 \times 100 \times 0.05 = 8.565$$

可见，当利率从10%增加到15%，A银行净资产市场价值下降856.5万元。同理，利率下降可能导致净资产市场价值的上升。那么，如何调整资产和负债以规避净资产的利率风险呢？答案就在式3-15：只要久期缺口为零，就可以实现净资产免疫。

在本例中，由于久期缺口为1.713年，调整资产负债的久期，使久期缺口为0，就可以实现净资产免疫。例如，将原来持有的长期债券转换为短期债券，就可以降低资产久期，进而使久期缺口减少。

资料来源：作者根据相关资料整理。

（四）简要评价

久期缺口管理除了具有简单、直观、易操作的优点外，相对利率敏感性缺口管理更为精确，并从长期角度分析了利率变化对银行市场价值的影响；久期分析能与银行业务发展紧密联系，将许多银行业务综合计量，通过银行资产负债在数量、期限以及地区之间进行匹配来规避利率风险，从而具有管理上的优势。然而，久期缺口管理也存在缺陷，主要有：

1. 久期缺口模型在强调对利率变化长期影响（银行市场价值）的同时，忽略了短期影响（利差收入）。同时，久期缺口作为一个静态指标，假定当前资产负债表在考核期间不发生任何变化，未能考虑隐含期权（如客户提前还款）和资产负债表动态变化情况。

2. 久期本身是随着利率变动而变化的，由此导致久期漂移，一旦利率变化，银行就必须重新调整久期缺口。但是，资产与负债利率的变动往往无法同步进行，久期缺口无法迅速调整，具有一定滞后性。此外，久期缺口调整是有成本的，有时候调整后产生的收益还不足以弥补调整成本。

3. 久期缺口模型基于许多主观的预测，而事实上准确预测利率的难度很大。对提前提款概率等假设也具有很大主观性，这直接影响到久期缺口管理的准确性和有效性。

4. 久期缺口模型没有考虑凸度问题。债券价格的变换不仅受到久期的影响，也受到凸度的影响，如果利率变化较大，只用久期分析利率风险可能导致重大的误差，由此采取的主动管理策略会产生严重的后果。

三、VaR模型

（一）VaR的基本原理

1. VaR的概念。VaR即“Value at Risk”，意思是“在险价值”，是指在分析期间内某项金融资产或证券组合在一定的置信水平下预期发生的最大可能损失值。用公式表示为：

$$prob(\Delta p > \mathrm{VaR}) = 1 - c \tag{3-19}$$

式中，Δp为资产在分析期内的实际损失；VaR为在一定置信水平下预期发生的最大可能损失值；c为置信水平。

2. VaR的数学描述。根据比较基准的不同，VaR可分为均值VaR和零值VaR。零值VaR度量的是资产价值的绝对损失，它是以初始价值为基准来度量风险。而均值VaR度量的是资产价值的相对损失，它是以均值作为基准来度量风险。模型使用者可根据自己对资产价值的绝对损失或相对损失的关注，来最终决定选用均值VaR或者零值VaR。

为了计算某一投资组合中的VaR，定义W_0为初始投资额；R为投资期间的投资收益率；W 为期末资产组合的价值；且 $W = W_0(1+R)$，R 和 W 都是随机变量。假设 R 的均值为 μ，方差为 σ^2，置信水平为 c，资产组合在置信水平 c 的最小价值为 $W^* = W_0(1+R^*)$。此时，均值 VaR 和零值 VaR 可分别表示如下：

$$均值\ \mathrm{VaR} = E(W) - W^* = -W_0(R^* - \mu) \tag{3-20}$$

$$零值\ \mathrm{VaR} = W_0 - W^* = -W_0R^* \tag{3-21}$$

可以看出，找到既定置信水平下投资组合的最小价值 W^* 或相应的投资收益率 R^*，即可求出 VaR 值。

如果风险因子的分布假定属于参数分布类，如正态分布，则 VaR 的计算可得到简化。假设资产组合价值 W 服从概率分布 $f(W)$，则 c 和 W^* 之间的关系如下所示：

$$c = \int_{W^*}^{\infty} f(W)\,dw \tag{3-22}$$

若 $f(W)$ 为正态分布，可将 $f(W)$ 转换为标准正态分布 $\Phi(\varepsilon)$。式中，ε 为零和单位标准差。我们有 $W^* = W_0(1+R^*)$，进一步以 R^* 表示标准正态偏差 $\alpha(\alpha > 0)$，则有：

$$-\alpha = \frac{-|R^*| - \mu}{\sigma} \tag{3-23}$$

则相当于有：

$$1 - c = \int_{-\infty}^{W^*} f(W)\,dw = \int_{-\infty}^{-\alpha} \Phi(\varepsilon)\,d\varepsilon \tag{3-24}$$

从而在给定置信水平的条件下，可以根据累积标准正态分布函数求 α，再根据 $R^* = \alpha\sigma + \mu$，可求 VaR 值：

$$均值\ \mathrm{VaR} = -W_0(R^* - \mu) = W_0 \cdot \alpha \cdot \sigma \cdot \sqrt{\Delta t} \tag{3-25}$$

$$零值\ \mathrm{VaR} = -W_0 \cdot R^* = W_0(\alpha \cdot \sigma \cdot \sqrt{\Delta t} - \alpha \cdot \Delta t) \tag{3-26}$$

此处可假设参数 μ 和 α 都以年为基础，Δt 表示分析期限。

3. 置信水平和持有期的设定。从上一小节的内容可以看出，VaR 的值与持有期和置信水平两个因素有关。

持有期的长短，主要取决于其资产组合的特性，如果资产组合变动频繁，应使持有期较短，反之，应该延长持有期。在西方发达国家，商业银行因资产组合变动频繁，从而每天都会公布 VaR 值；而养老基金则由于其资产组合较为稳定，而以一个月为其 VaR 的持有期。持有期短，管理者就能及时地发现风险并采取相应的措施对其进行防范或处理。然而，持有期短，却意味着管理者要付出较高的监管成本，且由于要对投资组合进行频繁操作，也会增加交易成本。因此，风险管理者对持有期的设置应当使频繁监督的高成本与较早察觉到潜在问题而获得的好处两者之间达到平衡。

置信水平反映了投资组合在持有期限内将可能的损失控制在 VaR 值以内的概率。置信水平越高，意味着投资组合的损失超出 VaR 的可能性越小，反之，可能性越大。首先，置信水平的选择和设置首先需考虑历史数据的可得性和充分性，因为在实际应用中，我们常要以历史数据为基础来计算 VaR。其次，置信水平的高低，可以视模型的用途而定。如果 VaR 模型纯粹是作为银行内部进行风险度量或不同市场风险的比较，置信水平选取就并不关键。但如果 VaR 值是被用来评估一种资本缓冲区，如商业银行要保持充足的风险资本时，则应慎重选择置信水平。

（二）VaR 的衡量方法

在风险管理的实践中，若用 VaR 方法来衡量市场风险，要求能够在合理的成本下，准确地计算风险的 VaR 值。因此，风险管理者在运用具体的方法衡量某项投资组合的 VaR 时，就要同时考虑到成本和准确度两个因素，在成本和准确度中找到平衡点。

VaR 的估计方法主要可以分为两大类：参数法和非参数法。参数法要求已知或假设资产收益率服从某一特定分布（一般是正态分布），并依据此概率分布最终推导出 VaR 值。而非参数法则不必假设资产收益率的概率分布，一般包括历史模拟法（Historical Simulation）和蒙特卡罗模拟法（Montel Carlo Simulation）。

1. 参数法。参数法假设风险因子服从某一特定分布（一般是正态分布），并基于资产收益率的历史时间序列所得出的期望、方差、相关系数等，计算出一定置信水平下的分位数，依据资产价值与风险因子之间的关系，推导出 VaR 值。资产价值与风险因子之间的关系一般是线性的，但有时也可以是非线性的。根据二者之间不同的函数关系，可以得到不同的模型，如组合正态模型、资产正态模型、德尔塔正态模型等。

（1）组合正态模型。组合正态模型直接从整个投资组合的资产收益率来计算风险值，根据正态性假设，组合风险值可以如下表示：

$$\mathrm{VaR} = W_0 \cdot \alpha \cdot \sigma \tag{3-27}$$

式中，α 为给定置信水平对应的分位数；σ 为投资组合资产收益率的标准差；W_0 为组合头寸的初始价值。

因此，用组合正态模型来求 VaR，就转化为求出投资组合收益的标准差，非常简易方便。

（2）资产正态模型。资产正态模型假设组合内有 n 种资产，各种资产的权重为 ω，此处 ω 为一个 n 维列向量，设 Σ 为各资产之间的协方差矩阵。则该组合收益的标准差为：$\sigma_P = \sqrt{\omega^T \cdot \Sigma\omega}$，并假设各种资产的收益服从联合正态分布。类似于组合正态模型，资产正态模型下组合的风险值仍可表示为：

$$\mathrm{VaR} = W_0 \cdot \alpha \cdot \sigma_P \tag{3-28}$$

（3）德尔塔（Delta）正态模型。Delta 正态模型通常适合用来衡量期权等非线性金融资产的风险。该模型假设投资组合的价值取决于单一的基础风险因子，如期权的价值由基础资产的价格来决定。期权资产的初始价值为：$V_0 = V(S_0)$。定义 Δ_0 为当前期权资产 V_0 对 S 的一阶偏导数，即有：

$$dV = \left.\frac{\partial V}{\partial S}\right|_0 dS = \Delta_0 dS \tag{3-29}$$

由式 3－29 可知，期权资产的变化与基础资产的变化成线性关系。因此，若 S 服从正态分布，期权资产的 VaR 值即可用其基础资产的 VaR 值来线性表示，即：

$$\mathrm{VaR} = |V_0| \mathrm{VaR}_S = |V_0| \alpha \cdot \sigma \cdot S_0 \tag{3-30}$$

类似地，对于固定收益类的投资组合，假设资产组合的价值由风险因子收益率决定，并有 $dW = -D^* \cdot W \cdot dy$，$D^*$ 为修正久期，同时假设 y 服从正态分布。则投资组合的 VaR 如下式所示：

$$\text{VaR} = (D^* \cdot V) \cdot \alpha \cdot \sigma \tag{3-31}$$

传统的参数法都是假设风险因子是同方差的，且服从正态分布。而大多数金融时间序列的收益率并不服从正态分布，并具有尖峰厚尾的特点，若通过传统的参数法来计算 VaR 有可能会低估实际的风险。因此，国外的学者 Danielesson（1997），DavidLi（1999）先后提出了厚尾模型（Heavy Tail Model）。

2. 非参数法。与参数法不同，非参数法不需要对风险因子的概率分布作出假定。常用的非参数法有历史模拟法和蒙特卡罗模拟法。

（1）历史模拟法。历史模拟法假设投资组合未来的收益率的走势符合历史规律，即未来的收益率会服从历史的频率分布。在这个基本假设下，计算收益率的 VaR 值就变得非常简单，只需要三个步骤：第一步是将收益率的样本数据由小到大进行排序：第二步是用样本总数乘以左尾概率并且取整；第三步是根据第二步所得结果在经排序的收益率数列中找到相应位置的收益率，即为历史模拟法下的 VaR 值。

历史模拟法的优点在于不用估计协方差矩阵，运用起来简单明了，而且还不需要对投资组合的风险因子的概率分布做出任何假设，不用估计模型参数，避免了模型风险。

但是历史模拟法假设历史数据能代表短期的未来，这也造成了它的不足：第一，当未来收益率的分布与历史数据的分布有较大差距时，所计算出来的 VaR 值会不准确；第二，样本数大小的选取会影响 VaR 值的估计。样本数过少，会使 VaR 产生误差；样本数过多，可能会引进不相关的观察值。

（2）蒙特卡罗模拟法。与历史模拟法一样，蒙特卡罗模拟法也是一种全面估值的方法，比历史模拟法更为精确可靠。蒙特卡罗模拟法无需对分布做出假设，而是由历史数据中计算出模型参数，再利用计算机产生伪随机数，模拟风险因子的分布，从而求出风险价值。

蒙特卡罗模拟法的基本步骤如下：第一步，选择模型的风险因子；第二步，根据风险因子的历史数据估计出模型参数；第三步，利用计算机产生伪随机变量，模拟风险因子的未来分布；第四步，根据模拟分布及置信度水平求出 VaR 值。

蒙特卡罗模拟法是计算 VaR 最有效的方法，能广泛度量包括非线性价格风险、波动风险在内的各种风险，而且还考虑了波动的时间变化、厚尾问题及大幅波动等因素的影响。因此，蒙特卡罗模拟法所求的 VaR 值往往更可靠。然而，蒙特卡罗模拟法亦存在一些缺陷：首先，该方法计算复杂，特别是在投资组合中资产的类别较多时，估计数的数目将变得非常庞大。其次，蒙特卡罗模拟还容易产生模型风险，由于资产价值除了受风险因子的影响外，还可能受到一些模型以外因素的影响，这些因素的存在使得模型存在错误估计的可能性。

（三）VaR 模型的验证

一个有效的 VaR 模型必须能够准确地预测风险，即能准确地对损失做出估计。因此，在运用 VaR 模型来度量风险时，我们首先应该对模型进行验证。模型验证常用的方法有压力测试、模型回测及情景分析等。其中，模型回测是最常用的检验方法。

1. 压力测试。压力测试（Stress Testing）是指将整个金融机构或资产组合置于某一特定的极端市场情况下，然后测试该金融机构或资产组合在这些关键市场变量突变压力下的表现关系，看是否经受得起这种市场的突变。显然，压力测试是对 VaR 方法的有力补充。压力测试应与其他计量方法相结合，尤其是与 VaR 方法相结合，而不是替代 VaR。

2. 模型回测。模型回测是指用来检测实际失效比率与预期失效比率是否一致的有效的统计方法，例如，已知置信水平为95%的 VaR 值，我们需要衡量该 VaR 模型的实际失效比率与预期的失效比率（5%）的偏离程度。当实际损失大于 VaR（即一定置信水平下预期的最大损失值）时，可称模型对风险的估计失败。估计失败天数除以实际考察总天数，即为实际失效比率。当实际失效比率过多地高于预期失效比率时，该 VaR 模型就不能有效地覆盖风险，金融机构面临的实际风险会大于预期，从而对金融机构经营的安全性带来威胁。然而，当实际失效比率严重地低于预期的失效比率时，虽然金融机构能够有效地防范风险，但是同时也使其过高地估计了风险，并预留了过多的风险资本，从而在一定程度上会影响了金融机构的盈利。因此，模型回测对于 VaR 在金融风险度量中的应用是必不可少的。

（四）简要评价

1. VaR 的优点：

（1）VaR 可度量不同市场因子、不同金融工具构成的复杂证券组合和不同业务部门的市场风险暴露。

（2）由于 VaR 提供了一个统一的方法来测量风险，因此为管理层比较不同业务部门的风险暴露大小、基于风险调整的绩效评估本配置、风险限额设置等提供了一个简单可行的方法。

（3）VaR 概念简理解容易，给出了一定置信水平下、特定时间内，证券组合的最大损失，较适宜与股东、外界沟通其风险状况。

（4）VaR 充分考虑了不同资产价格之间的相关性，这可以体现出投资组合分散化对降低风险的贡献。

（5）特别适合监管部门的风险监管。

2. VaR 的缺点：

（1）存在模型风险，使用 VaR 模型可以采用 Delta 正态分布法、历史模拟法、蒙特卡罗模拟法等不同方法而得到资产收益的不同概率分布，其结果是同样的资产组合得到不同的 VaR 值，导致其可靠性降低。

（2）VaR 是在特定的假设条件下进行的，如数据分布的正态性等，有时这些假定与现实不符。

（3）由于 VaR 对数据的严格要求，决定了其对于交易频繁、市场价格容易获取的金融工具的风险计量效用较显著，而对于缺乏流动性的资产，如银行贷款等，其计量能力受到很大局限。

（4）VaR 只是市场处于正常变动下市场风险的有效测量，它不能处理金融市场处于极端价格变动的情形，如股市崩盘等。

（5）VaR 作为当前商业银行市场风险管理的标准模式存在的另一个问题在于，在 VaR 管理体系下，受到重视的只是概率因素，然而在完整的风险管理概念下，必然涉及风险管理者的风险偏好和风险价格因素，这样才能达到风险管理上客观量的计量与主体偏好的均衡最优。理论上讲，这些缺陷的根源不在 VaR 自身，而在于其所依据的统计方法。

第三节 利率风险的管理

利率风险的管理方法主要有表内管理、表外管理以及综合管理。**表内管理**对表内资产负债项目的期限进行比较和调整，其中，缺口管理是重要的组成内容，而久期免疫是缺口管理的典型代表。**表外管理**是指运用金融衍生工具管理利率风险的技术，常用的金融衍生工具包括远期利率协议、利率期货、利率互换、利率期权等。**综合管理**指通过将资产或负债证券化的方式来对隐含期权的风险进行管理，这是一种涉及表内表外业务的管理技术。

一、利率免疫

免疫是重要的利率风险管理工具，它可以定义为保护债券组合或资产负债的净现值不受利率变化的影响。上一节我们介绍了风险度量的久期缺口模型，免疫就是通过久期和凸性等风险测度来控制利率风险的。一般地说，这些计量工具能够捕捉资产收益对一个或多个利率因素变化的反应，而这些因素的具体形式取决于收益率变化的方式或者期限结构的形式。

对于债券投资者而言，购买债券后若利率发生变化，将面临两类风险：一是价格风险，即债券因利率变化而产生的价格波动风险；二是再投资风险，即未来获得债券息票将面临不同于当前收益率的投资环境。利率变动对这两种风险的作用效果是相反的。当利率上升时，债券价格下跌，而息票再投资收益率提高；反之，则情形刚好相反。要实现债券对利率变动的免疫，就要使价格风险和再投资风险相互抵消，可以通过构造一个久期等于持有期的债券组合实现这个目的。

分析案例

利率免疫的基本原理

假设某投资者计划在5年期末偿还债务1 469.36元，为此她购买了一个面值为1 000元，票面利率为8%的5年期债券。如果市场利率保持为8%，那么，利息再投资所得为$80(1.08^4+1.08^3+1.08^2+1.08)=389.36$元，第5年的本息和1 080元，所以总的投资所得是：$1\ 080+389.6=1\ 469.36$元，投资收益率为$\left(\frac{1\ 469.36}{1\ 000}\right)^{1/5}-1=8\%$；当市场利率为6%时，利息再投资所得为$80(1.06^4+1.06^3+1.06^2+1.06)=370.96$元，第5年的本息和1 080元，所以总的投资所得是$1\ 080+389.6$

$=1\ 450.96$ 元，投资收益率为 $\left(\frac{1\ 450.96}{1\ 000}\right)^{1/5}-1=7.73\%$，可见，如果没有采取措施，投资者将会因为承受利率风险而带来损失。

现在假设该投资者购买的是一个6年期的面值为1 000元，息票利率为8%，久期在市场利率为8%时等于4.99年的债券。如果在投资初期市场利率下跌为6%，那么，第5年末投资者的利息再投资所得为 $80(1.06^4+1.06^3+1.06^2+1.06)=370.96$ 元，第6年的本息和1 080元，债券还有一年到期，所以现价即第5年末的价格是 $\frac{1\ 080}{1+0.06}=1\ 019$ 元，所以到第5年末的总投资所得为 $1\ 019+80+370.96=1\ 469.96$ 元，投资收益率为 $\left(\frac{1\ 469.96}{1\ 000}\right)^{1/5}-1=8\%$。

可见，免疫策略利用价格风险与再投资风险相互抵消的特点，保护投资者不受损失。

资料来源：作者根据相关资料整理。

二、利用金融衍生品进行利率风险管理

（一）远期利率协议

远期利率协议（Forward Rate Agreements，FRA）是买卖双方同意从未来某一商定的时期开始在某一特定时期内按协议利率借贷一笔数额确定、以具体货币表示的名义本金的协议。远期利率协议的买方是名义借款人，签订远期利率协议的目的是为了规避利率上升的风险。远期利率协议的卖方则是名义贷款人，签订远期利率协议的目的则是为了规避利率下降的风险。

用远期利率协议对利率风险进行套期保值的基本原理是：利率敏感性资产多于利率敏感性负债（即持有正缺口）的商业银行，为规避利率下跌给商业银行可能带来的损失，可卖出远期利率协议，以保证即使将来利率下跌，商业银行利率敏感性资产扣除负债后的净额仍能以协议利率取得收益；相反，利率敏感性资产少于利率敏感性负债（即持有负缺口）的商业银行，为规避利率上升给商业银行可能带来的损失，可买入远期利率协议，以保证即使将来利率上升，商业银行利率敏感性负债扣除资产后的净额按协议利率锁定负债成本。

假定一家美国银行准备在3个月以后给一个客户贷款500万美元，期限6个月。客户要求银行立即确认贷款利率，当时6个月期的LIBOR利率为8.25%。银行于是向某个FRA交易商询问“3×9”的FRA报价，交易商报价8.32%。银行认为该价格可以接受，并向其客户报价8.82%。这样，无论未来利率上升还是下降，只要客户与FRA交易商都不违约，银行发放贷款与购买FRA两笔交易保证银行能够获得50个基本点的利润，在贷款结束时的价值为 $(8.82\%-8.32\%)\times5\ 000\ 000\times182/360=12\ 639$ 美元。

（二）利率期货

利率期货是买卖双方在期货市场上约定时间，以约定的价格和数量买卖利率产品的合约，品种包括国债期货、商业票据期货合约、定期存单期货和房屋抵押债券期货等。

商业银行用利率期货对利率风险进行套期保值的基本原理是：商业银行通过持有与利率敏感性缺口相反的期货头寸来达到消除利率风险的目的。例如，如果商业银行利率敏感性缺口为正值，为规避市场利率下跌可能带来的损失，商业银行可以在期货市场上做多头交易进行套期保值。如果未来利率下跌，由于利率期货的价格走向和利率变动方向相反，利率期货价格将上升，期货市场的收益将弥补现货市场的损失，商业银行的利率风险也因此消除。相反，如果商业银行利率敏感性缺口为负值，为规避市场利率上升可能带来的损失，商业银行可以在期货市场上做空头交易进行套期保值。

（三）利率互换

利率互换（Interest Rate Swaps）**是指双方同意在未来的一定期限内根据同种货币的同样的名义本金交换现金流**，其中一方的现金流根据浮动利率计算出来，而另一方的现金流根据固定利率计算。互换的期限通常在2年以上，有时甚至在15年以上。双方进行利率互换的主要原因是双方在固定利率和浮动利率市场上具有比较优势。商业银行用利率互换对利率风险进行套期保值有两种模式：一种是利用利率互换来消除商业银行资产负债的利率特征差异；另一种模式是通过利率互换对利率敏感性缺口头寸进行套期保值。

1. 利用利率互换来消除资产负债的利率特征差异。具体来讲，用固定利率负债支撑浮动利率资产的商业银行，可通过利率互换将浮动利率资产转变为固定利率资产，也可以通过利率互换将固定利率负债转变为与资产利率相对应的浮动利率负债。

假设B银行借入了一笔3年期的本金为10亿美元（与互换的名义本金相同），利率为LIBOR+0.8%的浮动利率借款。B银行可以运用图3-1这笔利率互换，将该笔浮动利率借款转换成固定利率借款，分析如下：在签订了这笔互换合约以后，B公司面临三个利息现金流：（1）支付LIBOR+0.8%给贷款人；（2）根据互换收入LIBOR；（3）根据互换支付5%。这样B公司的利息净现金流变成了支付5.8%的固定利率。因此运用互换B公司可以将一笔利率为LIBOR+0.8%的浮动利率负债转换成利率为5.8%的固定利率负债。

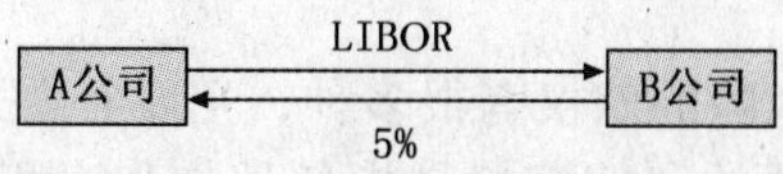

图3-1 利率互换协议

对A公司而言，它可以运用该笔利率互换，将一笔固定利率借款转换成浮动利率借款。假设A公司借入了一笔3年期的本金为10亿美元（与互换的名义本金相同），利率为5.2%的固定利率借款。在签订了这笔互换合约以后，A公司面临三个利息现金流：（1）支付5.2%给贷款人；（2）根据互换支付LIBOR；（3）根据互换收入5%。这样A公司的利息净现金流变成了支付LIBOR+0.2%的浮动利率。运用互换，A公司可以将一笔利率为5.2%的固定利率负债转换成利率为LIBOR+0.2%的浮动利率负债。整个转换过程如图 3－2 所示。

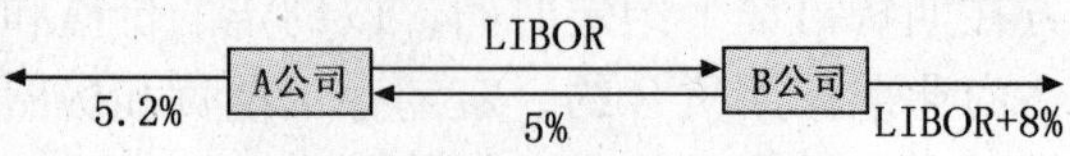

图 3－2 利率互换的流程图

也可以运用利率互换转换资产的利率属性。

假设 B 公司拥有 10 亿美元债券，在以后 3 年中收益率为 4.7%。B 公司可以利用图 3－1 的互换合约，把固定收益资产改变为浮动利率资产。分析如下：B 公司签订了该协议后，面临如下三个利息现金流：（1）得到债券投资收益 4.7%；（2）根据互换得到 LIBOR；（3）根据互换支付 5%。这样 B 公司的利息净现金流变成了收入 LIBOR－0.3% 的浮动利率。因此运用互换，B 公司可以将利率为 4.7% 的固定利率资产转换成利率为 LIBOR－0.3% 的浮动利率资产。

对 A 公司而言，它可以运用该笔利率互换将一笔浮动利率资产转换成固定利率资产。假设 A 公司有一笔 3 年期的本金为 10 亿美元（与互换的名义本金相同），利率为 LIBOR－0.25% 的浮动利率投资。在签订了这笔互换合约以后，A 公司面临三个利息现金流：（1）从投资中获得 LIBOR－0.25% 的收益；（2）根据互换支付 LIBOR；（3）根据互换收入 5%。这样 A 公司的利息净现金流变成了收入 4.75% 的固定利率。因此运用互换，A 公司可以将一笔利率为 LIBOR－0.25% 的浮动利率投资转换成利率为 4.75% 的固定利率投资。整个转换过程如图 3－3 所示。

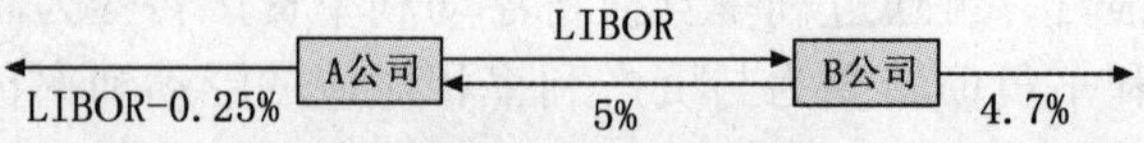

图 3－3 利率互换的流程图

2. 通过利率互换对利率敏感性缺口头寸进行套期保值。具体来说，持有正缺口的商业银行，为规避利率下跌给商业银行可能带来的损失，可进行支付浮动利率收取固定利率的利率互换，从而锁定商业银行利率敏感性资产扣除负债后净额的利息收入；而持有负缺口的商业银行，为规避利率上升给商业银行可能带来的损失，可进行支付固定利率收取浮动利率的利率互换，从而锁定商业银行利率敏感性负债扣除资产后净额的利息成本。

（四）利率期权

商业银行用来控制利率风险的期权有很多种，主要有普通的利率期权、利率上限/下限期权和利率双限期权。普通的利率期权是指各种与利率相关的金融产品（如国债、存贷款等）以及它们的期货合约作为标的物的期权，买入者享有在未来一定时间内按照约定价格买进或卖出某种证券的权利。利率上限/下限期权是指买卖双方签订一个固定的利率作为未来一段时间内的利率的上限/下限，如果结算日市场利率高于（低于）利率上限（下限），则期权的买方可以行权，按协议签订的固定利率执行。利率双限期权是指买卖双方在一个协议中同时签订未来一段时间内的利率上限和下限，如果结算日市场利率高于利率上限或低于利率下限，则期权的买方可以行权，按协议签订的固定利率执行。

商业银行用普通利率期权对利率风险进行套期保值的原理是：持有利率敏感性正缺口

的商业银行，为规避利率下跌给商业银行可能带来的损失，可买入看涨期权，一旦未来市场利率下跌，作为期权基础资产的利率相关证券价格将提高，银行买入的看涨期权上的获利将弥补商业银行因持有利率敏感性正缺口而遭受的收益损失，从而控制利率风险；持有利率敏感性负缺口的商业银行，为规避利率上升给商业银行可能带来的损失，可买入看跌期权，一旦未来市场利率上升，作为期权基础资产的利率相关证券价格将下跌，银行买入的看跌期权上的获利将弥补商业银行因持有利率敏感性负缺口而遭受的收益损失，从而控制利率风险。

商业银行用利率上限/下限期权对利率风险进行套期保值的原理是：有浮动利率债务的商业银行或拥有利率敏感性负缺口的商业银行，可买入利率上限期权，为利率债务成本设置上限，从而把利率风险控制在一定范围内；有浮动利率资产的商业银行或拥有利率敏感性正缺口的商业银行，可买入利率下限期权，为利率相关资产收益设置下限，达到把利率风险控制在一定范围内的目标。鉴于商业银行利率敏感性缺口正负方向经常发生变化，商业银行也可以通过买入双限期权，既锁住利率上涨带来的风险，也防止利率下跌带来的收益损失。

【复习与思考】

一、关键概念

利率风险	重新定价风险	收益曲线风险	基差风险
隐含期权风险		久期	VaR
利率敏感性缺口		久期缺口	凸度
历史模拟法	蒙特卡罗模拟法	利率免疫	FRA
利率期货	互换	利率互换	利率期权

二、思考题

1. 利率风险主要包括哪几种？
2. 简述利率风险产生的原因。
3. 度量利率风险的基本模型有哪些？各有什么特点？
4. 常用的利率风险管理方法有哪些？各有什么优缺点？

三、思考案例

提防钱荒背景下理财产品的利率风险

在钱荒背景下，银行理财产品预期收益率被推至历史高位，虽然理财产品投资者借机可获得银行让渡的更多收益，但流动性紧张导致影子银行规模收缩对理财产品所投资项目的影响亦不容忽视，如果风险大面积爆发，目前银行理财产品默认的刚性兑付惯例也存在被打破的可能。

刚刚过去的月末，银行揽存大战爆发令银行理财产品收益率水涨船高。近日发行的固定收益类银行理财产品收益率均呈现快速上涨的趋势，上周更是出现了预期收益率达7%的银行理财产品。2011年货币市场资金利率走高亦曾推高银行理财产品收益率，但彼时也很少有银行理财产品预期收益率达到7%以上。固定收益类即俗称“稳健型理财产品”的收益率通常在4%~5%左右。

近期理财产品收益率飙升，除了银行间市场资金利率飙升推高理财产品货币市场投资部分的收益外，银行在半年关口这一重要时点让渡收益给投资者以吸引存款也是重要原因。

货币市场资金利率飙升在推高理财产品收益率的同时，也不能忽视资金紧张导致影子银行收缩带来的风险。影子银行为一些不能从银行获得贷款的企业提供融资，银行间市场资金面紧张导致影子银行收缩，融资渠道骤然断裂的企业也将存在资金链断裂的风险。

以地方融资平台为例，此前地方融资平台的融资渠道非常广，包括发债、银行理财产品、银行同业业务、信托融资等。目前发债难度已经明显上升，随着银行间市场钱荒越闹越凶，债券发行规模明显萎缩，6月20—26日期间，信用债仅发行了138.7亿元，其他融资渠道受银行间市场的资金异常紧张影响亦正在收缩。这意味着，地方融资平台的融资难度、融资成本均可能上升。而最近两年又是地方融资平台贷款到期高峰，一旦影子银行融资渠道受限，地方融资平台靠借新还旧偿还的贷款就可能出现坏账，到期时无法还本付息。

目前，银行理财产品基本上都按预期收益率支付收益，一旦理财产品投资项目出现较多问题，超出银行能兜底的范围，银行约定俗成的刚性兑付做法就有可能被打破，届时理财产品可能真正回归代客理财的本质，按理财产品处置资产的真实收益情况扣除各项费用后支付收益率，投资者需自行承担投资风险。

资料来源：唐曜华，证券时报网，2013年7月1日。

第四章

操 作 风 险

【导入案例】

巴林银行的倒闭

巴林银行是历史显赫的英国老牌贵族银行，尼克·里森被誉为国际金融界“天才交易员”，曾任巴林银行驻新加坡巴林期货公司总经理、首席交易员。1994 年下半年，里森认为，日本经济已开始走出衰退，股市将会有大涨趋势，于是大量买进日经 225 指数期货合约和看涨期权。然而“人算不如天算”，1995 年 1 月 16 日，日本关西发生大地震，股市暴跌，里森所持多头头寸遭受重创，损失高达 2.1 亿英镑。这时的情况虽然糟糕，但还不至于撼动巴林银行，里森凭其天才的经验，为了反败为胜，再次大量补仓日经 225 期货合约和利率期货合约，头寸总量已达十多万手，这是以“杠杆效应”放大了几十倍的期货合约。当日经 225 指数跌至 18500 点以下时，每跌一点，里森手中的头寸就要损失 200 多万美元。

2 月 24 日，当日经指数再次加速暴跌后，里森所在的巴林期货公司的头寸损失，已接近其整个巴林银行集团资本和储备之和。融资已无渠道，亏损无法挽回，里森畏罪潜逃。巴林银行面临覆灭之灾，银行董事长不得不求助于英格兰银行，希望挽救局面。然而这时巴林银行的损失已达 14 亿美元，并且随着日经 225 指数的继续下挫，损失还将进一步扩大。因此，各方金融机构竟无人敢伸手救助，巴林银行因此倒闭。

从外在因素看，衍生品价格风险是导致巴林银行倒闭的导火索。若问题仅限于此，那么巴林银行的倒闭可视为偶然事件，然而事实远非如此。回顾这个事件发生的整个过程，我们发现，操作风险潜在的巨大杀伤力在相当长的时间内被巴林银行所忽视，才是造成巴林银行倒闭的真正原因。

资料来源：百度百科，http：//baike. baidu. com。

本章介绍操作风险、操作风险的度量以及操作风险的管理等内容。

第一节 操作风险概述

一、操作风险的定义

操作风险是一个比较模糊的概念，简单说，它泛指在公司业务操作过程中一系列可能的损失，这些损失通常与公司产品和服务的需求函数的不确定性无关。这些损失可能来自于一个计算机系统的病毒，也可能是在某些特定情况下决策者的一个失误造成的，因此很难清楚地界定一个企业或组织操作风险的范围和内容。

一般而言，操作风险的定义存在三种观点：广义的定义、狭义的定义和通行的定义。

（一）广义的定义

广义的定义把操作风险定义为除信用风险和市场风险以外的所有风险。这种定义虽然简单，但是几乎没有给出任何定义性和描述性的关键词句，对操作风险的识别、衡量和管理而言几乎没有意义。这一对操作风险的界定，不但包括法律风险和声誉风险，还包括战略风险和转移风险，属于最为广义的界定标准。这种界定标准曾被一些银行采用，但也由于所包含的范围太广，一方面使得银行在实践中对操作风险的识别与度量等方面产生了更多的困难；另一方面也使得对操作风险的管理和监控的成本过高，因而不少银行不得不依据自身的情况，将其限定在自身相对容易计量的范围之内。

（二）狭义的定义

狭义的定义认为，只有与金融机构中运营部门相关的风险才是操作风险。这种观点认为操作风险是由于控制、系统及运营过程的错误或疏忽而可能引起潜在损失的风险，该定义排除了名誉、法律、人员等方面的操作风险，因而涵盖的范围较窄。这些风险是金融机构可以控制的风险，但不包括外部事件。

（三）通行的定义

通行的定义介于狭义和广义之间。这种观点首先将事件分为可控制事件和由于外部实体如监督机构、竞争对手的影响而难以控制的事件，进而将可控制事件的风险定义为操作风险，对应另一类事件的风险也就是一些研究机构所称的“战略性风险”或“营销风险”。以下是两个具有代表性的定义：

一是英国银行家协会（British Bankers' Association，BBA）将操作风险定义为：由于内部程序、人员、系统的不完善或失误，或者外部事件造成直接或间接损失的风险。BBA认为操作风险属于失误，它和不完善的程序和控制、欺诈和犯罪活动相联系，由技术缺陷和系统崩溃引起。BBA 的定义得到了广泛的认可和应用。

二是巴塞尔委员会（2003 年）在“新资本协议”征询意见稿中提出的：操作风险是指由于不完善或失灵的内部程序、人员、系统和外部事件所导致的直接或间接损失的风险。损失的风险主要是产生于不充分的或失败的内部运作过程、员工和制度，或者来源于外部事件，既包括预期损失（Expected Loss，EL），也包括意外损失（Unexpected Loss，UL）。本定义包括法律风险，但不包括策略风险和声誉风险（Strategic and Reputational Risk）。这一定义是目前最有影响的关于操作风险的定义。

二、操作风险的种类

根据风险成因或损失事件类型的不同对操作风险进行分类是目前普遍的做法。通过对操作风险类型的分析，我们也可以更好地把握其成因。

（一）人力风险

人力风险是指因金融机构员工发生内部欺诈、失职违规，以及因员工的知识、技能匮乏，核心员工流失，金融机构违反劳动用工法等造成损失或者其他不良影响而导致的风险。

（二）过程风险

过程风险是指在操作流程中由于交易处理操作差错或流程设计维护失误，以及供应商或承包商方面的原因，给金融机构造成的损失；或者由于不充分和失败的内部工作流程所造成的风险。

（三）系统风险

系统风险是指由于信息科技部门或服务供应商提供的计算机系统和设备发生故障或其他原因，金融机构不能正常提供部分、全部服务或者业务中断，包括系统设计不完善和系统维护不完善所产生的风险，具体体现为数据、信息质量风险，违反系统安全规定，系统设计、开发的战略风险，以及系统的稳定性、兼容性、适宜性方面存在的风险。

例如 2004 年 5 月 31 日，加拿大皇家银行（Royal Bank of Canada）在进行系统升级的过程中，电子银行业务处理意外中断，造成零售客户的存取、转账、支付等记录不能在账户余额中显示。系统中断持续近 3 天，直接受到影响的客户约为 250 万人，占其客户总数的 1/4。

（四）外部风险

外部操作风险也称“操作策略风险”、“外部事件风险”，是指在应对外部事件或外部环境的时候，因采取了不适当的策略而引起的风险。这里所指的外部事件或外部环境主要包括外部欺诈、盗窃、洗钱、政治风险、监管规定、业务外包、自然灾害、恐怖威胁等。

巴塞尔委员会按照操作风险事件导致损失发生的原因，将其分为七大类：内部欺诈，即故意误报头寸、员工偷窃、员工通过自己账户的内部交易等；外部欺诈，如抢劫、伪造空头支票、计算机黑客破坏等；雇佣制度和工作场所安全，如工人补偿申诉、侵害员工健康和安全条例、有组织的工会行动等；顾客、产品和业务违法，如信用违约、顾客秘密信息的滥用、银行账户上不正当交易行为、洗钱和未经许可产品的销售等；实物资产的损坏，如恐怖行为、破坏行为、地震、火灾等；营业中断和系统瘫痪，如计算机软硬件的损毁、通讯故障、供电中断等；执行、传递和程序管理，如数据录入错误、抵押管理失败、不完全的法律文件、非法进入顾客账户、非客户的交易对手操作失误和供应商纠纷等。

分析案例

光大证券“乌龙指”事件

2013年8月16日11时后，A股出现大幅异动，上证指数短时间内涨幅一度达3.19%，多只大盘蓝筹股瞬间触及涨停。就在资本市场对大盘异动原因一头雾水之际，有消息传言异动或与某券商相关。午后，光大证券被临时停牌，多个消息源指出，监管部门人员已进驻光大证券。同时，两市股指迅速回落。

下午14:26，光大证券发布公告称，今天上午，其策略投资部门自营业务在使用其独立的套利系统时出现问题，正进行相关核查和处置工作，公司其他经营活动保持正常。

业内人士普遍认为，今日A股大幅震荡的主因就是光大证券的交易失误。相信此次“乌龙指”事件亦会载入中国资本市场史册。

事件分析：事件核查结果是交易系统错误，但仍足以证明当前证券行业的风险防控措施形同虚设。作为券商风险防控部门，本已设置了“三重门”来防范类似风险事件，但本次光大证券“乌龙指”事件却轻易地冲破了这“三道门”，导致了这“百年难得一遇”重大风险事件的发生。

第一道门，是投资与交易部门的自我检查。本次事件的发生，反映出投资与交易部门的检查形同虚设，流于形式。第二道门，是财务部门设立的头寸限制。财务部门为每个券商设立了用于ETF套利交易的资金规模，也为其设立了虚拟的资金规模，因此，券商在合规的前提下使用虚拟的资金规模并不会产生风险。但也因这一虚拟资金规模的存在，使得光大证券能够冲破财政部门头寸限制，把惊人的70亿元交易规模发送出去。第三道门，是合规部门的异常审查。合规部门本应适时动态地调整公司各项投资业务风险指标，对重大交易进行审核，并在出现异常交易行为时立即履行审查职责。然而在当今的证券行业，合规部门仅仅只是一个边缘部门，对于业务操作管控“有心无力”。

资料来源：网易财经，2013年8月17日。

第二节 操作风险的度量

由于操作风险涉及很多人为因素，并涵盖了很多低概率但是损失程度大的损失事件，在很长一段时间内，操作风险一直被视为是不可度量的，或者至少是很难用数量方法度量的。对操作风险进行量化存在的困难主要集中体现在以下四方面：

1. 量化困难。操作风险涉及很多难以量化的定性因素，比如政策、过程等，难以用标准方式进行量化。

2. 衡量操作风险的历史和截面数据不充分。一些损失（如声誉损失）难以量化、低频率高损失事件难以衡量、经验数据具有事后性（怎样处理新的或正在改变的风险等）、判断具有随意性，使量化困难。

3. 从覆盖范围看，操作风险实际上覆盖了银行经营管理所有方面的不同风险，既包括发生频率高、损失相对较低的小风险，也包括发生频率低、但是一旦发生就会造成极大的损失，甚至危及银行存亡的大风险，而且随着金融产品不断丰富和金融技术日益复杂，操作损失日益多样化。因此，试图用一种方法来覆盖操作风险的所有领域几乎是不可能的。

4. 各种操作风险量化模型的效果尚未得到充分验证。由于操作风险发生频率低，因此难以验证操作风险模型，导致其在预测未来结果方面的可靠性或有用性降低。

尽管操作风险的计量存在一些困难，但是随着监管机构对操作风险的重视、更多成熟的统计方法和模拟计算技术的介入，以及损失事件历史数据积累日益丰富，最近几年出现了一些用来度量操作风险的数量模型。目前，操作风险的衡量呈现模型化的趋势，有迹象表明这种趋势还会进一步加强。

1999 年，巴塞尔委员会在其咨询意见稿中确立了包括操作风险在内的银行风险“最小监管资本要求”的原则，这是推动操作风险模型化的标志性事件。对于如何量化操作风险，巴塞尔委员会认为，操作风险的基准衡量指标可以基于衡量机构大小的指标：

$$(\text{操作风险})_i = \varphi(\text{机构大小})_i$$

式中，φ 为将操作风险与机构大小联系起来的变量。

对于衡量机构大小的指标，巴塞尔委员会建议使用总收入、费用收入、经营成本、调整表外风险头寸后所管理的资产或总资产。这种关系尽管有一定吸引力并容易计算，但存在两个主要缺陷：首先，没有反映金融机构业务性质与操作风险之间的关系。其次，这种方法有可能产生反向激励。如果大大改善操作风险管理导致业务量上升，则金融机构实际会要求更多的管理资本。

新《巴塞尔资本协议》中要求在第一支柱中为操作风险配置资本金。这既是近年来国际金融界日益注重操作风险管理实践的一个总结，同时也对操作风险的管理提出了新的要求，使得金融机构的风险管理面临新的压力。计算操作风险资本包含三种方法：基本指标法（BIA）、标准法（SA）和高级计量法（AMA），这三种方法在复杂性和风险敏感度方面渐次加强。

一、基本指标法（BIA）

基本指标法用银行前 3 年总收入（净利息收入加上非利息收入）的平均值乘上一个固定的比例（用 α 表示），即：

$$K = GI \times \alpha$$

式中，K 为基本指标法需要的资本；GI 为前 3 年总收入的平均值；$\alpha = \frac{0.12 \times MRC}{GI}$，$MRC$ 为银行最低监管资本要求，α 为 15%。

基本指标法是计量操作风险所需监管资本最基本、最简单的一种方法。其特点在于不区分银行的经营范围和业务类型，统一使用一个风险指标（总收入），优点是简便易行，但同时也过于粗略。由于操作风险暴露与总收入指标间的相关性是不确定的，因而基本指标法不能作为商业银行操作风险度量的有效方法。仅适用于业务范围单一的的小银行。

二、标准法（SA）

在标准法中，巴塞尔委员会将银行业务分为八个类别。每种类别被分配给一个与该业务类别使用的系数（用 β 表示），β 值代表银行在特定业务的操作风险损失经验值与按监管标准修正的银行在该类业务下对应财务指标之间的相互关系。在各类别中，总收入是个广义的指标，代表业务经营规模，也大致代表各类别的操作风险暴露。在计算各业务类别对应监管资本要求时，用银行的总收入乘上一个该业务类别适用的系数。将这八类监管资本简单加总后，得到操作风险总体的监管资本要求，如下所示：

$$K = (El1 - 8) \times (\beta 1 - 8)$$

式中，K 为用标准法计算的资本要求；$El1 - 8$ 为按基本指标法的定义，八个业务类别中各产品线过去 3 年的年平均总收入；$\beta 1 - 8$ 为设定的固定百分数，建立八个业务类别中各业务品种的总收入与资本要求之间的联系，具体内容如表 4 - 1 所示。

表 4 - 1　　操作风险标准法计算表

业务范围	业务种类	指标	分配系数（%）
公司金融	兼并、收购、承销、银团	总收入	18
交易与销售业务	固定收入、信贷、贷款和回购等	总收入	18
零售银行业务	零售银行和存款、信托不动产、银行卡等	总收入	12
商业银行业务	项目融资、租赁、贷款、担保等	总收入	15
支付与清算业务	支付和托收、资金转账、清算和结算	总收入	18
代理业务	托管、公司信托	总收入	15
资产管理业务	封闭式、开放式基金等	总收入	12
零售经纪业务	执行指令等全套服务	总收入	12

资料来源：国际清算银行，www. bis. org。

标准法把银行的行为细分为不同的业务类别，每个业务类别使用不同的风险指标，因而与基本指标法相比更为复杂，在一定程度上提高了风险敏感度，可成为商业银行的短期选择；从长期角度看，标准法会导致“监管套利”，由于在标准法中，巴塞尔委员会设定的各业务部门风险权重不一，银行倾向于发展低权重的业务从而减少操作风险资本的计提。同时，标准法并不是对任何银行都适用，只有满足一定的条件时，银行才被允许使用。

三、高级计量法（AMA）

高级计量法是巴塞尔委员会规定的最为复杂的计量法。高级计量法是指银行用下述定量和定性标准，通过内部操作风险计量系统计算监管资本要求。使用高级计量法应获得监管当局的批准。

高级计量法在标准法的基础上，又进一步对每一业务类别划分了七个损失事故类型。新《巴塞尔资本协议》规定，操作风险的资本额应该相应于一年时间内在99.9%的置信水平下的非预期损失额。该方法假定预期损失和意外损失之间具有固定和稳定的关系。它的含义是：有99.9%的可能操作风险所带来的损失都可以用一般准备金弥补，而在此之外的损失却可能导致银行破产。

高级计量法使用商业银行内部操作风险损失数据计算操作风险资本，比基本指标法和标准法更具风险敏感性，因而从长期来看，标准法必然向高级计量法过渡。

四、操作风险度量方法的比较与分析

（一）三种度量方法的比较

基本指标法/标准法与高级计量法的优势与局限对比见表4－2。

表4－2

	优　点	缺　点
基本指标法/标准法	• 简单易懂，可操作性强 • 数据容易获得及校验，且具有连贯性与可比性 • 容易识别风险暴露并估计其潜在影响，还可以进行持续的跟踪	• 把总收入作为计算操作风险资本的基本指标不尽合理 • α系数的取值标准缺乏检验，这必将影响应用两种方法的可靠性和可信性
高级计量法	• 采用了许多前沿的数学模型、计算机技术等手段来度量操作风险 • 充分搜集和应用了多维度数据，使操作风险的度量过程和度量结果更加科学、可信	• 应用过程过于复杂，难以理解 • 数据不易获得，即使获得，也无法保证数据的真实性和完整性 • 不能用来判断操作风险的损失来源 • 不能反映操作风险与市场风险、信用风险之间的联系

（二）操作风险度量新技术

进入21世纪后，操作风险度量技术取得重大进展，一系列新的方法和技术，例如VaR、极值法和贝叶斯网络法被引入度量操作风险，银行业开始采用更先进的统计分析技术为操作风险管理建模，发展出了多种新操作风险的度量方法。这些方法大致可以分为自上而下模型和自下而上模型。

1. 自上而下模型。自上而下模型（见表4－3）是主要使用财务指标和收益波动性等

作为衡量风险的变量，由各部门将操作风险合计起来计算的方法。它从宏观基础上对操作风险进行度量，并不区分损失事件和损失原因，是个可以灵活使用且简便的方法。其优点是在搜集相关数据和估计操作风险方面相对比较容易，其缺点则是银行不能按照业务线或部门来分析产生操作风险的原因，因而不能将操作风险的度量结果运用于各业务线或部门的风险管理和经济资本配置，因此对各类业务的业绩评价、收益管理和风险管理的激励效果不易达到。

表4-3　自上而下模型

方法	度量方式
基本指标法	以总收入等指标的一定百分比来度量操作风险。
标准法	将银行业务划分为八条不同的业务线，每条业务线乘以一定百分比，然后将各产品线加总。
收入模型法（CAPM法）	以收入模型等CAPM为基础度量银行面临的总体风险，再从其中分离出信用风险和市场风险，剩余的部分即操作风险。
波动性法	将某些指标的波动看作风险，并将波动的原因归为操作风险，利用观察到的收入波动的幅度来度量操作风险。

资料来源：Junji Hiwatashi，Hiroshi Ashida，"*Advancing Operatonal Risk Management Using Japanese Banking Experiences*"，December 2002.

2. 自下而上模型。自下而上模型（见表4-4）是根据各个损失的事件类型与业务来区别风险，并逐步进行统计的度量方法。实际度量时，首先计量不同业务线或部门的操作风险，再进行加总，从而得到银行整体面临的操作风险。其优点是区分了过去已经发生或可能发生的事件，并对这些事件的操作风险产生的原因和作用机制进行了解释，从而可以帮助银行有针对性地采取相应管理措施，避免类似事件再次发生，其缺点则是银行需要投入更多的资源用于搜集相关损失事件的数据。

表4-4　自下而上模型

方法	度量方式
损失分布法	首先描绘出各项业务类型/事故类型的损失频率和损失幅度的概率分布，得出累计操作损失的概率分布函数，再通过计算得出一定置信水平下的VaR值来度量最大可能的损失。
情景分析法	针对低频高危事件，通过引入外部数据来模拟相关的情景，估计出可能造成的损失。
因素分析法	鉴别造成损失的各种因素，并且对各因素之间的相关性进行分析。
贝叶斯网络法	根据操作风险的各种原因和效应分别建模，综合起来对操作风险进行度量。

资料来源：Junji Hiwatashi，Hiroshi Ashida，"*Advancing Operatonal Risk Management Using Japanese Banking Experiences*"，December 2002.

在具体的度量方法选取过程中，各大国际银行一般采用了两种方式：第一种方式是，首先采用自上而下模型为总体的操作风险分配经济资本，然后再运用自下而上模型来分析损失事件；第二种方式是，直接运用自下而上模型来度量操作风险。

第三节
操作风险的管理

操作风险的管理包括资本金分配、保险和降低经营风险这三种途径。

一、资本金分配

操作风险资本金分配的出发点是鼓励业务部门积极地增强自身的操作风险管理能力，如果一个业务部门能证明通过自身采取的措施减小了操作风险出现的频率以及损失程度，那么这一业务类别的资本金也就应该有所降低，这样一来会提高业务类别的资本金回报率（因此也会提高业务类别管理人员的分红）。

一家银行操作风险管理的好坏，从监管部门的视角看，最终要体现在该银行是否为其操作风险提足了必要的资本储备，是否达到了最低的监管资本要求。我国银监会要求各商业银行计算操作风险加权资产，其计算公式为：

操作风险加权资产＝操作风险资本要求×12.5

在具体操作风险计量方法上，银监会没有硬性要求，商业银行可以采用标准法、基本指标法和高级计量法计算操作风险资本要求。商业银行采用标准法、基本指标法和高级计量法计算操作风险资本要求，应分别达到《商业银行操作风险监管资本计量指引》的相关要求。我国监管部门在《商业银行风险监管核心指标》文件中，用“**操作风险损失率**”作为监管操作风险大小的核心指标，该指标用操作风险造成的损失除以商业银行前三期净利息收入与非利息收入之和来表示。按照银监部门公布的数据，在国内商业银行操作风险中，案件风险是其中最主要的风险，往往能达到银行操作风险总数70%以上。为此，各行要保证操作风险损失率达标，就必须将案件防控作为控制年度操作风险的重中之重。与之相对应，监管部门也非常重视案件防控，要求银行实事求是地报告当年案件发案率和损失情况，监管部门定期通报相关情况，并将各行年度新案发案率和案件损失率作为操作风险损失部分，重点监控。

无限制地降低操作风险对于管理过程来讲并不一定是最优，有时降低风险而带来的费用可能大大超过减少资本金数量所带来的好处，费用过分地提高也会减少资本金回报率。银行应该鼓励业务部门进行计算，以决定自己需要的操作风险资本金，并设法优化自身的资本金回报率。

有些银行采用得分卡方式来分配操作风险的资本金。在得分卡方式中，银行首先由专家来识别各种风险的主要来源，然后再对各个业务类别进行提问，通过这些提问，银行可以决定各个业务类别的风险量大小，得分卡上的问题可能是如下形式：

1. 有多少关键部门的职务是由临时雇员来代理？
2. 监督人员与雇员的比例是多少？
3. 公司业务中是否会涉及客户保密信息？

4. 部门雇员离职率是多少?

5. 有多少个雇佣机会仍属空缺?

6. 雇员工资中有多大的比例与业务表现有关?

7. 雇员中有多少人曾经连续休过10天的假期?

对于每个答案都要设定分数，每一个业务部门所得的分数都显示了这一业务部门的风险大小，由此可以设定出这一业务部门的资本金，在可能的情况下，对于得分卡的分数要以实际损失为基准进行验证。

二、保险

（一）用于金融机构操作风险管理的保险产品

保险公司传统上就是银行和证券公司转嫁操作风险的主要对象。近些年，西方保险公司正在努力开发可用于金融机构综合性操作风险保险的产品，如“金融机构操作风险保险”（Financial Institutions Operational Risk Insurance，FIORI），该保险覆盖了责任险、诚信保险、未授权活动险、技术险、资产保护和外部欺诈等多方面的操作风险。

（二）保险对于金融机构操作风险管理的重要意义

购买保险单来转嫁操作风险近年来越来越受到金融机构的重视，而且也获得了监管机构的支持和鼓励。2004 年出台的新《巴塞尔资本协议》中明确规定购买保险成为金融机构缓释操作风险的一种重要手段。购买保险转嫁操作风险对于金融机构风险管理具有重要意义，具体主要表现在以下几个方面：

1. 管理金融机构现金流的波动性。通过购买保险，金融机构以定期支付保险费的方式为代价，将由于保险合同中约定的风险因素所遭受的非预期大额损失转嫁给保险公司，这与不购买保险、以金融机构自身的现金流来吸收非预期损失相比，前者显然可以平滑金融机构的现金流，降低其波动性，如图 4 -1 所示[①]。

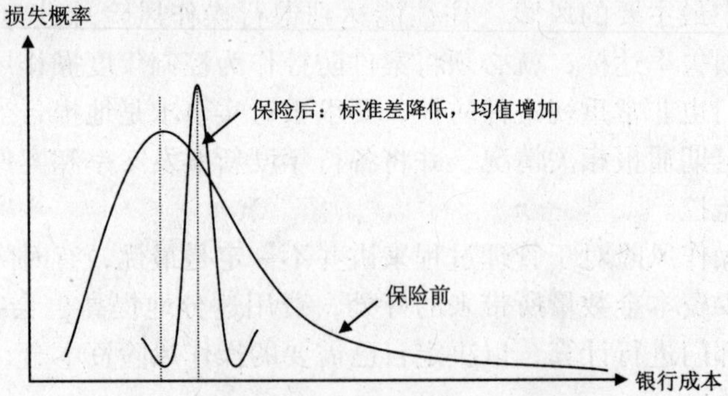

图 4 -1 保险对操作风险分布的作用

资料来源：Marshall，C，“*Measuring and Managing Operational Risks in Financial Institutions*”，supra note 20，p. 435.

① 图 4 -1 中显示金融机构购买保险对其成本支出增加的影响，反映出通过保险方式降低风险的代价是支付保险费。

2. 集合风险，准确预测未来损失。在单个的金融机构内部，操作风险事件发生的频率较低，数据稀少，不利于准确预测未来的损失；而通过购买保险，各个金融机构的同类风险事件在保险公司汇集，根据大数法则，足够数量的相互独立的风险事件的集合将使得未来的损失可以得到比较准确的预测。

3. 为灾难性损失提供融资。保险对于灾难性损失具有更加重要的意义。在金融机构遭遇规模巨大的灾难性损失时，保险可以为金融机构弥补损失、提供融资，帮助金融机构度过难关，避免破产清算。

4. 为金融机构管理和监测风险提供外部资源和推动力。由于可以在整个金融行业内通过集合风险及其相关数据，保险公司由此可以获得相比于单个金融机构而言更加优势的针对金融机构各项操作风险的信息，进而形成管理该操作风险的优势。同时，保险公司为了防范投保金融机构因购买保险而疏于风险管理的道德风险，会利用自身在操作风险管理信息和技术方面的优势主动监测和促进金融机构改善操作风险管理水平。

（三）有效风险转嫁的要求

保险和其他形式的风险转嫁手段在被金融机构用于转嫁操作风险时一个重要的问题就是转嫁风险的有效性。巴塞尔银行监管委员会 2003 年出台的《操作风险跨金融部门转移》专题分析报告指出，从转嫁风险的保护购买者的角度看，决定有效操作风险转移的要素主要有以下几个方面：

1. 交易对手的信用风险。对于任何形式的风险转嫁，当操作风险由一方转嫁到另外一方时，转嫁风险的保护购买者的操作风险就转换为了信用风险，即保险合同所包含的损失事件发生后保险出售者不能够按合同支付的风险。一般来说，保险出售者（交易对手）的信用质量越高，分散化程度越高，交易对手的信用风险就越低。因此，大的信用评级机构对交易对手的信用评级是衡量交易对手信用风险大小的重要方面。在评估操作风险转嫁有效性的时候，保护购买者不仅应该考虑整个市场，而且要考虑特定交易对手吸收损失的能力。此外，交易对手是否受到有效监管也是保护购买者应该考虑的重要因素之一。

既然操作风险转嫁的主要动机是降低整个机构的风险，那么如果操作风险只被转嫁到几个少数的交易对手，由此产生的集中程度则会导致信用风险的提高。在这种情况下，一旦某种损失发生，面对交易对手偿付能力或意愿的急剧恶化，保护购买者将无能为力，这更加突出了评估交易对手信用质量的重要性。一般说来，相当于将风险转嫁给分散化的一般信用质量的交易对手而言，将风险转嫁给为数不多的几个信用质量较高的交易对手可能是更合理、更安全的选择。

2. 流动性风险。由于诸多原因，从损失事件发生到保险出售者按合同偿付的这段时间内，损失转嫁机制有不同的形式。当然，对于相对较少的损失，这不是什么重要问题，但一旦发生重大损失，保险出售者延迟支付会加剧保险购买者的流动性风险。

3. 法律风险。有效的风险转移要求保险出售者和保险购买者对属于和不属于保险范围的事项都有准确的理解。在保险合同中，可扣除项和例外条款等规定都是为了明确界定保险范围，消除双重保险和不需要的保险内容，并消除或降低道德风险。如果保险条款不明确，或者保险出售者和保险购买者对于保险范围有不同理解，那么保险支付很可能被拒绝或者陷入法律诉讼当中。在这种情况下，保险购买者想要转嫁的操作风险变成了另外一种操作风险，即法律风险。

4. 基差风险。对于衍生产品或者非传统的风险转嫁机制，引发保险出售者进行偿付的事件可能和促使保险购买者需要保险出售者进行偿付的事件并不相同。如果不小心，偿付基础上的足够大的差别可能会对风险转嫁产生重大的影响。即使是在传统的保险产品中，由于不充分的限制条款导致基差风险上升，从而使得保险购买者的对冲不太有效。因此，保险购买者必须对这类风险有清楚的了解，以便确定保险水平是否合适。

5. 保护的有效期限。保护的有效期限是影响风险转嫁有效性的重要因素。一般来说，保险的有效期限越长，保险购买者受到的保护就越充分。多数保单都有一年的首次有效期，因此保单实际的有效期限比保单上写明的期限短，从而导致保单的实际有效期和保险购买者重视的偿付能力的期限不匹配。保险购买者在计算资本金需求时要格外注意这个问题。

6. 可撤消性。可撤消性是与保险的确定性和有效期限相关的一个概念。如果保险出售者可以临时取消或者实质上改变风险转嫁机制，那么这种转嫁机制的有效性便会大大降低。真正有效的风险转嫁机制，应该使保险购买者得到充分的保证，即保护机制在保险所覆盖的所有范围内持续有效。

7. 转嫁到附属机构。由于一系列的原因，特别是为了降低风险转嫁的成本，金融机构可能并不将风险转嫁给第三方，而是将其转嫁给自己的附属机构，如自我保险公司。然而，这种风险转嫁并不降低集团内的总体风险，因此，要提高风险转嫁的有效性，还需要通过再保险或其他机制将风险进一步转嫁到集团外部。

三、降低经营风险

（一）内部控制方法

操作风险可以来自于金融机构的任何一项业务、产品和流程，因此，业务部门自身对其产品和流程的管理和控制成为操作风险管理框架中的重要一环。业务部门对操作风险的管理和控制可以被纳入金融机构内部控制体系。内部控制活动主要表现为与业务管理密切融合的各项规章制度的制定和执行监督活动，因此，内部控制与业务管理活动实际上是融为一体的，业务管理部门承担着内部控制的首要和直接责任，而审计部门则负责对内部控制的有效性进行评估和监督。内部控制覆盖金融机构所有的人员、部门、分支机构、业务线路和流程，甚至负责内部控制本身的管理人员和审计部门也应该受到相应的监督和控制。以我国的商业银行为例，具体的措施包括：

1. 提高内部审计部门的独立性。商业银行的总行、分行、支行一级的机构中大多设有内部审计部门，负责对本行及下级的各类业务风险进行检查。但审计部门只是银行下辖的一个部门，直接接受本机构管理者的领导和管理，审计的独立性作用难以发挥。审计部门如果对检查中发现的问题在系统内进行曝光，会直接影响到本级机构在银行系统内的形象，本级银行机构的管理者也可能因此遭到上级主管机构的责任追究；如果检查人员违背了本行管理者的意愿，本行管理者在其职权范围内可能对稽核人员的工作岗位、个人发展等方面进行限制，这又严重挫伤了检查人员的原则性。因此，应该借鉴国外许多银行的内部审计部门在设立上隶属于监事会的经验，提高审计部门的独立性和权威性。

2. 健全内部控制制度。健全的内控制度是实现全面风险管理的前提，风险内控制度落后会使整个风险管理体系出现漏洞。根据巴塞尔委员会的定义，操作风险由人员、系统、流程和外部事件等四类因素引起，几乎涉及银行的各个职能部室。因此，国外银行在操作风险管理框架上一般会设置一个委员会，由各相关部门参加，而操作风险管理政策的执行和协调由风险管理部来负责，而我国对操作风险没有统一的部门协调，管理较为分散。

内控制度还包括详尽的业务规章制度和操作手册。例如，一些制度规定十分过时，而新的规定又未出台，在这种情况下，员工往往采用灵活变通的方式处理业务，失去了规章制度的严肃性和对业务行为的约束力。制度体系的不完善导致风险控制措施缺位，发生操作风险就成为一种客观必然。

3. 全方位的人员管理。国内商业银行在操作风险管理上存在着一个根深蒂固的错误理念，即重视对基层操作人员的管理，忽视对高层管理人员的管理。在当今金融创新的背景下，服务领域不断拓展，从业人员的素质很大程度决定了新系统的稳定性，尤其是高层管理人员的职业操守更为重要。因此，要加强全方位的人员管理。

4. 提升技术水平。国内银行的系统建设起步较晚，存在很多漏洞，数据在全行系统内部无法集中和共享；制度建设滞后于业务的快速发展；系统功能局限于服务经营，尚未实现服务经营与服务管理并重，系统不能为银行风险管理提供充分、完整的数据和信息。因此，应该提升通讯软硬件和信息技术安全水平，降低操作风险发生的可能性。

（二）外部控制方法

外部控制方法是指通过现场或非现场的方法对商业银行的业务经营情况和财务状况进行监督管理，保证商业银行的正常运转。在操作风险的管理上，几乎全部依赖商业银行的内部审计部门，而内部审计部门的独立性往往不如外部审计，从而很难发现风险隐患。

法律对商业银行操作风险的涉入面较窄，商业银行对本行发生的案件一般按照内部管理规定处理，多数情况未向监管部门报案。只有当银行损失无法收回的时候，才将案件报告监管部门。此外，银行对监管部门的介入存有疑虑，监管介入会产生较高的成本费用，有时甚至高于案件本身的损失，且监管介入导致的案件曝光会对银行的社会形象有不利的影响。因此，法律在操作风险的控制中没有发挥应有的作用。

对于商业银行已经发生的操作风险案件，应该通过监管部门在商业银行之间进行信息共享，防止同类事件的传染和蔓延。

【复习与思考】

一、关键概念

操作风险　新《巴塞尔资本协议》　基本指标法　标准法
高级计量法　资本金分配　保险　降低经营风险

二、思考题

1. 操作风险的定义是什么？

2. 操作风险有哪些特殊性？
3. 简述操作风险的种类。
4. 操作风险管理应遵循哪些原则？

三、思考案例

中航油事件

中国航油成立于1993年，由中央直属大型国企中国航空油料控股公司控股，总部和注册地均位于新加坡。公司成立之初经营十分困难，一度濒临破产，后在总裁陈久霖的带领下，一举扭亏为盈，从单一的进口航油采购业务逐步扩展到国际石油贸易业务，并于2001年在新加坡交易所主板上市，成为中国首家利用海外自有资产在国外上市的中资企业。

经过一系列扩张运作后，公司已成功从一个贸易型企业发展成工贸结合的实体企业，实力大为增加。短短几年间，其净资产增长了700多倍，股价也是一路上扬，市值增长了4倍，一时成为资本市场的明星。

据新交所网站资料，公司几乎100%垄断中国进口航油业务，同时还向下游整合，对相关的运营设施、基础设施和下游企业进行投资。通过一系列的海外收购活动，中国航油的市场区域已扩大到东盟、远东和美国等地。然而，2003年下半年，中航油开始了巨额亏损的路程。

2003年下半年：中航油开始参与200万桶原油期货买卖，初期获利；

2004年第一季度：国际油价飙升，中航油持空仓，录得账面亏损580万美元，为求收复失地，加大投资，增持空仓；

2004年第二季度：油价续升，中航油账面亏损增至3 000万美元。为避免在账目上出现实际亏损，公司决定将交割日期延后至2005年、2006年，再加大投资，希望油价回落时可翻身；

2004年10月：中航油的原油期货合约已增至5 200万桶，油价到达历史高位，中航油面临巨额亏损；

2004年10月10日：中航油首次向中航油集团呈交报告，说明交易情况及面对1.8亿美元的账面损失，并已缴付了期货交易的8 000万美元补仓资金，公司同时面对严重的现金流问题，已接近用罄2 600万美元的营运资金、1.2亿美元的银团贷款及6 800万美元的应收贸易款，上述数据从未向其他股东及公众披露；

2004年10月20日：中航油集团为了筹集资金支付补仓资金，通过德意志银行新加坡分行配售15%的中航油股份，令集团持股比例由75%减至60%，集资1.08亿美元；

2004年10月26～28日：中航油未能补仓，多张合约被逼平仓，实际损失增至1.32亿美元；

2004年10月26~29日：巴克莱资本开始追债行动，要求中航油偿还2 646万美元；

2004年11月8日：中航油有合约再次被逼平仓，亏损增加1亿美元；

2004年11月9日：三井能源风险管理公司加入追债行列，追讨7 033万美元；

2004年11月16日：另一批合约被平仓，再亏7 000万美元；

2004年11月17日：Standard Bank London Ltd追讨1 443万美元，并指如果未能在12月9日支付欠款，将会申请将之破产；

2004年11月25日：最后一批合约被平仓，总亏损合计3.81亿美元，债权银行陆续追债，合计追讨2.48亿美元；该公司同时已违反法国兴业银行牵头的1.6亿美元银团贷款条款，面临被清盘危机；

2004年11月29日：陈久霖向新加坡法院申请破产保护，并指中航油集团已承诺继续支付及偿还该公司欠款，并正与新加坡政府拥有的淡马锡集团联合注资1亿美元协助公司重组，但淡马锡尚未答应；

2004年11月30日：中航油终止所有原油期货交易。

资料来源：百度文库，http：//wenku.baidu.com。

问题思考：请对中航油亏损的原因进行分析。（提示：从内部原因和外部原因两个方面进行分析。）

第五章 流动性风险管理

【导入案例】

美国大陆伊利诺银行的流动性危机

1984年春夏之际，作为美国十大银行之一的大陆伊利诺银行（Continental Illinois Bank）曾经历了一次严重的流动性危机。在联邦有关金融监管当局的多方帮助下，该银行才得以度过危机，避免倒闭的命运。

20世纪80年代初，大陆伊利诺银行最高管理层就制订了一系列雄心勃勃的信贷扩张计划。根据该信贷扩张计划，信贷员有权发放大额贷款，同时为了多争取客户，贷款利率比竞争对手低。因此大陆伊利诺银行的贷款规模迅速膨胀，1977—1981年的5年间，该行的贷款额以每年19.8%的速度增长，而同期美国其他16家最大银行的贷款增长率仅为14.7%。与此同时，大陆伊利诺银行的利润率也高于其他竞争银行的平均数。但是，急剧的资产扩张已经包含了潜在的危机。

1984年5月8日，当市场上开始流传大陆伊利诺银行将要倒闭的消息时，其他银行拒绝购买该银行发行的定期存单，原有的存款人也拒绝延展到期的定期存单和欧洲美元。公众对这家银行的未来失去信心，5月11日，该银行从美国联邦储备银行借入36亿美元来填补流失的存款，以维持必需的流动性。5月17日，联邦存款保险公司向公众保证该银行的所有存款户和债权人的利益将能得到完全的保护，并宣布将和其他几家大银行一起向该银行注入资金，而且美联储也会继续借款给该银行。但这类措施并没有根本解决问题，大陆伊利诺银行的存款还在继续流失，在短短的两个月内，该银行共损失了150亿美元的存款。7月，联邦存款保险公司接管该银行，采取了一系列其他措施，才帮助大陆伊利诺银行度过此次危机。

从这个案例中我们可以看到，流动性对于银行经营的重要性。如果不控制流动性风险，一旦造成满足资金流动性需要能力丧失，后果不堪设想。

资料来源：[美] 米什金：《货币金融学》，中国人民大学出版社1998年版。

本章介绍流动性、流动性风险以及流动性风险管理的有关内容。

第一节
流动性风险概述

一、流动性风险的内涵

（一）流动性的定义

流动性（Liquidity）通常可以从两个角度进行定义：

一是从金融机构（主要是商业银行）获取资金难易的角度来定义，称为“筹资流动性”，是指金融机构能够保证经营和正常支付的能力，用来衡量金融机构满足资金流动性需要的能力。简单讲，银行在需要资金时，如果能够以合理的成本立即得到资金，该银行就具有流动性。

二是从金融资产变现难易的角度来定义，称为“资产流动性”或“市场流动性”，用来衡量金融资产在市场上的变现能力。从市场微观角度出发，如果买卖价差（Bid-ask Spread）越小，则表示立即执行交易的成本越小，市场流动性也越好。从资产定价角度出发，更好的流动性意味着市场中信息不对称程度较轻，知情交易者的数目较少。从公司金融的角度出发，流动性是指一种资产的总价值，企业可以利用这种资产进行跨期财富的配置，从而以最优方式应付未来可能出现的支付。

（二）流动性风险的定义

流动性风险，是指由于流动性水平下降使得资产价格面临损失的可能。与流动性的两种含义相对应，流动性风险可以分为以下两类：

1. 筹资流动性风险。筹资流动性风险或称机构流动性风险包含两个层次的含义：一是指金融机构（尤指商业银行）的偿付能力不够而产生的风险；二是指商业银行的融资能力有问题，即无法迅速以较低成本将资产变现的能力，需偿付到期款项时，不能够以充裕的资金进行结算的可能性。

2. 资产流动性风险。资产流动性风险或者市场流动性风险，是指投资者交易时刻的价格与最终成交价格之差的不确定性。也可以理解为投资者因为市场缺乏流动性导致的交易成本上升和交易困难，即市场流动性风险是当你需要交易的时候流动性变差的风险。

准确理解市场流动性风险要区分流动性水平和流动性风险两个概念。

- **流动性水平**，指的是流动性的大小。
- **流动性风险**，指的是流动性水平未来变化的不可预期性，通常用波动率来刻画这种不确定性。流动性风险不同于其他金融风险，它是一种交易风险，发生在买入或卖出资产的时候。

3. 二者的关系。资产流动性风险与筹资流动性风险之间存在区别和联系。首先，筹资流动性风险主要产生于金融机构内部资产和负债的不匹配，而资产流动性风险则产生于外在整个市场。其次，二者也相互联系。一般而言，筹资流动性不足时，金融机构往往需要变现自己的资产来获得现金，这样做的结果是资产流动性风险增加。比如对于上市公司而言，若公司发生筹资流动性风险，往往致使该公司股票的流动性风险增加。同样，若开放式基金面临筹资流动性风险，在投资者赎回资产时，基金经理将不得不对某些资产大量变现，导致流动性风险增加。而如果筹资流动性充足，机构在交易时间和交易策略方面有更多的选择，从而市场流动性更大。

二、流动性风险的特征

（一）商业银行流动性风险的特征

1. 客观性。风险总是伴随着商业银行的经营管理而客观存在，不以个人意志为转移。由于信息不对称性以及经济主体的有限理性，商业银行日常经营中做出的决策往往具有片面性和滞后性，有些决策甚至偏离正确预期，因此，客观上容易产生商业银行流动性风险。经济主体利用自己的信息优势，取得银行贷款后往往进行高风险投资，由于信息不对称产生的道德风险导致信用风险并最终形成流动性风险。此外，商业银行作为信用中介机构及金融服务的性质也决定了其业务的复杂性，因此对流动性风险只能合理规避，而不可能做到完全避免。

2. 可控性。商业银行流动性风险的可控性是指金融市场主体对流动性风险按照既定的指标体系和监管制度进行事前预测、事中防范和事后化解的可行性。在风险发生之前，根据商业银行流动性风险的性质，可以建立流动性风险预警体系，建立风险评价指标，为控制银行风险提供前提。同时，还可以建立商业银行日常管理信息系统，对流动性风险管理提供日常监测报告以及技术支持，为防范风险创造技术性条件。此外，在长期的实践中，通过不断改进和完善流动性风险管理机制，可以将商业银行流动性风险控制在一定范围内。

3. 扩散性。商业银行流动性风险的扩散性具有两层含义：一是指当一家商业银行出现流动性问题时，客户的取款行为会产生一种加速效应，从而出现银行挤兑的“多米诺骨牌”效应。这种效应导致商业银行流动性危机一旦爆发，时常伴有加速现象。二是指商业银行作为金融中介，当其自身出现流动性风险时，不仅影响银行系统本身，还会通过各种资金渠道传染、扩散至整个经济体系，使一国乃至全球面临危机的挑战。例如，2007年发生于美国的次贷危机，由于流动性风险通过各种金融创新渠道不断向其他国家扩散，最后演变成世界范围的金融危机。流动性风险的这种特征要求银行业在预测、管理和防范流动性风险时，要特别注意防止局部风险演化成系统风险。

4. 终极性。商业银行流动性风险的终极性是指商业银行经营中出现的各种风险最后一般会转化为流动性风险这种最终形式。因此，流动性风险管理成为商业银行风险管理的核心组成部分。

- 信用风险会瞬时逆转市场环境从而引发流动性风险。因为当商业银行不履约贷款及坏账比率显著上升时，银行被评级机构及资金提供者视作资产质量下降而影响其融资能力，当银行达到无法融资的地步时，会因为流动性不足而破产。

- 市场风险将会影响商业银行利用其作为自营交易的金融工具组合产生流动性的能

力。当商业银行被认为承受了过高的市场风险时，资金提供者便可能要求其付出较高的利息，甚至拒绝向其提供融资，从而导致商业银行面临流动性风险。

• 银行的操作风险造成的业务损失也会影响银行的流动性供给，从而造成银行的流动性风险。法律风险会影响债权人对银行的信心，或者增加银行的对外责任和负债。而声誉风险会对存款人的信心以巨大冲击。这些因素最终都导致了银行资金来源的减少或负债的增加，从而给银行带来流动性风险。

（二）市场流动性风险的特征

市场流动性风险的最主要特征是流动性共性（即系统流动性）。**流动性共性**是指单个证券（尤指股票）的流动性和市场流动性之间存在显著的协动现象（Co-movement）。证券市场中若存在流动性的协动现象，则在市场出现流动性危机时，投资者无法通过分散投资来完全化解该类风险，即市场上存在着系统的流动性风险。

市场流动性风险在极端情况下会表现为流动性黑洞。无论出于什么原因，如果卖方的存在吸引的不是买方，而是更多的卖方，那么流动性黑洞就会出现。流动性黑洞的最大特点是会把市场参与者本身的反应聚集起来，因此流动性黑洞类似于银行的挤兑现象，短视的交易者因为其他人卖出而跟着卖出。

分析案例

1987 年的全球股灾

1987 年 10 月 19 日，西方股票市场掀起轩然大波。美国道·琼斯 30 工业股指一天之内下跌 508.32 点，下跌幅度达到 22.6%，伦敦金融时报 100 指数 19 日下跌 183.70 点，跌幅为 10.1%，创下单日最大跌幅。其他如德国、法国、荷兰以及比利时等欧洲国家股市跌幅也都非常巨大。在亚洲，日经 225 指数在 19 日跌 620 点之后，20 日再跌 3 800 点，跌幅分别为 2.35% 和 14.76%。香港恒生指数在 19 日下跌 1 121 点，创下日跌幅 33.3% 的历史最高纪录。新加坡、澳大利亚以及巴西、墨西哥的股市跌幅也在 20% 以上。10 月 19 日全球股市暴跌的幅度之大、波及范围之广均史无前例，这一天也被称为"黑色星期一"。

该次全球股市危机通常被认为是市场结构中流动性提供机制崩溃所导致。许多研究者认为，1987 年 10 月 19 日的股价暴跌完全是流动性问题，而不涉及公司的基本面问题，是纽约交易所的流动性提供机制无法正常运转才导致股价连续暴跌。可见，流动性对于金融市场是多么重要，一旦出现流动性不足从而导致流动性风险的出现，后果可能会非常严重。

资料来源：百度文库，http：//wenku. baidu. com。

问题思考：

（1）区分和比较两种不同形式的流动性。

（2）理解市场流动性的特性。

三、流动性风险的类型

（一）根据风险载体分类

根据风险的承受主体不同，可以把流动性风险分为资产流动性风险与筹资流动性风险。资产流动性风险是指资产的清算价值显著有别于当前盯市价值的风险；而筹资流动性风险则是指金融机构由于没有能力筹集到新的资金而导致不能履行到期支付义务的风险。

（二）根据风险来源分类

根据风险的来源不同，可以把流动性风险分为内生流动性风险和外生流动性风险。**外生流动性风险**指由市场因素所引起的每个交易者同等面对的交易成本的不确定性。这种风险主要来源于市场制度安排的变动、宏观经济政策、国际国内政治局势变动、自然灾害和其他一些偶发事件等不可抗力因素。外生流动性风险影响市场上的所有投资者，它不受单个投资者行为的影响。**内生性流动性风险**是指投资者未来交易时的成本与交易头寸的大小相关，因而导致资产难于立刻变现的风险。这种风险会因为每个投资者头寸不同而变化，而且市场上所有的投资者都会受到单一投资者交易行为的影响。例如，某个投资者所拥有的头寸占市场总量的10%，则市场价格会因为该投资者的变现行为出现大幅下降。

第二节 流动性风险的度量

一、商业银行流动性风险的度量

（一）财务比率指标

财务比率指标是静态指标，反映的是银行在某个时点上的流动性水平。这些指标都是侧重反映流动性风险的某个方面，只有将其综合起来成为一个指标体系，才能全面衡量银行的流动性风险。而且，由于不同银行的资产规模、经营环境、经营理念并不相同，所以这些指标并不存在一个特定的最优值，不宜进行简单的个体比较。

1. 存贷款比率。其计算公式为：

存贷款比率＝贷款/存款 （5－5）

该指标是衡量银行流动性风险的一个传统指标，综合反映了银行的资产和负债的流动性特征。一般该比率越高，银行的流动性越差。因为存贷款比率越高，意味着银行将大部分资金用于发放流动性低的贷款，并且银行要发放新的贷款必须运用存款以外的负债购买。而较低的存贷款比率意味着银行可以用稳定的存款来为新贷款融资，流动性风险较小。

存贷款比率虽然简单直观，但是也存在较大缺陷，最根本的是只考虑总量关系，忽略了存款和贷款的性质、期限、质量等结构因素。比如，同样是贷款，抵押贷款与信用贷款、长期贷款与短期贷款的流动性显然不同；存款也是如此，定期存款与活期存款、对公存款与对私存款的流动性风险也不一样。

2. 核心存款比率。其计算公式为：

$$\text{核心存款比率} = \text{核心存款}/\text{总存款} \tag{5-6}$$

该指标集中反映了银行负债方的流动性。银行的存款按其稳定性不同可分为核心存款与易变性存款。核心存款是指对利率变化不敏感、较为稳定的存款，受季节变化和经济环境的影响小，是银行稳定和低成本的资金来源。易变性存款则受利率等外部因素的影响较大，容易流失。对同类型的银行而言，该比率越高，表明流动性越好。一般来说，大银行核心存款比率低于小银行，但这并不表示大银行的流动性风险更高，因为大银行的负债来源更加多元化，对存款的依赖度较低。

在实际操作中使用该指标衡量流动性风险的一个关键问题是核心存款的计算。在美国，核心存款定义为存款总额减去 10 万美元以下的存款余额。除该指标以外，与核心存款相关的指标还有核心存款与总资产比率、核心存款与贷款的比率等。

3. 流动资产比率。其计算公式为：

$$\text{流动资产比率} = \text{流动性资产}/\text{总资产} \tag{5-7}$$

该指标重点反映银行资产方的流动性。流动性资产是指期限短（不超过 1 年）、变现能力强的资产，主要包括现金、同业存款和国债等。该比率越高，银行资产中储存的流动性越多，银行应付潜在的流动性需求的能力就越强。总的来说，银行的规模越大，该比率越小，因为大银行的资金筹集能力强，不需要储存太多的流动性。

使用该指标的一个困难是如何准确界定流动性资产。与此类似的指标有现金与总资产比率、超额准备金比率、流动性资产与流动性性负债比率等。

4. 贷款占总资产的比率。其计算公式为：

$$\text{贷款占总资产的比率} = \text{贷款}/\text{总资产} \tag{5-8}$$

该指标也是反映银行资产方流动性的重要指标。贷款是商业银行资金运用的主要方式，一般而言，由于信息不对称和交易成本的因素，贷款难以转让，是银行流动性最低的资产。银行总资产中贷款的比例越高，说明银行资产的流动性越低；而贷款的比例越低，说明银行的资产越多元化，流动性越高。

5. 流动性指数。流动性指数由美联储的 Jim Pierce 提出的一个指标，用来衡量金融机构因突然或紧急出售资产时，相对于正常市场情况下以市场公允价值出售所遭受的潜在损失，用公式表示如下：

$$I = \sum_{i=1}^{N} w_i \frac{P_i}{p_i^*} \tag{5-9}$$

式中，w_i 为资产 i 在总资产中的权重；P_i 为资产 i 紧急出售的价格；p_i^* 为资产 i 正常变现的价格。

显然，P_i 和 p_i^* 的差异越大，流动性指数的值越小，资产的流动性就越差。P_i 和 p_i^* 的差异越小，流动性指数的值越大，资产的流动性就越高。一般情况下，$P_i \leqslant p_i^*$，所以流动性指数 I 值介于 0 和 1 之间。

为了说明流动性指数的计算，假定银行有占比各 50% 的两种资产：1 个月期国债和房地产贷款。如果银行必须今天出售国债，只能以 90 元的价格成交，而如果留到到期，可以得到面值 100 元；如果银行必须今天出售房地产贷款，每 100 元资产只能收回 85 元，如果一个月后出售，可以收回 95 元。这样，该银行资产组合 1 个月的流动性指数为 $I = 0.5 \times (90/100) + 0.5 \times (85/95) = 0.90$。

6. 存款集中度。存款集中度可用于衡量存款提前支取风险。鉴于银行对大额存款的依赖性，存款集中度越高，意味着潜在的存款提前支取风险越大，银行的流动性风险也就越大。其计算公式为：

$$\text{存款集中度} = \sum E_i \cdot W_i \tag{5-10}$$

式中，E_i 为存款规模等级 i 的存款份额；W_i 为存款规模等级 i 的权重。

知识链接

我国商业银行流动性的监管指标

2011 年 10 月 12 日，我国银监会发布《商业银行流动性风险管理办法（试行）》，明确了对于银行流动性监管的四个主要指标：流动性覆盖率、净稳定融资比例、贷存比和流动性比例。流动性覆盖率和净稳定融资比例的引入是该《办法》的最大亮点。这两个指标在“巴塞尔协议Ⅲ”中首次提出，是国际监管层面针对危机中银行流动性问题反思的最新成果，此次也被银监会引入到中国的流动性监管指标体系之中。

流动性覆盖率旨在确保商业银行在设定的严重流动性压力情景下，能够保持充足的、无变现障碍的优质流动性资产，并通过变现这些资产来满足未来 30 日的流动性需求。流动性覆盖率的计算公式为：

流动性覆盖率 = 优质流动性资产储备/未来 30 日净现金流出量

银监会要求商业银行该指标应当不低于 100%。

净稳定融资比例旨在引导商业银行减少资金运用与资金来源的期限错配，增加长期稳定资金来源，满足各类表内外业务对稳定资金的需求。其计算公式为：

净稳定融资比例 = 可用的稳定资金/所需的稳定资金

银监会要求商业银行该指标应当不低于 100%。

对于贷存比和流动性比例两个指标，银监会延续了之前的要求，即商业银行的存贷比应当不高于 75%；流动性比例应当不低于 25%。

资料来源：中国银监会网站，http：//www. cbrc. gov. cn。

（二）市场信息指标

在用定量指标考察流动性风险时，还应对市场信息指标进行观察和分析。

1. 公众的信心。如果公众对某一银行的信心不足，则该银行在筹集资金方面将会产生困难，在不容易获得存款的同时，还可能失去现有储户，并面临银行挤兑等流动性危机。

2. 银行发行存款证或其他借款的风险加价的幅度。在我国，基于中国人民银行统一制定存款利率，因此不存在风险加价幅度。但是可以从银行间存款额增减变动反映出存款人在选择银行时，对某银行的态度的变化以及银行流动性风险状况。

3. 资产出售损益。商业银行为偿付到期的还款及取款请求，不惜在重大亏损条件下出售资产的情况是该行面临流动性风险增大的标志之一，并且如果该类事件发生的频率较高，则该商业银行存在较大的流动性风险。

4. 满足资信好的客户的资金需求的能力。对于能给商业银行带来优厚利润的客户，银行总是不吝惜提供更好的金融服务，当多个贷款条件相同的客户提出贷款请求时，银行会优先考虑优质客户。因满足优质客户的贷款要求的能力成为表达银行流动性风险的信息指标之一。

5. 向中央银行借款情况。虽然商业银行都期望在危急时刻能够从央行获取资金，然而使用央行的应急贷款标志着银行的流动性出现了问题，会对银行的声誉造成非常不利的影响，其他银行会收回信用额度并减少对该行的风险敞口，进一步加剧该银行的融资压力。

6. 票据的贴现或转贴现。当一家商业银行发行票据时，其他金融机构是否愿意对该银行的票据进行贴现或转贴现的态度，反映了该行的资金实力及行业形象。若该行的贴现或转贴现的要求被拒绝，则可能给市场参与者的信息是该银行的市场形象和资金实力受到怀疑，有可能发生流动性风险。

7. 资信评级。市场评级机构对市场参与者提供商业银行资信信息，银行的资信评级水平提高，则意味着银行的市场地位提高，经营稳定性增强；若评级降低，则意味着该银行可能在经营管理、投资等方面出现问题，其市场地位降低。商业银行评级的降低会直接导致筹资成本增大，流动性风险也必然增大。

8. 中间业务的情况。中间业务是现价段商业银行普遍开展的业务，也是利润收益率较高的业务。中间业务开展的情况能够反映银行的资金实力及其市场形象。例如，在信用证等中间业务中，作为开证行，如果经常遇到出口商或出口方银行提出增加保兑行要求时，说明该开户行不能得到银行同业的认可，市场形象和资金实力受到质疑。

（三）动态指标

纯粹的静态流动性管理并不存在，因为流动性本身就是一个动态概念，流动性风险就是一种动态资产运动带来的风险。上述的静态指标可以认为是一种基于当前情况的事后统计。要全面反映银行的流动性风险，必须动态预测将来一段时间内潜在的资金供求状况，其中非常重要的就是“缺口”概念。

1. 流动性缺口。缺口是银行管理特别是流动性管理中很常见的指标。**流动性缺口是指在未来一定时期内，银行潜在的资金需求（运用）与资金供给（来源）的差额**。其计算公式为：

$$LG = F_1 - F_2 \tag{5-11}$$

式中，LG 为流动性缺口；F_1 为流动性供给；F_2 为流动性需求。

流动性缺口指标综合地反映了银行的流动性状况及抗风险能力。如果 $LG \leqslant 0$，表示流动性供给不能满足流动性需求，银行面临流动性短缺风险；如果 $LG \geqslant 0$，表示银行流动性充足。流动性缺口的计量较为简单，能够方便地评估银行面临的流动性风险大小。在银行的日常经营中，流动性缺口都是按照一定的期间来进行的，根据各个商业银行的流动性需求水平以及管理水平，流动性缺口的时期可以以周、月或季度的期间划分标准进行计算。不同时间段内的流动性缺口，反映了不同时期内银行的流动性状况。

资料链接

彼得·罗斯（2001）关于商业银行主要的流动性需求与供给分析

商业银行的流动性供给与需求

流动性供给	流动性需求
客户存款	客户提取存款
非存款服务性收入	客户贷款
客户偿还贷款	偿还存款之外的借款
资产出售	运营费用及税费
从货币市场借款	向股东分红

资料来源：彼得·罗斯（2001）。

2. 融资缺口。融资缺口的思想与流动性缺口类似，但它侧重从融资角度进行资金分析。融资缺口表示银行必须筹集的用于新资产融资及对负债进行再融资的那部分新资金。其计算公式为：

融资缺口＝预测的资金总需要量－预测的稳定资金来源

融资缺口体现为总的融资需要量与稳定的资金来源之间的差额，被视为一种不稳定的融资，而不稳定的融资意味着银行必须通过不稳定负债来筹措新资金。

3. 久期缺口。商业银行的资产和负债之间存在一个期限结构的匹配问题。一般来讲，银行资金来源的期限结构制约着资金运用的期限结构，即短期负债主要用于短期资产，长期负债主要用于长期资产，流动性风险管理应该尽量使资产的收入现金流的时间和数额与负债的支出现金流的时间和数额相匹配。

为了计算商业银行的久期缺口，假设商业银行不同期限的资产数量分别为 $x_1, x_2, \cdots, x_n$，期限与之对应的负债数量分别为 $y_1, y_2, \cdots, y_n$，分别计算出资产组合的久期 D_X 和负债组合的久期 D_y，令 $\Delta = D_X - D_y$，得到久期缺口。如果 $\Delta > 0$，说明在这段时期内，资产的久期大于负债的久期，银行容易产生支付困难和流动性问题。反之，如果 $\Delta < 0$，说明在这段时期内，资产的久期小于负债的久期，银行的流动性状况比较好。

4. 现金流量分析。现金流量分析是一种国际上比较流行的流动性管理方法，具有较强的实用性。现金流量分析采取的是考察现金流入流出的基本渠道，并根据流动性的实质特征，将现金流量分成的实际现金流量和潜在现金流量。实际现金流量是合同中约定将会在未来特定时点上发生的现金流量，如即将到期的资产和负债产生的现金流入与流出、尚未到期的资产产生的利息流入、尚未到期负债产生的利息支出等。而潜在现金流量属于不可预计、不确定的现金流量，包括无固定期限零售存款、不固定的贷款承诺，以及可能被展期的即将到期的资产和负债等。通过分析实际和潜在的现金流量，可以评估银行流动性大小，从而找到流动性风险的来源，以进行有效管理。表 5－1 大致反映了一家银行实际和潜在现金流量的内容。

表 5-1　　现金流量表

现金流入量	现金流出量
实际现金流量	
即将到期的资产	即将到期的批发性负债及固定的贷款承诺
尚未到期资产产生的利息	尚未到期负债支付的利息 零售存款的季节性变动
潜在现金流量	
可变现的未到期资产	无固定期限的零售存款
已经建立的信贷额度	不固定的贷款承诺和其他表外活动

无论是资产负债的规模不匹配还是期限不匹配，往往都集中体现为现金流量的不匹配。因此，从某种角度来说，现金流量分析法是比上述三种方法更一般的方法。但是由于大多数的银行现金流量为潜在的现金流量，并且这种现金流很难准确预测，受到未来不可控因素的影响，预测值可能出现偏差，因此该方法对银行预测的数据要求较高。

二、市场流动性风险的度量

（一）市场流动性的衡量指标

一般认为，市场（资产）流动性可以用市场宽度、市场深度、市场弹性、交易的及时性等四个维度来刻画。基于这四个维度对流动性进行多维度刻画的指标可概括如下：

1. 基于交易量的市场流动性衡量指标。基于交易量的指标主要从深度来衡量流动性，可用一定时间内的交易量（成交金额）或特定价位上可交易的量（成交金额）进行测度。特定价位上可交易的量（金额）越大，深度越大，表示可成交的机会越多，流动性越好。

换手率是基于交易量的另一个流动性指标，是一个衡量证券持有时间的指标，其计算公式有两种：一种是以交易量除以总流通股数；另一种是交易金额除以市值。换手率越大，表明证券持有时间越短，流动性越大。换手率指标的缺点是没有考虑价格变化的影响，因为在同等换手率的情况下，价格变化越小，流动性越好。

2. 基于价格的市场流动性衡量指标。基于价格的指标主要从宽度来衡量流动性，最主要的指标为价差类指标，包括买卖价差和有效价差等指标。买卖价差又可以分为绝对买卖价差（S_a）和相对买卖价差（S_R）两种。其计算公式为：

$$S_a = P_a - P_b \tag{5-1}$$

$$S_R = \frac{P_a - P_b}{(P_a + P_b)/2} \tag{5-2}$$

式中，P_a 为卖出报价；P_b 为买入报价。

有效价差是订单成交的平均价格和订单到达时买卖价差的中点之间的差额。该指标反映了订单的实际执行成本，又可分为有效价差（ES_a）和相对有效价差（ES_R）两种。其计算公式为：

$$ES_a = |P - M| \quad (5-3)$$

$$ES_R = |P - M|/M \quad (5-4)$$

式中，P 为实际交易价格；$M = (P_a + P_b)/2$。

3. 基于量价结合的市场流动性衡量指标。资产流动性是一个与价格、交易量、时间等因素都有关的复杂概念。为了克服单纯以价格和交易量衡量流动性的不足，可以采用价格和交易量相结合的衡量指标，主要包括两类：第一类是价格冲击系数，包括 Glostern - Harris 价格变动系数、Hasbrouck 冲击反应系数、Hasbrouck - Foster - Viswanathan 价格变动系数；第二类是流动性比率，包括 Amivest 流动性比率、Martin 流动性比率、Hui - Heubel 流动性比率、Marsh - Rock 流动性比率以及 Amihud 非流动性指标。

4. 基于时间的市场流动性衡量指标。基于时间的市场流动性衡量指标主要包括执行时间、交易频率和弹性。**执行时间**是指订单到达至订单得到执行的时间间隔。流动性的一个重要表现是交易的即时性，在其他条件相同情况下，进行交易所需要的时间越短，流动性就越好。交易频率为在一个特定的时间内交易的次数，在其他条件相同的情况下，交易和交易之间间隔时间越短，或特定时间内的交易发生的次数越多，表示交易越活跃，则从即时性维度考虑的市场流动性也越高。**弹性**是指从价格发生变化至恢复到均衡价格所需要的时间，它是考虑了价格变化的时间指标。在假定资产的基本价值不变的情况下，价格会随机地围绕基本价值波动，市场弹性越好，则价格偏离价值以后返回的速度越快。

（二）市场流动性风险的度量

1. 基于方差法的流动性风险度量。Garbade 和 Silber（1979）最早提出了流动性风险的方差度量方法。这个方差是投资者决定要交易时的证券真实价值与真实的交易价格之差的方差。他们把每个证券成交的时刻都称为“一次清算时刻”，每次清算价格和真实价值之间的不一致来自市场流动性的不足。为使流动性风险的方差最小化，可以通过选择最优清算时间间隔，得出了投资者最优交易决策下的流动性风险的大小，它是投资者因为市场流动性不足而不得不承受的价格波动方差的最小值。

2. 基于系数法的流动性风险度量。

（1）相关系数法。即计算投资组合或个股的流动性水平的扰动项与市场总体流动性水平的扰动项相关系数的大小，其中，流动性扰动项是流动性指标的时间序列数据进行自回归估计的残差项估计值。

（2）协方差法。即通过建立流动性风险调整的资本资产定价模型，考虑市场流动性与单个证券流动性之间的协方差。比较典型的是 Acharya 和 Pedersen（2005）的 $3-\beta$ 模型，根据他们的模型，证券的流动性风险可以通过流动性水平和三个流动性 β 来衡量。

因为 β 系数、相关系数和协方差其实都是相互间一种不同的形式，都是衡量个体流动性的共性程度，所以本质上它们是同一类度量方法。

3. 基于 VaR 方法的流动性风险度量。尽管 VaR 是风险管理领域广泛使用的风险测度方法，但是传统的 VaR 没有考虑市场的流动性问题。假设无论规模大小，交易都可以一次性无成本地完成，这显然与机构投资者的实际不符，因此很多研究开始把流动性因素考虑进 VaR 的计算中，从而形成了所谓的“流动性调整的风险价值法”（Liquidity Adjusted Value - at - Risk），简写为 La - VaR 法。

La - VaR 度量的实际上是由流动性风险因子和市场风险因子构成的集成风险。假设 L 为流动性风险因子，M 为市场风险因子，则由流动性风险因子和市场风险因子构成的集成风险 I 可以表示为：

$$I = M + L \tag{5-12}$$

根据本书第三章中对 VaR 的定义不难看出，一定置信水平下的最大可能损失即 VaR，事实上既包括因中间价格波动所导致的可能损失，也应该包括流动性风险所导致的可能损失，所以可以运用传统方法对集成风险因子进行直接度量，得到的值就是 La - VaR。其计算公式为：

$$\text{La} - \text{VaR} = \text{VaR}(I) = \text{VaR}(M + L) \tag{5-13}$$

对于式 5 - 13，有以下四种解决办法：

（1）假设市场风险和流动性风险无关，市场风险的度量不需要考虑流动性风险，也就是传统 VaR 的做法。其计算公式为：

$$\text{VaR}(I) = \text{VaR}(M) \tag{5-14}$$

（2）假设市场风险和流动性风险完全正相关，对风险的度量采用市场风险和流动性风险简单加总的方法。其计算公式为：

$$\text{La} - \text{VaR} = \text{VaR}(I) = \text{VaR}(M) + \text{VaR}(L) \tag{5-15}$$

式中，VaR(L) 为流动性风险的度量值。对于外生流动性风险的度量，目前普遍使用该公式进行计算。对于内生流动性风险的度量虽然也采用该公式，但是计算内生流动性风险时更复杂一些。

（3）使用线性相关系数衡量风险因子的相关性，进而得到 La - VaR。其计算公式为：

$$\text{La} - \text{VaR} = \text{VaR}(I) = \sqrt{\text{VaR}(M)^2 + \text{VaR}(L)^2 + 2\rho \text{VaR}(M)\text{VaR}(L)} \tag{5-16}$$

式中，ρ 为流动性风险因子和市场风险因子的线性相关系数。这里的 VaR 用正值表示。由于该公式只有在正态分布和 t 分布的假设条件下才能成立，而流动性风险和市场风险一般不服从正态分布和 t 分布，因此使用该公式度量 La - VaR 存在模型风险。

（4）基于 Copula 函数的度量方法。Copula 函数能够处理流动性风险因子和市场风险因子的非正态特性以及两者之间复杂的相互关系，进而构造两个风险因子的联合分布函数，通过联合分布函数可以模拟出集成风险因子的概率分布，在此基础上估计出一定置信水平下的 La - VaR。

第三节 流动性风险的管理

一、筹资流动性风险的管理

（一）筹资流动性风险管理理论

1. 资产管理理论。资产管理理论盛行于20世纪60年代以前。该理论认为金融机构的负债是既定且被动的，资产则是金融机构可以主动控制和管理的，因此，资产流动性管理是金融机构流动性管理的重点，金融机构流动性风险管理的基本目标是在资产方面将其流动性以储存起来的形式进行管理。该理论具体有可以分为商业贷款理论、资产转换理论和预期收入理论。

2. 负债管理理论。负债管理理论盛行于20世纪60年代，该理论主张通过主动负债的方式来获得流动性，而非以单一的资产储备流动性，因此与资产管理理论的侧重点截然不同。该理论认为，商业银行不仅可以通过持有现金资产或其他易变现的资产来提供流动性需求，还可以通过主动负债的方式在货币市场上获得所需流动性。这样，银行既可以实现盈利性的目的，又可以较低的成本从货币市场上借入资金以保证流动性。同样，该理论也具有一定的局限性，那就是如果资金市场出现较大波动，商业银行有可能由于市场流动性的紧缩或者借入资金成本较高而不能筹集到所需资金，从而面临流动性风险。该理论主要包括银行券理论、存款理论、购买理论和销售理论四种。

3. 资产负债综合管理理论。20世纪70年代中后期，由于市场利率大幅上升，银行负债成本也急剧增加，银行竞争能力不断下降，经营风险不断加大，此时仅凭资产管理或负债管理都已经不能保证银行的流动性需求，资产负债综合管理理论应运而生。该理论认为，流动性、安全性、盈利性综合权衡问题不是单纯依赖资产管理理论和负债管理理论就能解决的，主张流动性需求的满足应从资产和负债两个方面进行，同时动态调整资产与负债的结构，并且将未来对流动性的需求划分为预期与未预期两部分流动性需求。对于预期的流动性需求，一部分可以以持有可转换证券或在其他商业银行存款的方式储存流动性资产，另一部分从往来银行及其他融资渠道预先以信贷额度的方式给予满足。对于未预期的流动性需求，可以临时通过以短期借款的方式满足，同时对于长期滚动性需求应采取手段对其做出预测，通过将中、短期贷款和证券逐步变现的方式来满足。该理论强调以利润最大化为目标，对银行资产及负债根据产品数量和期限的对称联系进行交叉配置，将资产与负债结构调整至可持续提供流动性的合理状态，实现信贷资金的优化配置。这样既增加了资产管理的盈利性，又降低了负债管理的风险性。

（二）筹资流动性风险管理的主要方法

1. 资金汇集法。资金集中法是指把各种资金来源统一汇集起来，按照银行的需要进行分配。具体做法如图 5－1 所示。银行的资金来源包括活期存款、定期存款、储蓄存款、资本金。银行的资金分配包括第一级准备金、第二级准备金、放款、其他证券投资、固定资产投资。第一级准备资产是指能够立即用来满足存款提取贷款发放要求的资产，一般情况下，第一级准备资产由资产负债表上的“库存现金”、“在中央银行存款”和“在其他银行存款”等资产项目组成。第二级准备资产由具有高度流动性的盈利资产所组成。第二级准备资产的规模由影响存贷款变化的各种因素间接来决定，兼具盈利性和流动性。

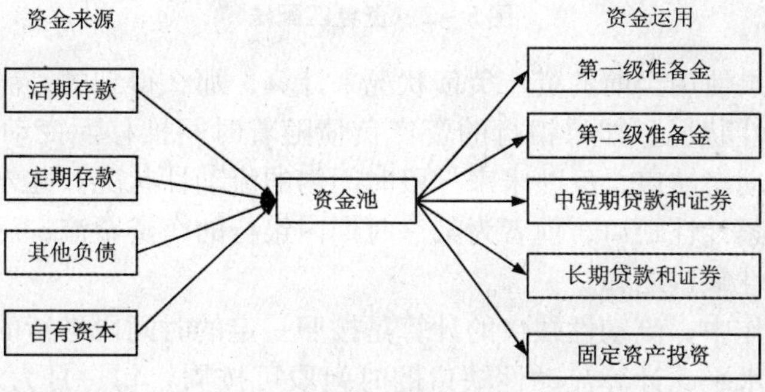

图 5－1　资金汇集法

具体分配的比重如何，多少用于准备金，多少用于放款，多少用于证券和定资产投资，并无固定比例，但一般来说，第一，考虑将一部分资金作为一级准备金，应付顾客的提存和借款要求；第二，考虑分配一部分资金作为二级准备金，即购买短期质量证券，以补充资产流动性；第三，分配一部分资金作为贷款；第四，用满足贷款正常需求后的资金剩余来购买较长期的有价证券；第五，最后的资金作为银行营业的固定资产投资，它最多不能超过银行的资本额。每个银行确定资金中用于准备资产的比例大概是银行在 5 年以内到期的政府有价证券与总资产的比例。

2. 资金匹配法。资金汇集法强调了资产流动的重要性，但没考虑到各种不同资金来源的不同流动性要求，对流动性的管理尚不够准确，会影响银行的盈利性。针对这种不足，资金匹配法应运而生。

资金匹配法要求银行按资金来源的不同性质确定资金在各项资产之间的分配，实际上是按照资金来源的稳定性进行分配。具体做法如图 5－2 所示。按照不同的资金来源，建立数个流动性—盈利性中心，每个中心根据自己资金的稳定性，对各个资产项目确定相应的资金分配量。各项资金来源及运用同各个资金中心交叉对应，与之对应的资金分配量应根据盈利目标、流动性标准和资金的稳定性进行相应配置。资金匹配法的主要优点是从资产和负债两个方面统筹安排，减少了多余的流动性资产，增加了对贷款和证券投资资金的分配，提高了银行的赢利能力。

3. 流动性缺口法。**流动性缺口是指在未来一定时期内银行潜在的资金需求与资金供给的差额。**其计算公式为：

$$\text{流动性缺口} = \text{资金需求} - \text{资金供给} \tag{5-17}$$

流动性缺口综合反映了某个时期内银行应偿还的债务与能获得的资金的差额，即银行

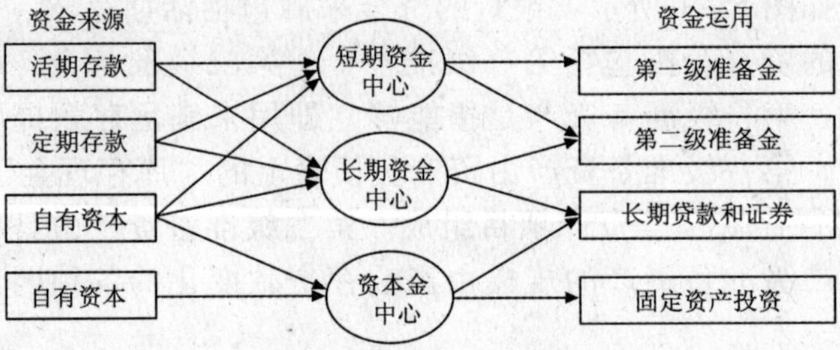

图 5-2 资金匹配法

的流动性能力。如果使用当前的资产负债状况来计算，那么得到的是静态缺口，该指标反映银行当前的流动性状况。如果银行的资产负债随着时间推移而变动，计算未来的预测值，那么得到的是动态缺口，反映未来一段时间内的流动性状况。此外，流动性缺口还可分为期间性缺口和累计性缺口，前者为某一时期内银行的净资金流，后者是当期的流动性缺口加上前期流动性缺口之和。

在银行实际操作中，流动性缺口的计算是按照一定的时间段进行的。根据各银行的流动性需要及其管理水平，计算流动性缺口的时间段可按周、旬、月为划分标准。表 5-2 反映了某个银行的流动性缺口状况。为了方便说明问题，假设该银行估算流动性的时间段分别是：0~30 天，31~90 天，以及 91~365 天。

表 5-2 某银行的流动性缺口估算 单位：百万美元

项目	0~30 天	31~90 天	91~365 天
潜在资金运用			
加：到期定期存款			
小额定期存款	5.5	8	34
大额可转让存单	40	70	100
欧洲货币存款	10	10	30
加：预测新增贷款			
工商贷款	60	112	686
消费者贷款	22	46	210
不动产和其他贷款	31	23	223
减：预测新增交易性存款			
活期存款	-6.5	105.5	10
协议存款	0.4	5.5	7
货币市场存款	1.6	3	6
总运用	173	155	1 278
潜在资金来源			

续表

项　目	0～30天	31～90天	91～365天
加：到期证券投资			
货币市场金融工具	8	16.5	36.5
国债	7.5	10.5	40
金融机构债券	2.5	1	12.5
加：贷款本金偿还	80	262	903
总来源	98	290	992
期间性流动性缺口	75	-135	286
累计性流动性缺口	75	-60	206

资料来源：Koch，T. W.，"*Bank Management*"，4th Edition，the pryden press，2000.

从表5-2中可以看出，该银行在一年内资金的供给和需求的汇总情况。在0～30天内，该银行有正流动性缺口7 500万美元，说明一个月内银行将面临流动性不足的压力。在31～90天及91～365天内的期间性流动性缺口分别为正缺口13 500万美元和负缺口26 800万美元，而这两个时期的累计性流动性缺口分别为负缺口6 000万美元和正缺口20 800万美元。这意味着，如果不依赖外部投融资，银行在这两个时间段分别会出现6 000万美元富余流动性和20 800万美元的流动性不足。

流动性缺口的概念简单直观，但也存在一些缺陷：关键是对资产负债进行期限划分时，往往依靠主观判断。例如，活期存款属于不稳定性负债，但实际也有沉淀下来的存款；长期贷款虽然属于非流动性资产，但也有提前偿还的情况；股本是最稳定的资金来源，但如果支付现金股利，也会产生流动性的需求。另外，流动性缺口未能很好反映银行潜在的资金筹措能力，而当今许多大银行正是以货币市场融资作为主要资金来源的，对它们而言，这并不存在太高的风险。

4. 线性规划法。线性规划法是在一定的流动性条件下，通过数学最优化模型来进行资金配置和流动性管理一种方法。要进行线性规划，首先要建立目标函数（如利润最大化或风险最小化），选择模型变量，然后考虑约束条件，一般有四类约束：一是金融法规约束（主要是法定准备金率和资本要求）；二是流动性需求约束；三是安全性约束；四是贷款需求量约束。

在西方商业银行中，线性规划法的流动性管理模型在一些大银行中获得很大成功，使银行资金管理的精确性得到了极大的提高。但这种方法也存在一些问题：一是银行管理的一些变量和限制条件无法用数学语言描述，一旦参数的选择出现较大偏差，就会得出错误的结论；二是该方法对银行管理水平的要求较高，对小银行不适用。

5. 期限阶梯法。期限阶梯法是巴塞尔委员会推荐的一种流动性风险管理方法，它通过比较特定时间序列中银行未来的现金收入和现金支出，可以有效了解商业银行的流动性风险状况。期限阶梯法的总体思路是：一是确定计算期限；二是分别计算该期限内所有的现金收入与支出；三是计算该期限下的现金余额，如果余额偏小，则需要注意流动性风险。表5-3中，期限阶梯的一边列出了现金收入的来源和金额，另一边列出了现金支出的来源和金额。

表5-3　以合同期限为基础的期限阶梯　单位：万元

	现金流入	现金流出	现金余额
第1天	到期资产 100 应收利息 50 资产出售 20 商业借款提款 10 总计 180	有合同期限到期负债 90 应付利息 10 其他存款提取 30 商业借款提款 10 总计 140	40
第2天	到期资产 100 应收利息 25 资产出售 55 商业借款提款 10 总计 190	有合同期限到期负债 70 应付利息 20 其他存款提取 40 商业借款提款 50 总计 180	10
第3~15天	到期资产 130 应收利息 50 资产出售 60 商业借款提款 20 总计 260	有合同期限到期负债 90 应付利息 30 其他存款提取 40 商业借款提款 60 总计 220	40

资料来源：转引自陈建梁（2002）。

在构筑期限阶梯时，银行需要将每一笔现金收入和支出分配到自起始日开始（通常是第二天）的某一天内。作为建立期限阶梯的第一步，可以根据资产到期日或对贷款额度提取日的保守估计列出现金流入表；同样，可以按负债的到期日、负债持有人可以行使提取权的最早日期及或有负债可能被使用的最早日期列出现金流出表。现金流入与流出之间的差额，即资金的余额或缺口，便成为衡量银行在未来时点上流动性余缺的起点。需要管理的正是这一净资金需求。

期限阶梯法的优点是可以根据“正常”、“机构出现危机”、“市场出现危机”等不同的场景预测不同情况下银行的现金头寸大小，以便及时做出补救。其缺点是：一是该方法有一个严格的前提假设，即期限内全部合约都得到执行，或者可以基本判断在每种情况下合约的执行情况；二是该方法只是给出了一个具体的头寸，而没有给出符合风险计量习惯的表示方式。

6. 压力测试法。压力测试法是巴塞尔委员会提出的一种风险管理方法，分析极端情况下银行可能面临的流动性风险问题，衡量银行计提的资本能否完全覆盖风险，最终用以提出银行应该采取的合理措施以保证银行的流动性。

（1）压力测试的范围。银行定期进行压力测试，即对所有货币的整体流动性状况采用各种假设情况，以确保具备足够的流动性来承受压力情况。银行应对其持有大量业务的个别外币状况进行压力测试。监管部门一般鼓励商业银行尽量设想不同类型及严重程度的压力情况，但最低限度应将个别银行出现危机和整体市场出现危机两种情况分别列入压力测试范围。

个别银行出现危机的情景，应涵盖因为该银行实际或设想出现的问题，如资产质量问题、还债能力问题、信贷质量或管理层欺诈行为的传言等可能引起的情况。危机情景应作为该银行对遇到危机时其现金流量的极端评估，即该银行做最坏假设的情况。整体市场出现危机的情景是指大量金融机构在一个或一个以上市场内的流动性受到影响。这种情况包括多个市场突然出现流动性枯竭、中央银行融资渠道变化、外汇可兑换性，以及进入外汇市场融资的限制交易对手违约，要以大幅度折让才可以出售资产；因外界对银行信贷质量的担心出现很大差距而使银行获得资金的机会相差很大等。

（2）压力测试的有关指标。压力测试包含市场参数、现金流量压力、资产变现和抵押、筹资成本、货币风险、突发事件风险等多种指标的设计。市场参数包括在风险价值类的模型中所忽略的因素，即在一场灾难中可能会损失多少，通过市场、信用和流动性测算，而不是在一个失败日中的最小数额。现金流量压力用来测量在没有新的现金来源下的生存能力，其中对银行来说，表外业务的现金流量压力测试特别重要。资产变现和抵押用来对流动性组合进行专门的测量。筹资成本的迅速提高或者现有的金融工具突然消失是出现流动性压力问题的第一个信号，可以导致更加严重的问题，需要进行极端情景的压力测试。货币风险是指由于外币对本币贬值而带来的经济影响，同样也可能出现缺乏本国货币来源的问题。突发事件风险是指如果国家在对资本进行货币可兑换性管制、冻结或者查封，管理部门和等级评定机构对于银行流动性的看法应作为突发事件的核心。

资料链接

我国商业银行关于压力情景的假设条件

根据《我国商业银行流动性风险管理指引》，压力情景的假设条件包括但不限于：（1）流动性资产价值的侵蚀；（2）零售存款大量流失；（3）批发性融资来源可获得性下降；（4）融资期限缩短和融资成本提高；（5）交易对手要求追加保证金或担保；（6）交易对手可交易额减少或总交易对手减少；（7）主要交易对手违约或破产；（8）表外业务、复杂产品和交易、超出合约义务的隐性支持对流动性的损耗；（9）信用评级下调或声誉风险上升；（10）母行或子行、分行出现流动性危机的影响；（11）多个市场突然出现流动性枯竭；（12）外汇可兑换性以及进入外汇市场融资的限制；（13）中央银行融资渠道的变化；（14）银行支付结算系统突然崩溃。

资料来源：中国银监会网站，http：//www. cbrc. gov. cn。

（3）压力测试的方法。目前常用的压力测试的方法基本上有两种：即情景分析和敏感性分析两种方法。**情景分析**是通过假设、预测、模拟等手段生成未来情景，并分析商业银行将面临的潜在的最大损失的方法。情景分析是一种多因素分析方法，结合设定的各种可能情景的发生概率，研究多种因素同时作用时可能产生的影响。在情景分析过程中，要注意考虑各种头寸的相互关系和相互作用。情景分析中所有的情景通常包括基准情景、最好的情景和最坏的情景。**敏感性分析**为一种单一因素分析。其目的是测量由于假设变动冲击而使相关风险因素产生的对商业银行的风险敞口及其承受风险能力的变化程度。简单地说，就是当风险参数每变化一个单位量时，相对应的资产组合的市场价值的变动情况。由于敏感性分析无需确定冲击的来源，而仅需指定风险参数变化即可使用，因此银行经常将其用于即时测试。基于该分析方法的即时性及简单的特点，被广泛应用于交易前台、业务部门，甚至于风险管理者在市场环境变化冲击对机构影响的最初近似值的计算。

二、市场流动性风险的管理

市场流动性风险管理的主要问题是如何整合流动性风险与市场风险，主要有以下两种做法：

（一）整合流动性风险的单资产风险管理

该方法对单个资产中市场风险与流动性风险进行整合，主要有以下四种做法：

1. 假设市场风险与流动性风险具有完全相关的关系。这种做法的典型代表是 Bangia 等人（1999）提出了 BDSS 模型。该模型把价差作为流动性风险的衡量指标，通过将流动性风险加总，在市场风险上来衡量二者的总风险。但在二者关系的处理上，BDSS 模型过于简单，该模型假设市场风险与流动性风险完全相关。显然该假设过于简单，不能正确描述二者之间的相关结构关系。

2. 事前加总，即首先利用半价差对中间价格进行调整，在此基础上衡量市场风险与流动性风险的综合风险。该方法的优点是避免了对于市场风险与流动性风险相关结构关系的讨论。但是在实际操作中，往往更希望得到两种风险之间的明确的相关结构关系，尤其在市场极端情况下，对二者相关结构关系的把握能够帮助人们有效衡量和管理风险。

3. 考虑两种风险之间的关系，对市场风险和流动性风险极值相关结构关系进行研究。这种方法一般以市场收益和相对价差来表示市场风险和流动性风险，通过运用非参数方法研究金融危机时，股票市场价格暴跌与流动性消失同时发生的可能性。但在非参数方法中，并没有讨论风险的具体分布形式，因此无法进行蒙特卡洛模拟，而蒙特卡洛模拟是计算 VaR 常常使用的方法，不利于在风险管理中使用该方法。

4. 利用 Copula 函数这种全参数的方法来对市场风险与流动性风险的相关结构关系进行研究。

资料链接

Copula 函数

“Copula”一词源自拉丁语，意为“连接”之意。Copula 函数在 1959 年由 Sklar 首先提出，Sklar 证明可以将一个联合分布函数分解为它的 k 个边缘分布和一个 Copula 函数，这个 Copula 函数描述了变量间的相关性。不难看出，Copula 函数将边缘分布连接在一起，构成一个联合分布函数。

资料来源：作者根据相关资料整理。

（二）整合流动性风险的资产组合风险管理

这种方法对资产组合中市场风险与流动性风险进行整合，其中最为核心的问题是如何将单一资产的风险加总为组合的风险；从另一个方面来讲，这个问题就是选择怎样一种相关结构关系来对导致个别风险的因素进行建模。依据研究方法中所采用的相关结构关系，资产组合风险管理一般有以下三种做法：

1. 假设资产收益之间服从联合正态分布。此种假设作为最经典的处理相关结构关系的模式，广泛应用于理论界和实务界。事实上，当假设资产收益服从正态分布时，已经隐含使用了线性相关关系来衡量相关结构关系。J. P. Morgen 的 Risk Matrics 模型（1994）和 Credit Metrics 模型（1997）就是在上述前提假设下建立的，这两个模型已广泛应用于市场风险和信用风险的分析研究中。

2. 将投资组合视为一个整体，通过考察组合收益的波动性来衡量组合的 VaR 值。这种方法避免了对组合中各个资产的相关结构关系的研究。但这种方法也存在缺陷，它隐含假设资产间相关结构关系是不随时间变化的，而大量研究表明资产间相关结构关系是时变的。因此，这种做法不可能捕捉到资产相关结构关系的时变特征，更谈不上相关性的其他特征了。

3. 利用 Copula 函数来刻画资产间的相关结构关系。这种做法是利用 Copula 函数对资产收益相关关系建模，同时考虑单资产内部收益波动（即市场风险）与价差波动（即流动性风险）的相关关系，达到对资产组合的市场风险与流动性风险的整合。通过对比研究资产间不同相关结构关系对风险管理的影响，给出最优的相关结构模型，并在此基础上讨论其风险管理的有效性。

【复习与思考】

一、关键概念

流动性	流动性风险	流动性缺口	融资缺口
久期缺口	现金流量分析	La－VaR	资产管理理论
负债管理理论	资产负债综合管理理论		资金汇集法
资金匹配法	流动性缺口法	线性规划法	期限阶梯法
压力测试法	Copula 函数		

二、思考题

1. 如何准确理解流动性和流动性风险的涵义？
2. 简述筹资流动性风险和市场流动性风险的区别与联系。
3. 简述流动性风险管理理论的主要发展阶段。
4. 度量流动性的静态指标和动态指标分别有哪些？
5. 商业银行应该如何进行有效的流动性风险管理？

6. 筹资流动性风险管理方法有哪些?

三、思考案例

中国银行业2013年6月流动性危机

自2013年5月下旬以来，我国货币市场资金开始出现紧张。1~3月份银行间7天拆借利率还在2%~3%，到5月下旬已经上升到4%，进入6月后更是骤升。6月19日，7天拆借利率达到12.25%，而隔夜回购利率则由之前的2%~3%上升到13.44%。到20日，业内人士透露，银行间隔夜回购利率一度曾触及30%，“比高利贷上限还要高”。

货币市场的资金紧张情况逐渐向其他市场蔓延，首当其冲的是债券市场。基金人士透露，最近开放式债基集体出现赎回，且情况较为严重。一方面，是因为其他资产价格飙升，机构投资者赎回债基购买其他品种；另一方面，由于债基的主要机构投资者是保险机构，也有较多的金融产品，在资金紧张情况下，保险机构也要去杠杆，因此也从债基赎回资金。这种突如其来的状况让众多债券基金经理措手不及。为应对赎回，只能迅速卖债。一位债基经理透露，由于资金紧张，债市上的债券没人要。“这种情况下，一般只能是出血卖债。”而这又加剧了债券价格的下跌。自6月初以来，中债价格指数全面下跌；自5月20日起到6月20日，435只债基的净值平均下跌0.8%，其中有16只债基净值跌幅超过3%。

由于资金紧张，货币基金也面临较大赎回压力。据银河证券基金研究中心的数据，总共73只可以通过银行购买的货币基金中，7日年化收益率超过4%的货币类基金只有16只，有24只货币基金的收益率开始低于一年定存的收益率3%。分析认为，其中重要的原因之一就是资金抽逃转投银行理财产品，或是直接在沪深证交所进行债券逆回购。

银行的资金流动性紧张也传导至股市，6月24日银行板块领跌沪深两市，跌幅逾6%，其中，民生、平安和兴业三只个股跌停。整个A股哀鸿遍野，沪指和深成指分别大跌5.30%和6.73%，沪指跌破2 000点关口，收报1 963.24点，市场逾200只股票跌停。6月25日，沪指和深成指继续大跌，盘中最高跌幅达到5.69%和7.08%。面对这种情形，虽然6月24日央行并没有在公开市场注入资金，而且发布了名为《中国人民银行办公厅关于商业银行流动性管理事宜的函》。但是面对股市的狂泻，央行终于不再无动于衷。中国人民银行6月25日表示，为保持货币市场平稳运行，近日央行已向一些符合宏观审慎要求的金融机构提供了流动性支持，一些自身流动性充足的银行也开始发挥稳定器作用向市场融出资金，货币市场利率回稳。

分析此次流动性紧张的原因：一方面是外汇占款下降，美国退出QE3等预期带来全球货币收紧预期，热钱出现回流；另一方面，大量理财产品到期，而6月份需补缴存款准备金等因素，导致银行资产错配缺口太大。

资料来源：作者根据相关资料整理。

思考问题：

(1) 导致我国商业银行近期流动性紧张的原因是什么？

(2) 商业银行应该如何进行资产配置才能免于流动性危机？

(3) 理解筹资流动性风险和市场流动性风险的关系。

第六章 商业银行全面风险管理

【导入案例】

汇丰集团的全面风险管理

汇丰集团一直重视风险管理体系的构建，在一百多年的企业发展历程中形成了金融企业特有的风险管理文化。汇丰集团的全面风险监控体系主要内容如下：

集团总管理处负责对集团整体风险的掌控工作，主要负责制定防范各项风险的政策、程序和准则。内部稽核机构根据风险管理办法评估各项运营风险，并对汇丰集团不同时期面临的主要风险进行集中处理。

在中国香港、上海汇丰银行内部，总部负责衡量附属公司信贷风险及市场风险，评估整个集团的风险分布状况。附属公司制定各种辨别、控制和汇报主要财务风险的制度与程序，各附属公司的资产负债委员会与行政委员会负责对可能出现的流动性风险等进行监控。

汇丰集团不仅注重信贷风险管理，也非常注重市场风险和操作风险的防范。汇丰集团通过行政委员会核准风险限额的方式管理市场风险，并设立专门的市场风险管理组，负责制定风险管理政策及度量标准，每日审核风险限额的运用情况。汇丰集团每个经营地点的经营机构都核定了各自的风险限额，对每个投资组合也规定了最高风险限额。在决定限额水平时，主要考虑资产的市场变现能力，并根据一系列风险度量技术，如敏感度分析、VaR技术、压力测试、持仓限额等办法核定。对于衍生金融产品的管理，汇丰集团坚持稳健做法，只允许对衍生品具有足够专业知识、并拥有适当风险控制系统的办事处进行买卖交易。

对于外汇结构性风险，汇丰集团的首要管理宗旨是在可能范围内确保汇丰控股与各附属银行的一级资本在汇率变动下依然得到保障。通过及时评估汇率风险并相应调整风险资产的结构，减少频繁的对冲交易，保持集团整体风险水平的相对稳定。

对于利率风险，汇丰集团附属行均会进行自我评估，风险转由当地行的财务部门或资产负债管理委员会独立管理的账项进行管理。在管理利率风险过程中，会适时采用量化技术和模拟模式，确定和评估在不同利率环境下，利率状况对净利息收入和公司市值的潜在影响，使利率变动引致的净利息收入损失限定在可控范围内。

汇丰集团对于营运风险以监控防范为主。将操作流程以文件形式规定下来，并准允分支机构针对自身情况独立做出规定。集团的业务交易都必须经过账务核对和监察，并接受内部稽核部门的定期独立审查。汇丰集团各附属公司设有完善的风险管理程序监控营运风险，并准备诸多应变措施，应对意外情况的发生。同时，通过购买保险以减轻某些潜在营运风险可能造成的损失。

总之，汇丰集团保持了良好的信贷质量、严格的质量分类标准和充足的拨备计提，其全面风险管理的基本经验值得借鉴。

资料来源：百度文库，http：//www.wenku.baidu.com。

本章介绍商业银行全面风险的定义和种类、全面风险的识别方法以及如何进行全面风险管理，介绍巴塞尔协议与商业银行全面风险管理的关系。

第一节 商业银行全面风险管理概述

一、商业银行风险

（一）商业银行风险的定义

商业银行风险的定义包括广义和狭义两种。广义的商业银行风险是指商业银行在经营活动中，由于事前无法预料的不确定性因素的影响或者未来的实际情况变化与预期不相符，使得实际的收益与预期收益产生偏离，从而导致商业银行遭受经济损失或者丧失额外收益机会的可能性。狭义的商业银行风险仅指商业银行在经营中由于各种因素而招致经济损失的可能性，或者说是银行的资产和收入遭受损失的可能性。

准确理解商业银行风险定义的内涵必须把握以下几点：

1. 商业银行风险不同于商业银行损失。商业银行风险只是预示着商业银行在业务经营活动中遭受不利结果的可能性，而商业银行损失则是一种现实结果，两者不能混同。

2. 商业银行风险是一个动态的概念，随着经济形势的变化和银行自身的发展，商业银行风险所包含的内容也在不断变化。20 世纪 80 年代到 90 年代前，商业银行风险主要指单一风险，90 年代以后，商业银行风险则不仅指各种单一风险，还包含各种风险之间的关联性，即商业银行全面风险。

（二）商业银行风险的分类

1. 根据巴塞尔委员会的标准划分。巴塞尔银行监管委员会在《有效银行监管核心原则》文件中，将商业银行风险划分为八类：信用风险、市场风险、利率风险、流动性风险、操作风险、国家和转移风险、法律风险、声誉风险。其中，信用风险、市场风险、操作风险和流动性风险等四种风险是商业银行面临的最主要风险。

2. 根据风险的影响范围划分。根据风险的影响范围，可将商业银行风险分为系统性风险和非系统性风险。系统性风险是指由外部因素引起的，单个银行无法预测和控制的，对所有银行和银行的所有业务活动都产生影响的风险。非系统性风险是指和单个银行或者银行个别业务活动相联系的风险，由各种不确定性引起，不会对所有银行和银行业务都产生影响，不同的银行可以采取相应的措施来控制或消除。

3. 根据风险的性质划分。根据商业银行风险性质的不同，可分为静态风险和动态风险。静态风险主要是指自然灾害和意外事故带来的风险。动态风险主要是由银行的经营管理状况和市场资金需求变动或经济、金融体制改革等因素引起的风险。动态风险可能引起的后果是双重的，既可能给银行带来经济上的损失，也可能给银行带来额外收益，这种后果也是难以估计的。动态风险常常是可以规避的风险，银行在风险面前处于主动地位。

二、商业银行风险管理

（一）商业银行风险管理的定义

商业银行风险管理是指商业银行通过研究风险发生的规律，对风险进行识别和度量，利用风险管理技术进行风险预测和管理，从而达到控制风险和降低损失的过程。商业银行风险管理主要包括信用风险管理、市场风险管理、操作风险管理以及流动性风险管理等内容。商业银行风险管理贯穿于经营活动的全过程，每笔业务、每个项目投资的决策均应经过风险分析、风险评估，采取风险控制和财务风险处理，以减少或避免风险。由于商业银行经营环境处于不断变化过程中，所以风险管理也是动态的。

（二）商业银行全面风险管理

1. 全面风险管理（Enterprise - Wide Risk Management，ERM）。全面风险管理是2004年COSO（全美反欺诈财务报告委员会）正式颁布的《企业风险管理整合框架》中提出的一个概念，该框架认为“全面风险管理是一个动态过程。这个过程受董事会、管理层和其他人员的影响。这个过程从企业战略制定一直贯穿到企业的各项活动中，用于识别那些可能影响企业的潜在事件，将风险控制在企业的风险偏好之内，合理的确保企业取得既定的目标。”COSO全面风险管理框架包含三个维度，第一维度是企业目标（如战略、经营、报告和合规等类型）；第二维度是企业全面风险管理的要素（控制环境、目标设定、事项识别、风险评估、风险应对、控制活动、信息沟通、监控等要素）；第三维度则是企业的层级（主体、分部、业务单元等）。全面风险管理的中心理念是对整个机构内各层次业务单位、各类风险进行全面管理。

资料链接

COSO框架与全面风险管理的提出

在风险管理理论与内部控制理论的发展历程中，COSO做出了突出贡献。COSO是全美反欺诈财务报告委员会发起组织（Committee of Sponsoring Organizations）的简称，由美国注册会计师协会（AICPA）、美国会计学会（AAA）、国际财务经理协会（FEI）、内部审计师协会（IIA）和管理会计师协会（IMA）等5个组织于1985年发起设立。1992年， COSO

发布了《内部控制——整合框架》，成为内部控制领域的权威指引。2004年COSO委员会正式颁布《企业风险管理——整合框架》，提出全面风险管理理论（ERM框架）。

资料来源：作者根据相关资料整理。

2. 商业银行全面风险管理。银行全面风险管理是一个动态过程，通过识别出对银行具有潜在影响的所有风险事件，进而对这些风险事件进行全面管理，确保银行实现既定目标，将风险控制在银行风险偏好之内。全面风险管理要求商业银行对整个银行体系内面临的包括信用风险、市场风险、操作风险以及流动性风险等各种类型的风险以及各种风险的相关性进行综合考虑，并采用科学方法进行全面管理，而不仅仅是处理某种单一的风险。

商业银行全面风险管理包括三个方面的内容：一是结合银行业内在运行规律，借助外部监管和市场约束的力量，综合考虑各类风险之间的相关性及整体联系；二是通过科学的模型和精确的程序，对各部门、各层级涉及的风险进行标准化度量；三是以先进的网络信息管理技术为基础，建立功能强大的风险管理系统。

第二节 商业银行全面风险的识别与度量

一、商业银行全面风险识别的基本方法

（一）风险清单法

分析一个风险事件原因的最基本、最常用的方法是制作并分析风险清单的方法。全面风险清单不仅要列出银行经营中包含的所有潜在风险，并且要初步分析出这些风险之间的相关性。具体地说，就是采用类似于备忘录的形式，将银行面临的各种风险一一列举，并对这些风险进行整体考察，分析各种风险之间的相关程度。通过风险清单，可以将银行从潜在的风险因素到风险事故以及全面风险损失结果联系起来进行考察，从而达到分析全面风险的目的。

（二）头脑风暴法

头脑风暴法由美国创造学家A. F. 奥斯本于1939年首次提出、1953年正式发表的一种激发性思维的方法。可由一个小组集体进行或者由多人单独进行，通过参会人员的畅所欲言，把不同的意见在不受任何约束的情况下发表出来，然后再将参会人员的意见进行汇总。在这种方法下，意见小组一般都是由全面风险管理领域的专家组成，一般直接领导人通常不参加此类会议，否则在行政权力的约束下，某些意见可能会受到影响。另外，会议

的组织者和领导者需要具备较高的综合素质，能够简洁地概括本次会议所要讨论的风险话题。一些比较直接、目标明确的风险问题和可能引起风险的各种决策与方案适合运用这种方法讨论。

（三）德尔菲分析法

德尔菲法也称“专家调查法”，是在20世纪40年代由O. 赫尔姆和N. 达尔克首创，经过T. J. 戈尔登和兰德公司进一步发展而成。德尔菲法是一种采用通讯方式分别将所需解决的问题单独发送到各个专家手中，征询意见，然后回收汇总全部专家的意见，并整理出综合意见。随后将该综合意见和预测问题再分别反馈给专家，再次征询意见，各专家依据综合意见修改自己原有的意见，然后再汇总。这样经过多次反复，逐步取得比较一致的预测结果的决策方法。

（四）幕景分析法

幕景分析法是一种能识别关键因素及其影响的方法。一个幕景就是一项事业或组织未来某种状态的描述，可以在计算机上计算和显示，也可用图表曲线等简述。它研究当某种因素变化时，整体情况会怎样以及有什么危险发生，像一幕幕场景一样，供人们比较研究。幕景分析的结果大致分两类：一类是对未来某种状态的描述；另一类是描述一个发展过程，及未来若干年某种情况一系列的变化。它可以向决策者提供未来某种机会带来最好的、最可能发生的和最坏的前景，以及在三种不同情况下可能发生的事件和风险。

（五）风险图分析法

风险图分析法是商业银行全面风险识别的一种重要方法。一个银行的风险图应能描绘出银行全面风险的概貌，能指引金融机构现在所处的风险状态，能帮助金融机构管理者确定避免困境、获取机会的最佳途径。风险图是在全面风险管理框架下，全面认识商业银行所面临的风险以及银行对这些风险所具有的抵御能力所需要的一种重要的风险识别技术。

1. 风险图的作用。绘制风险图的目的是对银行的风险进行综合、系统的分析，能给银行管理者一个清晰、直观易解、全面的了解。其作用有：（1）有助于识别全面风险包含的单个风险并了解它们的内在联系；（2）有助于管理者了解风险发生的可能性、风险损失对银行的影响程度以及风险的严重性；（3）有助于比较分析和评价现行全面风险管理措施的优劣，从而选择最适合的方法和策略；（4）能显示经过全面风险管理策略和措施之后，银行所面临风险状况的变化趋势；（5）便于在管理者以及职员之间进行风险交流和传递风险管理信息及策略；（6）能为银行提供一个动态、明了的财务模型，其中包括所有可以对银行赢利能力产生影响的主要风险。

2. 风险图的绘制。可以用一张二维平面图来展现风险图，在这张图上设计重要的指标，将银行目前面临的各种重要风险置于合适的位置，图6－1就是风险识别图的一个例子。

目前，绘制风险图还没有统一的标准，根据银行的经营特点和分析风险目的的不同，可以设计不同的风险图。一般而言，风险图绘制步骤如下：

第一步，根据风险衡量指标对风险进行排序。最常用的风险衡量指标是损失程度和损

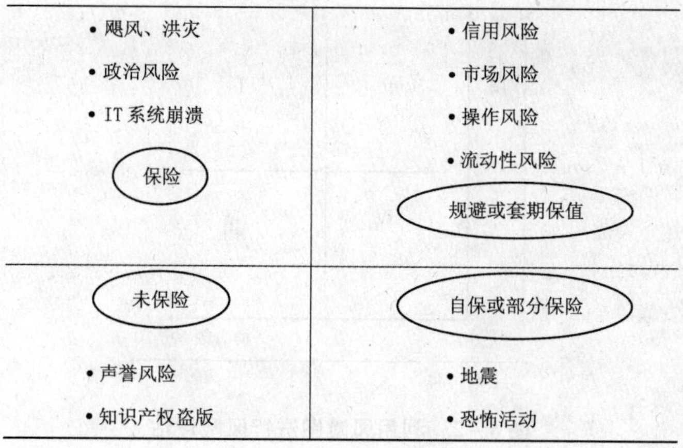

图6－1　风险识别图

失频率，根据不同风险类型的损失程度和损失频率的不同，把风险按大小进行排序，选出银行面临的重要风险。

第二步，对银行面临的重要风险进行分类。全面风险管理的本意是着眼于银行面临的所有风险，虽然实际中我们不可能真正顾及银行面临的所有风险，但也需要尽可能多地搜集风险样本。为了更清晰地了解银行的严重风险隐患，需要用一种自上而下或者树叉式的分析方式，将所考察的风险进行分类和罗列。

第三步，对银行确认的重要风险进行评估，主要包括定性评价和定量评估两种。定性评估主要采用描述方式，说明银行所面临的各种重要风险以及这些风险的危害、可以采取的风险管理措施等。定量分析是通过设定损失程度、损失频率、变动幅度或在险值等定量指标，对风险的严重性进行度量。

3. 利用风险图进行风险评估。在实践操作中，根据问题的大小和所考察对象的复杂性，风险图可能有不同的形式、不同的功能和作用。图6－2是一个二维坐标系，以损失频率为横轴、损失程度为纵轴，可以根据需要划分区域，简单的做法是划分为四个象限。风险损失对银行的影响大小依次排列应该为Ⅰ、Ⅱ、Ⅲ、Ⅳ。

• 位于第Ⅰ象限的风险具有这样的特点：（1）损失程度大，发生的概率大；（2）严重影响银行的生存和发展，需要进行重点处理与控制；（3）难以通过保险等方式转移，风险规避或控制是根本的选择。

• 位于第Ⅱ象限的风险具有这样的特点：（1）损失程度大，发生的概率小；（2）一旦这类风险变成现实，对银行的影响非常严重；（3）银行对这类风险的关注和重视程度仅次于第Ⅰ类；（4）可以采用风险转移方法，包括保险、合同转移或风险证券化，或者通过资本市场进行对冲等。地震、飓风、恐怖事件、政治动荡、金融风暴等造成的影响属于第Ⅱ象限。

• 位于第Ⅲ象限的风险发生概率大，但损失并不严重。银行面临的大多数风险都属于这种情形，实际上大约80%的风险都位于第Ⅲ和第Ⅳ象限，这些风险对银行影响并不严重，只需要银行采取恰当的措施进行处理就可以了。

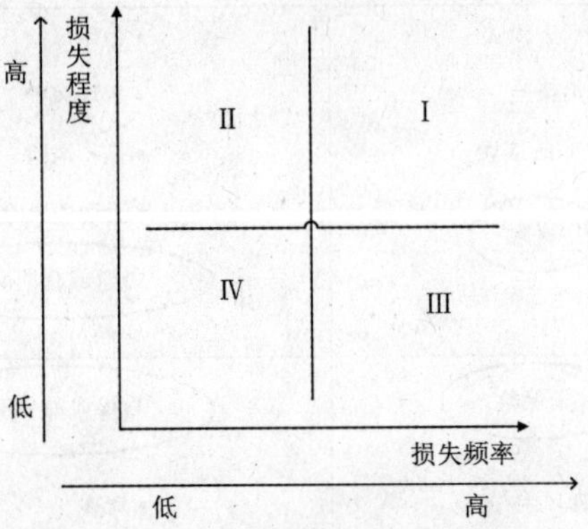

图6-2 利用风险图进行风险评估

• 银行没必要对第Ⅳ象限的风险进行关注和控制，除非预期这类风险会发生重大的改变，转换为更高级别的风险。

二、商业银行全面风险的度量

因为商业银行全面风险的度量是在其包含的各种风险度量方法的基础上发展起来的，并且新《巴塞尔资本协议》也倡导有条件的商业银行应尽早推进基于内部评级体系的高级风险度量法的实施，提高商业银行风险管理水平，所以商业银行全面风险的度量首先要对信用风险、市场风险、流动性风险及操作风险等进行度量。本节主要对基于这几种风险整合的商业银行全面风险的度量方法进行介绍。

在商业银行经营过程中，不同风险之间具有很明显的联动效应，因此商业银行的风险管理不能仅局限于单一风险的防范与管理，应建立全面风险防范的度量模型。作为商业银行面临的最主要的风险类型，市场风险、信用风险、操作风险和流动性风险这四种类型的分布形状是各不相同的，不能将风险进行简单的相加，可以先通过考查单一风险的边际分布特征，然后考虑风险间的相关性，将四种风险整合在一起，得到较合理的金融全面风险联合分布，据此将商业银行面临的全面风险计算度量出来。金融全面风险的联合分布可以通过 Copula 函数实现。Copula 函数是一种连接函数，不仅可以把各种风险的边际分布连接起来进行整合，还可以用以描述风险间分布的相关模式。目前，有效度量全面风险的常用方法就是基于 Copula 理论下的商业银行全面风险度量。

（一）商业银行全面风险相关性

对商业银行全面风险管理的核心是对市场风险、信用风险、操作风险和流动性风险的整合度量。可以通过建立一个多元分布模型来描述不同类型风险的联合分布，进而对风险进行整合度量，而不同分布之间的相关性是建立联合分布模型的关键，将不同类型的风险进行整合度量的研究还处于起步阶段。以下是一些常见的度量不同风险之间相关性的方法：

1. 概率值相关。对于任何风险分布性的描述，概率值表示法都是适用的。假设市场风险和信用风险分别用 A 和 B 来代表，式子 $P(B|A)=\dfrac{P(AB)}{P(A)}>P(B)$ 成立，则表明市

场风险 A 发生导致信用风险 B 的发生可能性变大了，也就是说市场风险 A 与信用风险 B 之间是一种正向的相关性。风险的相关性用概率来表示，具有对于变量单调增或减变换不变的优点，并且可以证明在理论上，概率相关性与相应的联合布函数有关，而与随机变量的边际分布无关。

2. 线性相关系数。线性相关系数是最经典的金融相关度量指标，但也存在一定的缺陷。比如，商业银行面临的各种风险的不对称、厚尾、非线性相关的问题，运用线性相关系数就不能进行准确的解释。特别是由于信用风险和操作风险的边际分布在大多数情形下二阶矩不存在且都是有偏的，因此，线性相关系数的应用受到很大约束。

3. 影响图相关。理解复杂问题可以通过影响图这种定性工具。影响图可以用于识别潜在重要的确定性来源，还可以识别导致风险发生的驱动因素和相关的因果关系，因此影响图分析方法在信用风险管理方面得到了较好的运用。可是对于风险发生时间、相关强度、即时性等特点，影响图是无法解释的，仅能指出风险间的因果关系以及相关关系，所以影响图只是评估风险相关性的一种定性分析方法。

4. 尾相关。四种主要风险损失分布的尾部特征是风险管理中考察的重点，所以度量金融数据的尾部相关性非常关键，深受学者和实务操作者的青睐。尾相关可以用来描述当某一风险发生的损失或频率超过某一阈值时，与之相关的某种风险的损失幅度或发生频率会如何变化。但是，尾相关归根到底还属于概率相关问题，求出的是一个概率值，因此，尾相关不能描述风险分布的相关模式等全部信息，仅能对风险的相关程度进行描述。

5. 秩相关。不依赖于矩思想，秩相关是基于顺序统计量的原理，可以计算出任何未知分布的秩相关统计量。Kendall's τ，Spearman's ρ 和中位数相关等指标是较为常见的秩相关统计量。其优势是：在非线性增变换下，秩相关系数可以保持不变。其劣势是：秩相关系数不是基于矩计算出来的，所以一些有用的数据信息被遗漏了。

6. 用 Copula 函数表示相关。虽然 Copula 函数并不是一种较新的函数，但其在商业银行全面风险相关性的度量方法上是新近提出的。这主要是由于各种风险间的相互作用本质上是动态相关的，而各种风险整体分布却非常难于刻画与描述，Copula 函数可以将不同分布的随机变量连接起来，是一种连接不同随机变量边际分布和相关结构的联合分布函数。Copula 函数在度量随机变量相关性的优越之处体现在通过利用包含于不同边际分布中的相关程度，并结合 Copula 函数表示的相关模式，可以捕捉各种随机变量的动态相关特征，这是通过时变的相关参数来完成的。因此可以通过 Copula 函数在对整体风险度量的过程中，进行更加深入细致的金融整体风险相关性的描述。

（二）银行全面风险度量指标

1. 敏感性指标。通过某种风险资产或资产组合对该种风险因子的敏感性来进行全面风险测量，首先必须确定影响风险资产价值变化的风险因子。设全面风险资产的价值为 p，用 $F_1, F_2, \cdots, F_n$ 表示各种风险因子。由于各种风险因子的变化将导致全面风险资产价值的变化，其计算公式为：

$$\Delta p = \sum_{t=1}^{n} D_t \cdot \Delta F_t \tag{6-1}$$

式中，D_t 为风险暴露，表示风险资产对该种风险因子的敏感性。D_t 主要用于测量资产价值变化随风险因子变化的百分数。

敏感性是在风险因子变化趋近于 0 时，假设该种风险资产价值与风险因子的变化呈线性关系的前提条件下进行的全面风险度量，因此，敏感性测度是一种局部测度，是一种线性近似。在这种条件下，对于敏感性可用 $D_t = \partial P / \partial F_t$ 来定义。

由于是在线性相关的假设前提下对风险进行度量，而线性近似并不能很好地描述资产价格变化的特点，也就是说，全面风险资产价格的变化不是每种风险因子变化的线性组合，因此，运用敏感性指标对全面风险进行度量有一定的缺陷；其次，风险因子的变化不是瞬时发生的，需要考虑时间因素。假设经过时间 Δt，资产价值变化可表示为：

$$\Delta p = A + \sum_{t=1}^{n} D_t \cdot \Delta F_t + \frac{1}{2} \sum_{t=1}^{n} C_t \cdot (\Delta F_t)^2 + \gamma \tag{6-2}$$

式中，每一种资产的特殊风险用 γ 表示；资产价值对风险因子的线性风险暴露和二次风险暴露则分别用 D_t 和 C_t 来表示。

2. VaR。VaR 是指在分析期间内，某项金融资产或证券组合在一定的置信水平下预期发生的最大可能损失值。用公式表示为：

$$prob(\Delta p > \mathrm{VaR}) = 1 - c \tag{6-3}$$

式中，Δp 为资产在分析期内的实际损失；VaR 为在一定置信水平下预期发生的最大可能损失值；c 为置信水平。

由于 VaR 指标在度量风险时存在许多缺陷，有些缺陷以目前计量技术的发展水平是无法弥补的，但是随着科学技术的进步，VaR 的有些缺陷可以通过某些方法进行弥补，从而形成一些新的指标，主要包括条件 VaR（CVaR）、期望亏空（ES）、尾部条件期望（TCE）、最坏条件期望（WCE）和谱风险度量（Spectral Risk Measures）等 5 个一致性风险度量指标。

基于 VaR 基础上改进的一致性风险度量指标，仍然是以 VaR 计算方法为核心理论，因此 VaR 仍是度量所有风险的基础指标，目前 VaR 方法是国际上衡量金融风险大小的使用最广泛的方法。

3. 用 Copula 函数对不同风险进行整合。Copula 函数能够很好地描述市场风险、信用风险、操作风险和流动性风险的分布特征，因此，在构造全面风险联合分布函数时，可以采用 Copula 函数进行描述。通过对边际分布和 Copula 函数形式的确定，将边际风险分布用确定的 Copula 函数连接，就可以构造银行全面风险的分布函数了。假设市场风险、信用风险、操作风险和流动性风险的收益分别用随机变量 X，Y，Z 和 W 表示。而四种风险的边际分布分别用 $F(x)$，$G(y)$，$H(Z)$，$L(W)$ 来表示，则基于 Copula 函数下的四种边际分布构成的联合分布函数就可以用下式描述：

$$F(X,Y,Z,W) = C(F(X),G(Y),H(Z),L(W)) \tag{6-4}$$

则风险组合的 VaR 可以由下式得到：

$$\begin{aligned} P(aX + bY + cZ + dW \geqslant \mathrm{VaR}_\alpha) &= \int_{aX+bY+cZ+dW \geqslant \mathrm{VaR}} dC(F(X),G(Y),H(Z),L(W)) \\ &= 1 - \alpha \end{aligned}$$

式中，市场风险、信用风险、操作风险和流动性风险在投资组合中的比重分别用 a，b,c,d 来表示，且有 $a+b+c+d=1$ 成立。在置信水平 α 下，VaR_α 为指定值。在 Sklar 定理中，若 $F(\cdot),G(\cdot),H(\cdot),L(\cdot)$ 是连续的，则函数 $C(\cdot)$ 是唯一的。

因此，商业银行只要将面临的市场风险、信用风险、操作风险和流动性风险的边际分布确定了，并且选择合适的风险之间相关性的连接函数，就可以对商业银行的整体风险进行度量，从而计算相应的风险值 VaR。

从单一到多样、从简单到复杂，是商业银行面临的风险变化的主要特征，因此，未来商业银行的主要任务就是加强对全面风险的管理。在度量商业银行全面风险时引入 Copula 函数的研究在中国具有借鉴意义。

第三节 商业银行全面风险管理

一、商业银行全面风险的内部管理

（一）商业银行全面风险的内部控制

全面风险内部控制是指商业银行在全面风险识别和度量的基础上，根据全面风险性质和商业银行对整体风险的承受能力，对全面风险所包含的不同类型、不同程度的风险，采取恰当的应对策略对整体风险进行控制的过程。

全面风险管理方法主要包括以下几种：

1. 全面风险控制。全面风险控制就是规避风险、防范风险、减少损失、增进收益、改善银行价值所使用的技术、工具、过程和行为。风险规避是指商业银行拒绝或退出某一业务或市场，以避免承担该业务或市场具有的风险。全面风险规避主要是指对于包含于全面风险之中的单一风险的规避，因为全面风险是由单一风险构成的，单一风险的规避结果是全面风险的降低。对于那些风险大、损失程度大且不属于商业银行管理优势的风险可以采取这种策略，这是一种消极的风险管理策略。

2. 保险。银行全面风险的保险形式包括有限风险保险和再保险。有限风险保险实质上是集风险转移和风险融资于一体，将保险和财务融资相结合的一种风险融资计划，它强调的是时间价值，规避的是时间风险。商业银行通过投保，将整体风险转移给承保人。这种保单通常提供多年的保障，并根据保险期内所缴纳的保险费提供相应水平的保障，可以在保单有限风险条件下进行融资。当发生风险损失时，承保人按照保险合同的约定责任给予被保险人经济补偿。

3. 套期保值和对冲技术。套期保值和对冲技术主要是指通过投资或购买与标的资产收益波动负相关的某种资产或期货、期权、互换等现代金融衍生工具，来冲销标的资产潜在的风险损失的一种风险管理策略。套期保值和对冲技术是规避和对冲银行资产风险的主要手段。根据商业银行面临的风险特征，对冲技术可以分为两种情况：自我对冲和市场对冲。商业银行利用资产负债表或某些具有收益负相关性质的业务组合来对冲风险的是自我对冲，而无法通过资产负债表和相关业务调整进行自我对冲的风险必须通过衍生产品市场进行风险对冲的是市场对冲。

4. 风险证券化。风险证券化指对于在一定时间区间内发生的不确定、但在总体上具有某种确定的事件，将其作为保险标的，通过出售与之相对应的证券化的金融产品以分散这种风险的金融手段。风险证券化是20世纪90年代发展起来的创新风险融资形式，越来越受到商业银行的重视与应用。

（二）商业银行要建立完善的公司治理结构

完善公司治理结构是建立现代企业制度的前提，是提高银行的发展能力、竞争能力和抗风险能力的根本。要在董事会下设立专门的风险管理部门，将各种风险进行统一管理，提高全面风险管理效率。提高商业银行风险管理水平的关键是构建完整独立的整体管理体系。首先，要培育先进的全员全面风险管理文化，将全面风险管理理念植入银行每一个员工的思想中去；其次，对全面风险的管理要建立在独立而权威的管理部门基础之上予以实现；最后，实现对各类风险全面管理必须运用科学的风险管理模式。

（三）商业银行全面风险的处置与补偿

商业银行全面风险处置与补偿是指商业银行在整体风险发生导致损失形成后进行的事后处置和补偿过程。一般来说，商业银行的预期损失主要是用提取的风险拨备来补偿，而非预期损失主要是用资本来补偿。“资本是抵御风险的最后一道防线”指的就是这个补偿机制。商业银行全面风险管理的主要目的之一是通过对全面风险的度量，降低商业银行拨备的经济资本，以达到资本的有效配置。全面风险并不等于单一风险的简单加总，其拨备的经济资本要小于单一风险拨备的经济资本之和，这也是为什么要对风险进行整体研究的原因之一。

另外，商业银行可以将全面风险拨备的经济资本作为一个“资金池”来管理，这样不仅可以减少经济资本的管理成本，最重要的是可以通过“资金池”的运作模式降低商业银行拨备的经济资本。因为不同类型风险的经济资本之和远大于全面风险的经济资本，如果从整体的角度管理不同风险的经济资本，就能用较少的拨备经济资本获得更大的经济收益。当然，经济资本的“资金池”运作模式并不是一朝一夕就能够实现的，还需要完备的内部管理制度的配合。

分析案例

瑞银“未授权交易”导致23亿美元损失

2011年9月15日，瑞银（UBS）投资银行部门交易员阿多波里进行的一项“未经授权的交易”，对其造成20亿美元的损失，消息传出后UBS股价应声下跌。UBS在当日声明中表示，客户头寸未受影响，但对第三季度业绩的具体影响还不确定。同时，国际评级机构穆迪、标准普尔已将瑞银列入负面观察名单，今后有可能下调其信用评级。9月18日，UBS发表声明，将阿多波里过去3个月“未经授权”在各种股指期货交易中造成的损失额从案发时披露的20亿美元调高到23亿美元。阿多波里的总投注额约达5倍，建立了接近100亿美元的交易头寸。事发后，瑞银当即组织资深交易员对阿多波里的交易迅速进行平仓，由于急于出售和对冲大额交易头寸而造成的损失增加3亿美元。

无独有偶，2006年1月至2007年12月间，四名UBS员工在未获授权的情况下，动用逾39个客户账户，进行包括外汇及贵金属交易在内的多项交易，每天至少操作50次未授权交易。2009年，UBS因此被英国金融监理署重罚800万英镑，创下第三高的罚款纪录。这些交易之所以得以实现，是由于UBS内控上的一个漏洞使员工可以在下单完成的24小时后再说明交易所代表的账户；此外，员工还可以把一批交易打包成一笔交易，取“平均”价格，从而隐瞒单笔交易的结果。

资料来源：百度文库，http：//www. wenku. baidu. com。

思考问题：

（1）风险产生的根源。

（2）该案例对国内商业银行的启示。

二、商业银行全面风险的外部管理

商业银行在进行全面风险防范与化解的过程中，不仅要从银行内部进行控制，还要以外部防范措施为依托，形成内外兼顾的商业银行整体风险防范体系。

（一）商业银行全面风险防范的外部措施

1. 完善全面风险管理监督机制。商业银行必须加强对商业银行全面风险管理流程实施的外部监督，以促进商业银行全面风险管理的顺利实施。商业银行应重点关注重大风险、重大事件和重大决策、重要管理及业务流程对商业银行造成的影响，对全面风险的初始识别与评估、全面风险度量、全面风险管理和关键控制活动及解决方案的实施情况进行监督，实时关注全面风险变动趋势，采用多种方法对全面风险管理的有效性进行检验，积累相关经验，并及时对全面风险的度量方法加以改进。

2. 建立规范的信息披露制度。建立信息披露制度是市场约束的前提。银行的信息披露涉及银行经营管理的所有方面，在披露的信息中，风险具有关键性地位。商业银行整体风险所包含的多种类型的风险信息不仅是信息最为基本的内容，而且详细的控制风险的内部制度建设等方面的内容也应在信息披露中体现。通过董事会、高级管理层、经营管理部门等多个层次的分工合作才能实现风险信息披露的不断完善。此外，商业银行在信息披露的同时，还应整合风险、市场风险和操作风险等常规风险数据，多渠道搜集风险数据，建立全面数据库。

3. 建立完善的全面风险审计制度。商业银行审计体系包括内部审计和外部审计。内部审计作为一项独立、客观公正的约束与评价机制，在强化全面风险管理过程中发挥着重要作用。内部审计部门应当定期对整体风险管理体系各个组成部环节的准确性、可靠性、充分性和有效性进行独立的审查和评价。商业银行也要重视外部审计的作用。目前，外部审计机构会在年度审计报告中提供风险管理评估报告。未来，外部审计机构在提供风险管理评估报告的同时，应对于全面风险管理的评估内容，完善商业银行对全面风险的审计制度，这有助业银行良好运营，满足外部监管者和投资者的需求。

（二）商业银行全面风险外部监管方式

1. 全面风险交流。全面风险交流就是通过一种信息传导机制，将有关风险管理方面的重要信息，包括全面风险的隐患、危害性、损失防范与控制措施等，在相关人员之间进行传递、交流，以达成协调一致、共同控制风险的目的。风险的交流不是单向的，而是一种交互式的过程，它不但渗透全面风险管理过程中的每个环节，也要求一种双向的、互动式的交流机制。专家要将全面风险的隐患、危害性、防范与控制措施等事项让内部及外部人员了解、领会，也要让各相关部门将自己对全面风险的认识、困惑以及控制全面风险的需求反映给职能部门。

2. 全面风险的考核与调整。考核和评价主要针对全面风险管理计划的合理性、实施过程的有效性，以便根据环境的变化和效果的好坏进行适当修正，以改善全面风险管理水平。科学的全面风险管理过程不是一成不变的，是动态的过程。银行应根据环境的变化，根据全面风险管理效果的评价结果及时进行调整和修改，以达到最佳的全面风险管理效果。

第四节 巴塞尔协议与商业银行全面风险管理

一、"巴塞尔协议 I"

（一）"巴塞尔协议 I"的产生

1975 年 2 月，十国集团（G10）的中央银行成立了巴塞尔委员会（Basel Committee），初步为各国一起讨论银行监管问题、发布监管原则和建议提供了平台。1975 年 9 月，巴塞尔委员会发布了成立以来的第一份巴塞尔协议，即《银行海外机构监管原则》。这份协议主要针对当时跨国商业银行缺乏有效监管的事实，强调了任何银行的海外机构都必须接受监管，商业银行的母国和东道国都应该负起监管责任。由于各成员国的商业银行监管标准存在差异，同时母国和东道国的监管责任难于明确区分，巴塞尔协议于 1983 年进行了修订。

1988 年 7 月，巴塞尔委员会颁布了《统一资本计量和资本标准的国际协议》（后称《巴塞尔协议 I》）。该协议制定了关于监管商业银行信用风险的最低资本标准，规定了银行资本与银行资产的监管比例为 8%，还列出了资本分类以及风险权重等计算标准，要求其成员国商业银行照此对银行进行风险监管。自此以后，国际银行监管机构普遍统一了对商业银行资产分类和相关风险权重的认识，对商业银行风险的监管有了统一标准。

（二）“巴塞尔协议Ⅰ”的主要内容

1. 资本的构成。银行的资本组成分为核心资本和附属资本两部分，核心资本又叫“一级资本”，包括股本和公开准备金，这部分资本至少占银行全部资本的50%；附属资本又叫“二级资本”，包括未公开储备、重估储备、普通准备金和普通呆账准备金、有债务属性的资本工具、长期次级债务等。附属资本作为资本基础的第二档，不能超过核心资本。巴塞尔委员会还明确了从一级资本和总资本中的扣除项。

2. 风险权重的计算标准。

（1）表内项目（BS）。“巴塞尔协议Ⅰ”根据资产类别、性质以及债务主体的不同，将银行资产负债表的表内项目划分为0%、20%、50%和100%四个风险档次（见表6－1）。划分风险权重的目的是为衡量资本标准服务，有了划分资产风险级别的风险权重后，商业银行就可以对资本充足率进行计算，报告所确定的资本对风险资产8%（其中，核心资本占风险资产的比重不低于4%）的标准目标比率才具有实实在在的意义，从而对银行资本的监管更加科学和客观。可见，资本分类是“巴塞尔协议Ⅰ”的核心内容。因此，该协议后来被直接称作“资本充足率协议”。表内项目信用风险资本要求定义为：

$$CRC(BS) = 8\% \times (\text{风险}-\text{加权资产}) = 8\% \times (\sum_i W_i \times \text{名义值}_i) \qquad (6-5)$$

式中，W_i 为资产 i 的风险权重。

表6－1　不同类别资产的风险资本权重

权重	资产类别
0%	现金持有、经济合作与发展组织成员国（OECD）中央政府的债券、以本国货币融资的中央政府的债权
20%	应收现金、OECD成员国注册的银行及受监管的证券机构的债权、非OECD国家注册的银行剩余期限低于1年的债权、多边开发银行的债权、非本国的OECD成员国公共机构的债权
50%	住宅抵押贷款
100%	私人部门的债权（公司债券、股票等）、非OECD国家注册的银行剩余期限大于1年的债权、不动产、厂房和设备

（2）表外项目（OBS）。为了计算表外项目的风险要求，“巴塞尔协议Ⅰ”通过一个信用风险换算系数计算出表外项目等价于贷款名义额的“信用风险暴露”。根据信用风险换算系数把表外资产划分为四级，见表6－2。

表6－2　不同类别表外资产的风险资本权重

权重	资产类别
0%	期限1年以内或者任何时候可以无条件取消的承诺
20%	与交易相关的短期自偿性负债（如以基础货物为担保的跟单信用证）

续表

权重	资产类别
50%	与交易相关的或有项目（如特定交易相联系的履约保证或商业信用证）、票据发行便利（NIF）、期限大于1年的承诺（如信用赊账）
100%	贷款的替代工具（如债务担保、银行承兑票据、为贷款和有价证券担保的备用信用证）

对于其他衍生品，如外汇、利率、股票和商品的互换、远期以及期权，因为其头寸暴露比较复杂，“巴塞尔协议Ⅰ”通过加总当前的净重置价值和一个附加价值来计算衍生工具的信用风险暴露。

二、“巴塞尔协议Ⅱ”

（一）“巴塞尔协议Ⅱ”的产生

随着世界经济一体化、金融国际化浪潮的涌动，金融领域的竞争，尤其是跨国银行间的竞争日趋激烈，金融创新日新月异，使银行业务趋于多样化和复杂化，银行经营的国内、国际环境及经营条件发生了巨大变化，银行规避管制的水平和能力也大为提高。这使1988年制定的“巴塞尔协议Ⅰ”难以解决银行实践中出现的诸多新情况、新问题。为应对这些挑战，1991—2004年，巴塞尔委员会对“巴塞尔协议Ⅰ”进行了长时期、大面积的修改与补充。2004年6月，巴塞尔委员会正式发布《统一资本计量和资本标准的国际协议：修订框架》，即新《巴塞尔资本协议》或称“巴塞尔协议Ⅱ”。

（二）“巴塞尔协议Ⅱ”的三大支柱

“巴塞尔协议Ⅱ”的宗旨是确保银行有充足的资本，同时鼓励最优的风险管理实践，从而进一步加强银行体系总体的稳定性。它沿袭了“巴塞尔协议Ⅰ”中以资本充足率为监管核心的基本思想，同时提出以相互呼应的“三大支柱”为基础，使银行监管机构和商业银行自身能够更加准确地估计所面临的潜在风险。这三大支柱包括最低资本金要求、监管审查程序和市场自律要求，框架如图6-3所示。

1. 第一大支柱：最低资本要求。最低资本充足率要求仍然是新《巴塞尔资本协议》的重点。该部分涉及与信用风险、市场风险及操作风险有关的最低总资本要求的计算问题。最低资本要求由三个基本要素构成：受规章限制的资本的定义、风险加权资产以及资本对风险加权资产的最小比率。其中，有关资本的定义和8%的最低资本比率没有发生变化。但对风险加权资产的计算问题，该协议在原来只考虑信用风险的基础上，进一步考虑了市场风险和操作风险。总的风险加权资产等于由信用风险计算出来的风险加权资产，再加上根据市场风险和操作风险计算出来的风险加权资产。

2. 第二大支柱：监管部门的监督检查。监管部门的监督检查是为了确保各银行建立起合理有效的内部评估程序，用于判断其面临的风险状况，并以此为基础，对其资本是否充足做出评估。监管当局要对银行的风险管理和化解状况、不同风险间相互关系的处理情况、所处市场的性质、收益的有效性和可靠性等因素进行监督检查，以全面判断该银行的资本是否充足。

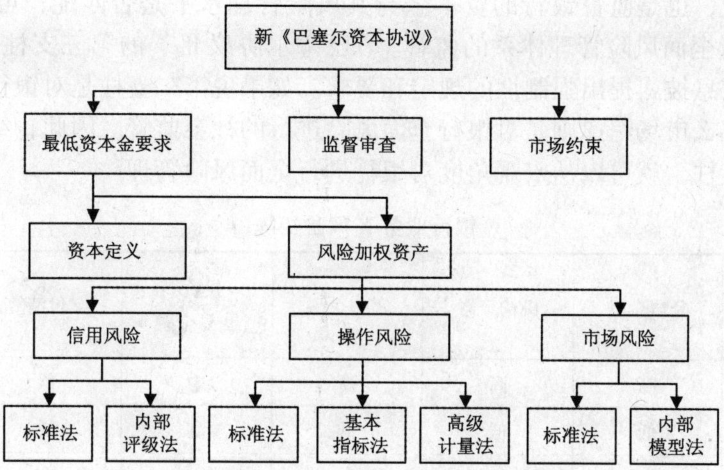

图 6-3 新《巴塞尔资本协议》基本框架

3. 第三大支柱：市场约束。市场约束的核心是信息披露。市场约束的有效性，直接取决于信息披露制度的健全程度。只有建立健全的银行业信息披露制度，各市场参与者才可能估计银行的风险管理状况和清偿能力。新《巴塞尔资本协议》指出，市场纪律具有强化资本监管、提高金融体系安全性和稳定性的潜在作用，并在应用范围、资本构成、风险披露的评估和管理过程、资本充足率等四个方面提出了定性和定量的信息披露要求。对于一般银行，要求每半年进行一次信息披露；对那些在金融市场上活跃的大型银行，要求它们每季度进行一次信息披露；对于市场风险，在每次重大事件发生之后都要进行相关的信息披露。

（三）“巴塞尔协议Ⅱ”与银行全面风险管理

1. “巴塞尔协议Ⅱ”对商业银行实施全面风险管理的微观要求。“巴塞尔协议Ⅱ”对全面风险管理的微观要求，是指“巴塞尔协议Ⅱ”规定了商业银行如何全面管理“银行业务 X 风险矩阵”中各类风险。“巴塞尔协议Ⅱ”对银行风险的识别、计量、控制等各环节均提出了明确要求。由于“巴塞尔协议Ⅱ”中银行的微观全面风险管理内容非常广泛和具体，有利于银行建立全面风险管理体系。

银行业务 X 风险矩阵是摩根银行 1988 年推出的。在这个矩阵中，横坐标指的是银行的业务类型，纵坐标是风险类型，某一个矩阵的元素可以清晰地显示出某一种银行业务和特定风险的相关性，这个 X 矩阵可以让银行经营管理人员清楚地了解某一种业务处于何种风险高低状态，如表 6-3 所示。

2. “巴塞尔协议Ⅱ”对商业银行实施全面风险管理的宏观要求。在“巴塞尔资本协议Ⅰ”中，资本充足率监管是主要内容，要求监管部门实施对银行的最低资本充足率的监管。“巴塞尔协议Ⅱ”全面继承了“巴塞尔协议Ⅰ”的精神，继续延续以资本充足率为重点。第一支柱的主要内容是资本充足率要求，计算资本充足率时要求考虑银行的全面风险。因此，“巴塞尔协议Ⅱ”的第一支柱——最低资本要求是对银行全面风险状况的监管。“巴塞尔协议Ⅱ”增加的第二支柱——监管当局的监督检查，既是监督银行的资本金是否与风险匹配，也是监督银行的资本金与其风险管理水平是否匹配，可见“巴塞尔协议Ⅱ”是对银行全面风险管理体系的监管。“巴塞尔协议Ⅱ”的第三支柱——市场约束，对银行的公开信息披露提出强制性的规定和要求。如果说第二支柱是对银行全面风险进行的行业监管，那么市场纪律则是对银行全面风险进行的社会监管。因此，结合运用巴塞尔协议Ⅱ的三大支柱，就可以从宏观角度对银行进行全面风险管理。

表 6－3　　银行业务 X 风险矩阵

业务种类 / 风险性质	公司金融	机构金融	零售金融	投资/交易金融	支付清算	委托代理/资产管理
信用风险	高	高	高	中	低	低
市场风险	低	低	低	高	低	低
操作风险	低	低	高	中	高	高

三、“巴塞尔协议Ⅲ”

（一）“巴塞尔协议Ⅲ”的产生

美国次贷危机的爆发和最后演变成为世界范围的金融危机，暴露了金融监管的漏洞，作为国际银行业监管基础的“巴塞尔协议Ⅱ”也因监管标准的顺周期性和监管要求的风险覆盖能力不足而面临实质性调整的需要。

资料链接

“巴塞尔协议Ⅲ”相关文件清单

时间	协　议
2006. 06	《统一资本计量和资本标准的国际协议：修订框架》
2009. 12	《增强银行体系稳健性》
2009. 12	《流动性风险计量标准和监管的国际框架》
2010. 07	《反周期资本缓冲建议》
2010. 07	《巴塞尔委员会决议委员会对资本和流动性改革的决议》
2010. 08	《增强的资本和流动性要求的过渡对宏观经济的影响的评估》
2010. 08	《关于确保监管资本非可行性吸收损失的能力的建议》
2010. 08	《加强金融体系：进行成本与收益的对比》
2010. 08	《巴塞尔委员会决议委员会宣布更高的全球最低资本要求》
2010. 08	《巴塞尔协议Ⅲ：迈向一个更安全的金融体系》

资料来源：作者根据相关资料整理。

为建立更加可靠的全球银行体系，提高银行抵御金融震荡和经济波动的能力，巴塞尔委员会于金融危机后开始提出了一系列改革措施和文件，以求补充和完善“巴塞尔协议Ⅱ”。巴塞尔银行监管委员会于2010年11月在韩国首都首尔举行的二十国集团领导人（G20）峰会上批准了“巴塞尔协议Ⅲ”，并发布了最终定稿。

（二）“巴塞尔协议Ⅲ”的主要内容

“巴塞尔协议Ⅲ”的主要内容包括提出新的资本标准及过渡期安排，并从六个具体方面对目前的银行风险管理框架进行了补充和完善。

1. 加强资本框架并明确资本定义。普通股比例成为重要的资本管理指标。根据“巴塞尔协议Ⅲ”，最低普通股要求从2%提升至4.5%，此外，银行还需要计提2.5%的资本留存超额资本来抵御未来可能存在的经济下行压力，这使得对普通股的总体要求达到了7%。

一级资本定义修改后，其主要形式必须是普通股和留存收益，且普通股必须满足一套合格标准才能被计入一级资本。少数股东权益将不能被计入核心资本的普通股部分。某些具有创新特征的资本工具，如股利递增机制将逐步被取消。除普通股之外，满足一定标准的资本可计入其他持续经营下的资本。二级资本被简化，只有一套二级资本的合格标准，其他子类别将被取消。巴塞尔委员会规定了二级资本的最低标准，同时取消了二级资本不能超过一级资本的限制。同时取消三级资本，以保证抵补市场风险的资本质量等同于抵补信用风险和操作风险的资本质量。新定义的一级资本、二级资本标准和调整项标准都将显著提高资本质量及数量的要求。

资料链接

“巴塞尔协议Ⅲ”关于资本框架的校准——最低要求建议

	普通股（扣除扣减项后）	一级资本	总资本
最低资本要求	4.5%	6%	8%
资本留存缓冲	2.5%		
最低资本要求与资本缓冲要求之和	7%	8.5%	10.5%
逆周期资本缓冲*	0~2.5%		

资料来源：作者根据相关资料整理。

说明：*普通股或其他具有充分吸收损失能力的资本。

2. 扩大风险覆盖范围，并加强交易对手信用风险管理。交易对手信用风险是指在一项交易的现金流最终结算前该交易对手出现违约的风险。鉴于市场波动带来的风险和交易对手风险管理上的缺陷，巴塞尔委员会采取的措施包括：使用压力情景估计的参数计算有效预期正暴露（EPE）以覆盖广义错向风险，以此确定交易对手违约风险的资本要求；使用“交易对手暴露等价债券法”（Bond Equivalent Approach）来捕捉信用估值调整（CVA）风险，以此提出附加资本要求；大型金融机构计算风险暴露相关性时使用1.25的资产价值相关性乘数；提出延长风险保证金期限、压力测试和返回检验新要求等。加强交易对手信用风险的监管，以减少金融机构之间通过衍生品和其他金融渠道带来的风险传染。

3. 引进并更新整体杠杆比率。巴塞尔委员会提议引入以计量为基础的杠杆比率（未经风险调整），在第一支柱的资本充足率框架下，完善以风险为基础的最低资本要求。杠杆率的计算方法较为简单，为总暴露和资本的比例。资本应是高质量的，并且是在扣减无形资产和经过其他调整之后的，一般采用普通股或一级资本。总暴露应覆盖表内外所有风险暴露。其定义公式为：

$$\text{杠杆率}=\frac{\text{一级资本}}{\text{表内资产}+\text{表外风险暴露}} \tag{6-6}$$

4. 建立前瞻性的拨备、资本留存及反周期超额资本。“巴塞尔协议Ⅲ”倡导银行采用更具前瞻性的拨备，并推动会计准则中拨备计提方法向预期损失方法方向演进。

关于资本留存，“巴塞尔协议Ⅲ”提出了资本留存的最佳实践。银行留存利润的比例应取决于银行的资本状况超出最低监管标准部分的多少。此外，“巴塞尔协议Ⅲ”要求建立与信贷指标挂钩的超额资本要求。

5. 提出超额资本、应急资本以降低系统性风险。“巴塞尔协议Ⅲ”引出了系统性风险管理的要求，但未明确具体内容。巴塞尔委员会将评估对具有系统重要性影响的银行计提额外资本要求的利弊，并考虑将额外的流动性要求和其他监管工具作为政策备选工具，通过引入应急资本和系统性附加资本的要求来应对系统性风险。目前，巴塞尔委员会和金融稳定委员会正在发展出一套适用于系统重要性银行（SIB）的方法，覆盖超额资本、应急资本和自救计划。

6. 新流动性风险监管标准。巴塞尔委员会发布的《流动性风险管理和监管稳健原则》从五个方面提出了流动性风险管理的原则，包括基本原则、流动性风险治理结构、流动性风险度量和管理、信息披露和监管者的角色。“巴塞尔协议Ⅲ”对流动性的监管要求主要是提出了衡量短期流动性比率指标的流动性覆盖率（LCR）和衡量中长期流动性比率指标的净稳定融资比率（NSFR）。这两个监管指标是加强流动性风险管理的核心指标，具有独立但互补的流动性功能。其计算公式如下：

$$LCR=\frac{\text{高流动性资产储备}}{\text{未来 30 日的资金净流出量}}\geqslant 100\% \tag{6-7}$$

$$NSFR=\frac{\text{可供使用的稳定资金}}{\text{业务所需的稳定资金}}\geqslant 100\% \tag{6-8}$$

资料链接

“巴塞尔协议Ⅲ”阶段性实施安排

指标＼时间	2011	2012	2013	2014	2015	2016	2017	2018	2019
杠杆率	监管监测期		过渡期为2013年1月1日至2017年1月1日 从2015年1月1日开始披露					纳入第一支柱	

续表

时间 指标	2011	2012	2013	2014	2015	2016	2017	2018	2019
普通股充足率最低要求			3.5%	4.0%	4.5%	4.5%	4.5%	4.5%	4.5%
资本留存缓冲最低要求						0.63%	1.25%	1.88%	2.5%
普通股充足率加资本留存缓冲最低要求			3.5%	4.0%	4.5%	5.13%	5.75%	6.38%	7.0%
扣减项的过渡期				20%	40%	60%	80%	100%	100%
一级资本充足率最低要求			4.5%	5.5%	6.0%	6.0%	6.0%	6.0%	6.0%
总资本充足率最低要求			8.0%	8.0%	8.0%	8.0%	8.0%	8.0%	8.0%
总资本充足率加资本留存缓冲的最低要求			8.0%	8.0%	8.0%	8.625%	9.25%	9.875%	10.5%
不符合新资本定义的资本工具	从2013年1月1日起分10年逐步剔除								
流动性覆盖比率（LCR）	开始检测				开始实施				
净稳定融资比率（NSFR）		开始监测						开始实施	

资料来源：作者根据相关资料整理。

说明：所有数据都是从每年1月1日起。

【复习与思考】

一、关键概念

全面风险管理（ERM）	风险清单	德尔菲分析法
头脑风暴法	幕景分析法	尾相关
秩相关	Copula函数	风险证券化
VaR	巴塞尔协议	X风险矩阵

流动性覆盖率(LCR)　　　　净稳定融资比率（NSFR)

二、思考题

1. 如何准确理解商业银行全面风险管理?
2. 商业银行全面风险的识别方法有哪些?
3. 商业银行全面风险度量的方法有哪些?
4. 商业银行应该如何进行有效的全面风险管理?
5. 简述“巴塞尔协议Ⅱ”的三大支柱。
6. 简述“巴塞尔协议Ⅲ”的主要内容。
7. 简述主要国家监管当局对商业银行的监管内容。

三、思考案例

我国《商业银行资本管理办法（试行)》

2012年6月8日，我国银监会发布了《商业银行资本管理办法(试行)》(以下简称《资本办法》)。《资本办法》已于2013年1月1日起实施。《资本办法》也被理解为是中国版的“巴塞尔协议Ⅲ”，其主要内容如下:

一、资本充足率监管体系

《资本办法》将商业银行资本充足率监管要求分为四个层次：第一层次为最低资本要求，即核心一级资本充足率、一级资本充足率和资本充足率分别为5%、6%和8%；第二层次为储备资本要求和逆周期资本要求，分别为2.5%和0~2.5%；第三层次为系统重要性银行附加资本要求，为1%；第四层次为根据单家银行风险状况提出的第二支柱资本要求。《资本办法》实施后，我国大型银行和中小银行的资本充足率监管要求分别为11.5%和10.5%，符合“巴塞尔协议Ⅲ”最低监管标准，并与国内现行监管要求保持一致。多层次的监管资本要求既符合“巴塞尔协议Ⅲ”确定的资本监管新要求，又增强了资本监管的审慎性和灵活性，确保资本充分覆盖国内银行面临的系统性风险和个体风险。

二、资本定义

《资本办法》按照“巴塞尔协议Ⅲ”的最新要求，明确了各类资本工具的合格标准和资本调整项目，特别是强化了对各类资本工具的损失吸收能力的要求；同时适度放松了国内现行规则中比“巴塞尔协议Ⅲ”严格的资本扣除规定。为缓解商业银行补充资本的压力，《资本办法》允许商业银行在并行期内将更多超额贷款损失准备计入二级资本，并对国内银行已发行的不合格资本工具给予10年过渡期。

三、资本覆盖风险范围

按照巴塞尔委员会的统一规定，《资本办法》扩大了资本覆盖风险的范围，不仅包括信用风险和市场风险，也将操作风险纳入资本监管框架；同时明确了资产证券化、场外衍生品等复杂交易性业务的资本监管规则，引导国内银行审慎开展金融创新。

四、分类监管

《资本办法》对商业银行分类标准和分类方法进行了较大修改，依据资本充足水平，将商业银行分为四类，分别为：第一类银行（满足全部四个层次资本监管要求的银行）；第二类银行［满足前三个层次资本要求（最低资本要求、超额资本要求和附加资本要求），但未达到第四个层次资本要求（第二支柱资本要求）银行］；第三类银行［仅达到第一个层次资本要求（最低资本要求），但未满足其他三个层次资本要求（超额资本要求、附加资本要求和第二支柱资本要求）的银行］；第四类银行（未达到最低资本要求的银行）。《资本办法》还明确了随着资本充足率水平下降，监管力度不断增强的一整套监管措施。《资本办法》实施后，商业银行若不能达到最低资本要求，将被视为严重违规和重大风险事件，银监会将采取严厉的监管措施。新的分类标准标志着我国资本监管的重点将转向达到最低资本要求、但未满足全部监管资本要求的商业银行。

五、过渡期安排

根据国内银行资本充足率水平，并考虑资本监管对信贷供给和经济发展的影响，《资本办法》设定了6年的资本充足率达标过渡期。商业银行应于2018年底前全面达到相关资本监管要求，并鼓励有条件的银行提前达标。过渡期内，未达标的银行将制定并实施分阶段达标规划，银监会将根据银行达标规划的实施进展，采取相应监管措施，而不是硬性要求在《资本办法》开始实施时就立即达标。

资料来源：中国银监会网站，http：//www.cbrc.gov.cn。

案例思考：请根据上述内容分析我国发布《商业银行资本管理办法（试行）》的意义。

第七章 股票市场风险管理

【导入案例】

1987年10月19日股灾

1987年纽约股市经过夏季连创新高后，在10月16日（星期五）下跌逾91点（约5%）。但因时差，美国东岸时间较其他各主要金融市场迟开市，当纽约股市暴跌时，其他市场已休市，并未被波及，甚至与纽约股市同步的多伦多股市也未受影响。香港时间10月19日（星期一）早上10时，香港股市准时开市，恒生指数一开市即受纽约股市影响恐慌性下泻120点，全日收市共下跌420.81点（超过10%），收市报3 362.39，各月份期指均下跌超过300点跌停板。受香港股市暴跌影响，各亚太地区股市全面下泻，并如多米诺骨牌效应般随各时区陆续开市扩展至欧洲市场，并最终绕地球一圈回到纽约：道·琼斯工业平均指数在10月19日大幅下跌508点（逾20%）。10月19日当天，惠灵顿、悉尼、东京、香港、法兰克福、巴黎、伦敦、多伦多等地的股市也纷纷告跌。

随后的一周内，恐慌加剧。10月20日，东京证券交易所股票跌幅达14.9%，创下东京证券下跌最高纪录。10月26日香港恒生指数狂泻1 126点，跌幅达33.5%，创香港股市跌幅历史最高纪录，将自1986年11月以来的全部收益统统吞没。与此相呼应，东京、悉尼、曼谷、新加坡、马尼拉的股市也持续下跌，而亚洲股市崩溃的信息又回传欧美，导致欧美的股市继续下泻。

资料来源：百度文库，http：//www. wenku. baidu. com。

股票市场是现代经济体制中的一个重要市场，为投资者对公司进行权益投资以及相互之间的股权转让提供了便利，也为投资者的风险承担及风险管理提供了便利。股票市场一方面可通过风险分摊帮助实业投资者转移一定的投资风险，另一方面又通过瞬息万变的股票价格产生了较大的投资风险。

本章主要介绍股票市场风险的类型、度量及其管理。

第一节
股票市场风险概述

一、股票市场风险的含义

股票市场风险可以做广义的理解和狭义的理解。

在广义上，股票市场风险是指由于每一个股票的价格以及分红都具有随机性，投资者在股票市场中的投资收益受其影响而呈现出随机性。广义上的股票市场风险区别于某一个单一股票的收益风险，它是所有单一股票收益风险的集合，是一个泛指的概念，它体现为股票市场中每一个股票的收益都具有随机性，因此广义上的股票市场风险是难以度量的。而某个单一股票的收益风险往往是特指的，该风险可用具体的指标来度量。

在狭义上，股票市场风险是指股票市场上所有股票收益的整体随机波动性，简称为市场风险。股票市场上所有股票的收益都是随机波动的，而且不同股票的收益随机波动存在一定的相关性，在某些时刻，市场上的大多数股票都上涨，而在另一些时刻，市场上的大多数股票都下跌。也就是说股票市场上不同股票的收益变化存在着一定的整体性。市场风险概念以这一规律为基础。市场风险是可度量的，股票市场指数往往可以很好地反映股票市场收益的整体性变化，因而可用股票市场指数的收益风险作为市场风险的代理变量。

二、股票市场风险的类型

讨论股票市场风险的类型时，我们将这一概念作广义的理解。它是不可度量的，是一个泛指的概念，因而可以对其进行分类。依据马可维茨的投资组合理论，可以将股票市场风险分为系统风险与非系统风险。

（一）系统风险

系统风险也称不可分散风险，是指某些因素导致市场上大多数股票的价格下跌，从而给股票投资者带来损失的可能性。狭义的股票市场风险实际上就是指系统风险。系统风险主要由政治、经济及社会环境等宏观因素造成，投资者无法通过调整投资组合来避免这种风险。由于这些因素来自市场外部，是单一企业所无法抗拒和回避的。具体而言，影响因素包括以下几方面：（1）宏观经济因素；（2）政策因素；（3）利率变动；（4）通货膨胀；（5）投资者情绪。

（二）非系统风险

非系统风险也称为“可分散风险”，是指个别因素对单个股票造成损失的可能性。其不同于系统风险，是专指个别股票所独有并随时变动的风险，它通常由某一特殊的因素引起，与整个股市不存在系统的联系，而只对个别证券的收益产生影响。这种风险可以通过组合投资加以消除。若投资者持有多样化的不同证券，当某些证券价格下跌、收益减少时，另一些证券可能反而价格上升、收益增加，这样就使一部分非系统性风险相互抵消。

非系统风险的影响因素主要是一些直接影响单个企业经营的因素，如上市公司管理能力的降低、产品产量、质量的下滑、市场份额的减少、技术装备和工艺水平的老化、原材料价格的提高以及个别上市公司发生了不可测的天灾人祸等等。非系统风险主要包括信用风险、经营风险、财务风险。

第二节 股票市场风险的度量

一、投资组合理论

马可维茨（Markowitz）于1952年发表在《金融学杂志》（Journal of Finance）上的一篇文章开创了投资组合理论。在投资者规避风险的假定下，马可维茨建立了一个投资组合分析的模型，对投资组合的预期回报和风险进行了定量分析。

（一）预期回报

假设一个投资组合 P 包含 n 个股票，分别以 $i=1,2,\cdots,n$ 表示。投资组合在 t 时期的财富是 $W_t=\sum_{i=1}^{n}X_{i,t}$，$X_{i,t}$ 是在 t 时期该投资组合第 i 个成分股票的财富。则投资组合 P 从 $t-1$ 期到 t 期的预期回报 $E(r_P)$ 为：

$$E(r_P)=\frac{E(W_t)-W_{t-1}}{W_{t-1}} \tag{7-1}$$

$$=\frac{\sum_{i=1}^{n}[E(X_{i,t})-X_{i,t-1}]}{\sum_{i=1}^{n}X_{i,t-1}}=\sum_{i=1}^{n}\frac{X_{i,t-1}}{\sum_{i=1}^{n}X_{i,t-1}}\frac{[E(X_{i,t})-X_{i,t-1}]}{X_{i,t-1}}$$

$$=\sum_{i=1}^{n}w_iE(r_i) \tag{7-2}$$

式中，$E(r_i)=\frac{[E(X_{i,t})-X_{i,t-1}]}{X_{i,t-1}}$ 为股票 i 的预期回报；$w_i=\frac{X_{i,t-1}}{\sum_{i=1}^{n}X_{i,t-1}}$ 为投资在股票 i 上的权重，且 $\sum_{i=1}^{n}w_i=1$。

因此，一个股票组合的期望收益率为这个组合中所有单个股票期望收益率的加权平均，每个股票对应的权数为投资于该股票的资金比例。

（二）方差

投资组合 P 包含 n 个股票，股票 i 的回报为 r_i，占的投资权重为 w_i，则投资组合的总回报为：

$$r_P=\sum_{i=1}^{n}w_ir_i \tag{7-3}$$

投资组合的方差为：

$$\sigma_P^2 = E(r_P - E(r_P))^2 = E[\sum_{i=1}^{n} w_i(r_i - E(r_i))]^2$$
$$= \sum_{i=1}^{n}\sum_{j=1}^{n} w_i w_j \sigma_{ij} \quad (7-4)$$

式中，$\sigma_{ij} = E[(r_i - E(r_i))(r_j - E(r_j))]$ 是股票 i 与股票 j 的回报的协方差，当 $i = j$ 时，$\sigma_{ii} = \sigma_i^2$，即为股票 i 的方差。

协方差是两个随机变量相互关系的一种度量指标。它可以测量两个股票收益率之间的"互动"关系。协方差为正表明两个股票的收益率倾向于向同一方向变化。股票 i 的收益率高于其期望收益率时，股票 j 的收益率也倾向于高于其期望收益率。协方差为负表明两个股票的收益率倾向于向相反方向变化。股票 i 的收益率高于其期望收益率时，股票 j 的收益率则倾向于低于其期望收益率。

相关系数是与协方差密切联系的另一个统计指标。相关系数与协方差有如下的对应关系：

$$\sigma_{ij} = \rho_{ij}\sigma_i\sigma_j \quad (7-5)$$

式中，ρ_{ij} 为股票 i 与股票 j 的收益率相关系数；σ_i 和 σ_j 分别为两个股票的标准差。

相关系数对协方差进行了重新标度，它便于同另一对随机变量的相对值进行比较。相关系数总是在 -1 至 +1 之间。相关系数为 -1 表示两个随机变量完全负相关，相关系数为 +1 表示两个随机变量完全正相关，这两种极端情形下，两个随机变量呈现出一一对应的函数关系。大多数情形下，两个随机变量的相关系数介于两个极端值之间。

（三）有效前沿

在马可维茨的投资组合分析中，一个重要的概念是"有效前沿"。有效前沿的概念可以用图 7-1 表示。图中横轴表示风险，以收益率的方差（或标准差）来度量。图中阴影部分表示已给证券的所有可能的投资组合。每一个可能的投资组合都有一个确定的期望收益率和一个确定的风险水平。这样，每一个投资组合可用图 7-1 中阴影中的一个点来表示。

在图 7-1 中，有效前沿是点 A、B 之间阴影区域的左上边线。在这一有效前沿上的投资组合优于该边线下方的投资组合。具体地说，有效前沿上的投资组合比承担同样风险的其他组合产生更高的期望收益率，比具有同样期望收益率的其他组合承担更低的风险。例如图中的组合 C，它不在有效前沿上，明显劣于有效前沿上的组合 D 和组合 E。组合 D 与组合 C 承担同样的风险，但比组合 C 产生更高的期望收益率。组合 E 与组合 C 具有同样的期望收益率，但比组合 C 承担更小的风险。

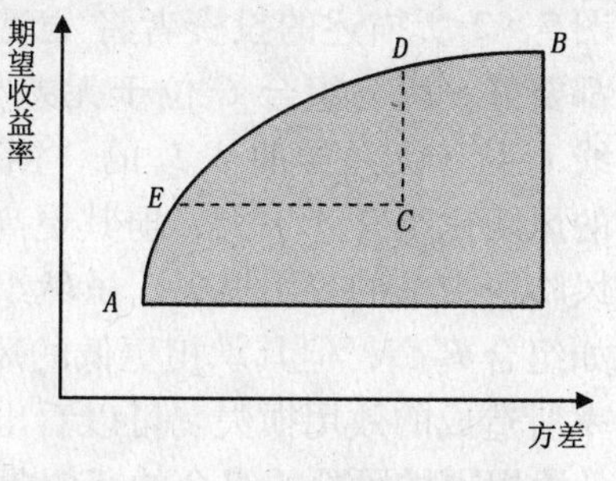

图 7-1　投资组合可能的集合

（四）无差异曲线

一个投资者选择什么投资组合取决于投资者的效用，也就是说，投资的最优决策就是选取一个能够使得效用达到最大化的投资组合。如果该投资者按照马可维茨模型进行决策，那么他的效用取决于投资组合的期望收益率和风险。承担相同风险的投资组合中，期望收益率越高的组合带来的效用越大；而具有相同期望收益率的组合中，风险越小的组合带来的效用越大。

描述效用的一个简单工具是无差异曲线。一条无差异曲线表示给投资者带来相同效用的一系列风险和期望收益率的组合。在同一条无差异曲线上，不同的风险和期望收益率组合对投资者而言是无差异的。

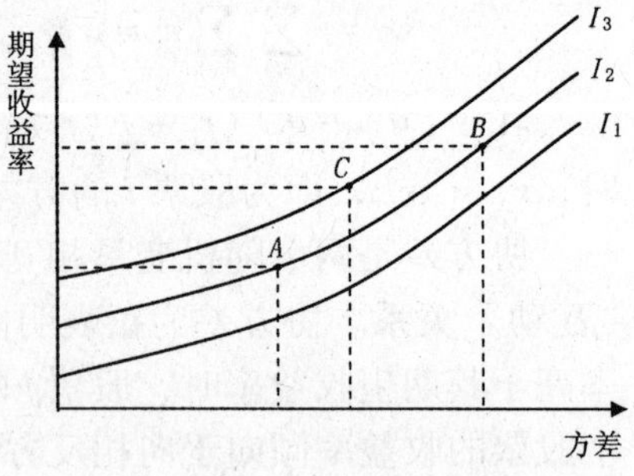

图7－2 风险厌恶者的无差异曲线

图7－2描述了一个假想的投资者具有的无差异曲线。图中组合A和组合B对于该投资者而言是同样满意的，虽然组合A与组合B具有不同的期望收益率与方差，但二者落在同一条无差异曲线I_2上，因此具有同样的效用水平。

无差异曲线具有以下几个性质：

1. 无差异曲线向右上方倾斜。由于假定投资者是风险厌恶型的，为了保持效用水平的不变，承担更高的风险必须要有更高的期望收益率来弥补，即无差异曲线I_2向右上方倾斜。这也是无差异曲线的第一个性质。

2. 不同的无差异曲线不会相交。图7－3说明了这一点。假设无差异曲线I_1和I_2相交于交点X。由于组合X位于无差异曲线I_1上，因此与无差异曲线I_1上所有的组合与组合X具有同样的效用水平。另一方面，组合X也位于无差异曲线I_2上，因此也与无差异曲线I_2上所有的组合具有同样的效用水平。这就导致了矛盾，因为I_1和I_2被假定为代表不同的效用水平。因此两条代表不同效用水平的无差异曲线不会相交。这是无差异曲线的第二个性质。

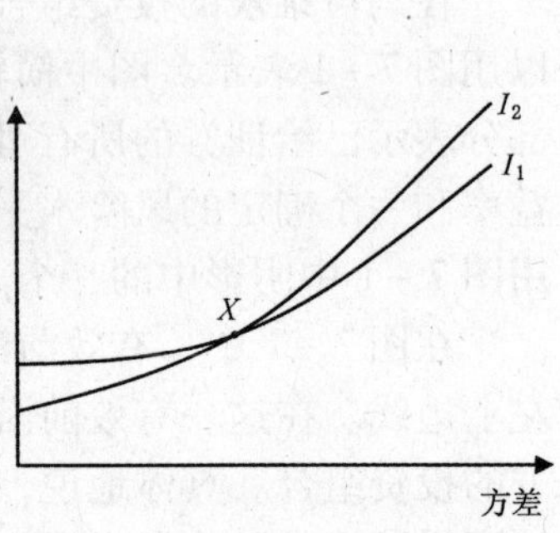

图7－3 相交的无差异曲线

3. 在风险—期望收益率平面中，代表较高效用的无差异曲线位于代表较低效用的无差异曲线的"西北"方。图7－2所描述的投资者将发现组合C比组合A和组合B都要好，因为组合C位于无差异曲线I_3上。而无差异曲线I_3位于无差异曲线I_2的"西北"方。虽然组合C承担的风险比组合A更大，但其更高的期望收益率足以弥补高风险所带来的效用损失。虽然组合C产生的期望收益率不如组合B高，但其承担更低的风险也足以弥补低期望收益率所造成的效用损失。可以看出，无差异曲线I_2上与组合C承担同样风险的组合的期望收益率低于组合C，因此可以断定组合C的效用高于无差异曲线I_2所代表的效用水平。这是无差异曲线的第三个性质。

每一个理性投资者都具有一个无差异曲线图，满足前述的三个特征，并且对该投资者而言是唯一的。不同的投资者可能具有不同的无差异曲线图。无差异曲线倾斜的程度体现了投资者的风险厌恶程度。图7－4显示了三种不同风险厌恶类型投资者的无差异曲线图。图7－4（a）展示的是高风险厌恶型投资者的无差异曲线图。对于高风险厌恶型投资者而言，为了弥补风险增加带来的效用损失，需要提高较多的期望收益率来进行弥补。这使得无差异曲线呈现出比较陡峭的形态。图7－4（b）展示了中等风险厌恶型投资者的无差异曲线图。相对于高风险厌恶型投资者的无差异曲线而言，其无差异曲线显得更为平缓，这是因为面对同样的风险增加程度，中等风险厌恶型投资者为弥补效用损失需要提升的期望收益率没有高风险厌恶型投资者那样多。图 7－4（c）展示了低风险厌恶型投资者的无差异曲线图。该无差异曲线最为平缓，因为低风险厌恶型投资者对风险的增加最不敏感，他仅需要少量的期望收益率提升来弥补风险增加导致的效用损失。

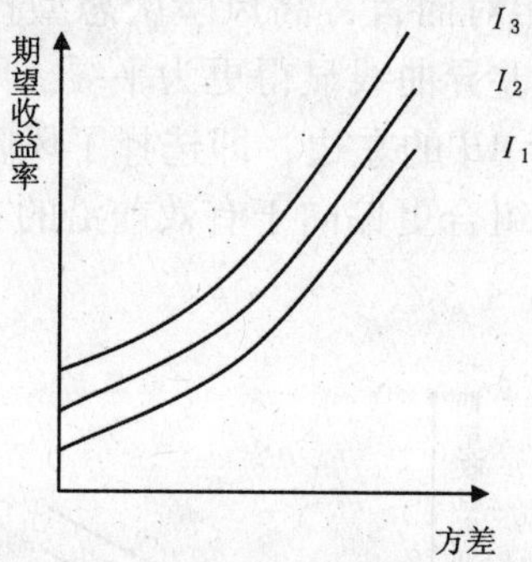

（a）高风险厌恶型投资者

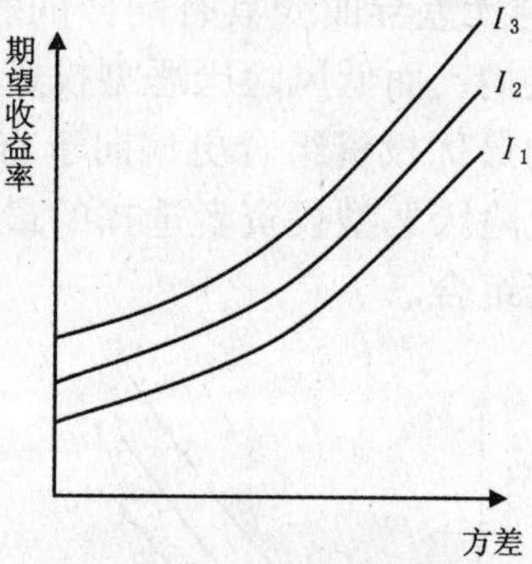

（b）中等风险厌恶型投资者

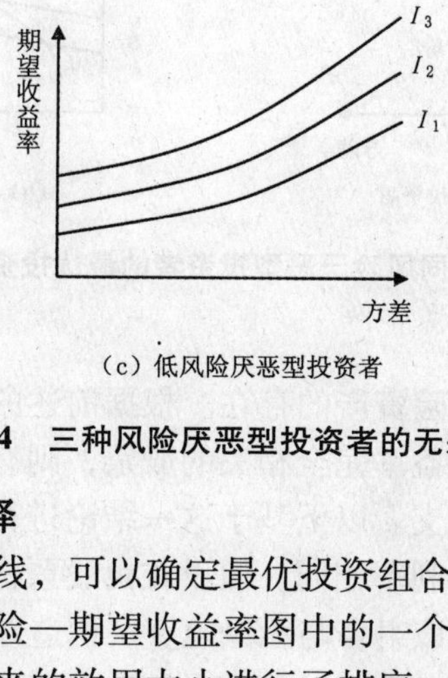

（c）低风险厌恶型投资者

图 7－4　三种风险厌恶型投资者的无差异曲线

（五）最优投资组合的选择

利用有效前沿及无差异曲线，可以确定最优投资组合。有效前沿给出了各种有效的投资组合，每一个投资组合由风险—期望收益率图中的一个点来表示。而无差异曲线将所有的风险—期望收益率配对所带来的效用大小进行了排序。将二者绘在同一个图中，即可得知有效前沿中给投资者带来最大效用的投资组合，这个组合对应于有效前沿与无差异曲线的切点。

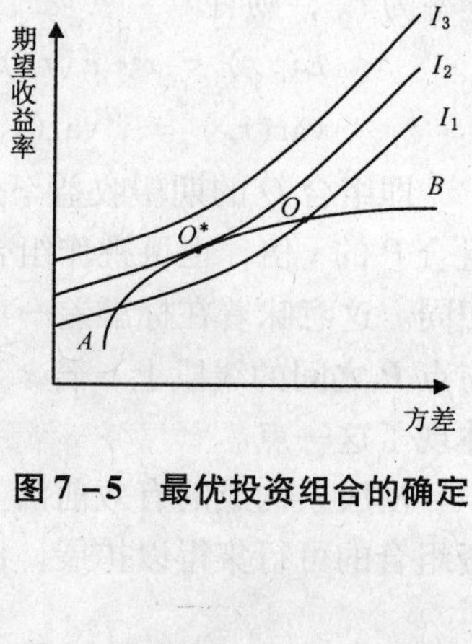

图 7－5　最优投资组合的确定

在图 7－5 中，同时绘制了有效前沿 AB，以及某投资者的三条无差异曲线 I_1、I_2、I_3。有效前沿 AB 与无差异曲线 I_2 相切于点 O^*。点 O^* 代表的投资组合即对该投资者而言的最优投资组合。点 O 虽然也位于有效前沿上，但它位于无差异曲线 I_1 上，其对应的效用水平低于点 O^* 所位于的无差异曲线 I_2 对应的效用水平。尽管无差异曲线 I_3 的效用水平比无差异曲线 I_1 更高，但它与有效前沿没有相交，因此不存在能带来这么高效用水平的有效投资组合。在所有与有效前沿 AB 有交点的无差异曲线中，I_2 所代表的效用水平是最高的。

风险厌恶程度不同的投资者会选择不同的投资组合。图 7－6（a）是高风险厌恶型投资者的最优投资组合选择，而图 7－6（b）是低风险厌恶型投资者的最优投资组合选择。无差异曲线与有效前沿相切于何点主要取决于无差异曲线的陡峭程度。显然，在切点 O^*，有效前沿与无差异曲线具有同样的斜率。相对而言，高风险厌恶型投资者的无差异曲线显得更为陡峭，而低风险厌恶型投资者的无差异曲线显得更为平缓。因此高风险厌恶型投资者选择的最优投资组合更偏向于有效前沿 AB 的左边，即选择了风险更低的有效投资组合；而低风险厌恶型投资者选择的最优投资组合更偏向于有效前沿的右边，即选择了风险更大的投资组合。

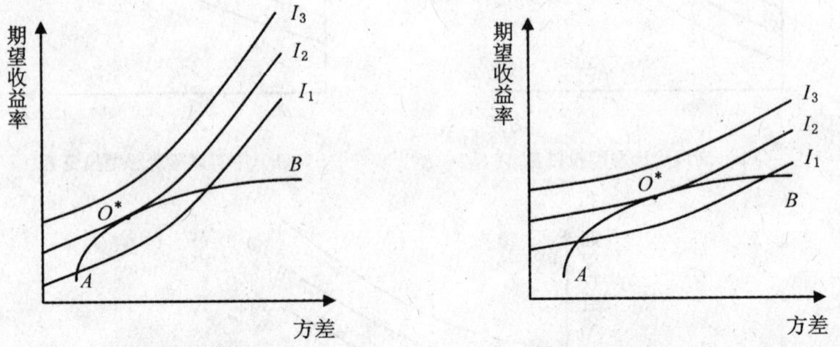

（a）高风险厌恶型投资者　（b）低风险厌恶型投资者

图 7－6　不同风险厌恶型投资者的最优投资组合选择

（六）无风险借贷

前面的讨论中没有考虑无风险资产的存在。根据前述的讨论可知，不管是两个股票还是多个股票的情形，若不存在收益率完全相关的股票，则有效前沿在标准差—期望收益率平面中的形态都是双曲线的上半支。以下基于这一结论进行讨论。现在考虑以投资者可以以无风险利率 r_f 进行借贷，借贷利率相同。假设在由股票构成的有效前沿上存在一个组合 P，其收益率为 r_P，投资者利用该组合与无风险资产构造新的投资组合 Q，设投资者投资于组合 P 的财富比例为 x，投资于无风险资产的财富比例为 $(1-x)$，记投资组合 Q 的收益率为 r_Q，则有

$$E(r_Q) = x \cdot E(r_P) + (1-x) \cdot r_f \quad (7-6)$$

$$\text{var}(r_Q) = x^2 \text{var}(r_P) \quad (7-7)$$

即组合 Q 的期望收益率是组合 P 的期望收益率与 r_f 的加权平均，组合 Q 的标准差是组合 P 的 x 倍，也可视作组合 P 的标准差与 r_f 标准差的加权平均，两个加权平均的权数均相同。这意味着在标准差—期望收益率平面中，当 x 位于 0 到 1 之间时，组合 Q 位于点 r_f 与点 P 之间的线段上。若 $x>1$，则组合 Q 位于点 r_f 到点 P 的连线的延长线上。图 7－7 体现了这一点。

由股票构成的有效前沿上任何一个组合都可以与无风险资产构建新的组合。这使得投资组合的可行集得以扩展。同时也使得有效前沿发生变化。从图 7－7 中可以看出，当点

P 在由股票构成的有效前沿上移动时，经过点 r_f 与点 P 的射线的斜率不断进行调整，当点P 移动到点 T 时，该射线与由股票构成的有效前沿相切，此时射线的斜率达到最大化。在这条切线上的投资组合比在切线以下的投资组合要更有效，在风险等同的所有可行的投资组合中，位于切线上的投资组合期望收益率最高；而在期望收益率相等的投资组合中，位于切线上的投资组合风险最小。因此加入无风险资产后，标准差—期望收益率平面中的有效前沿变成一条射线。

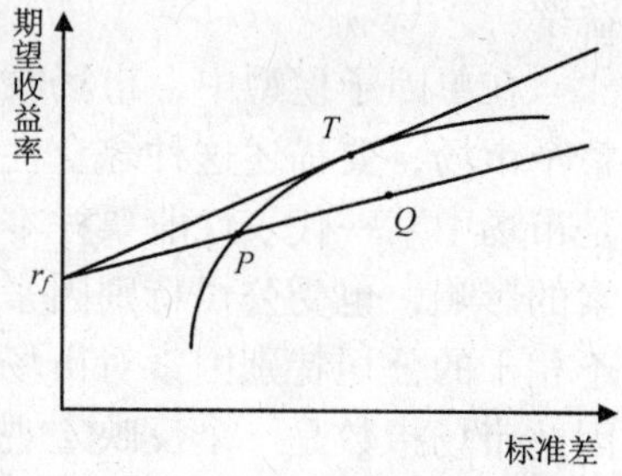

图 7－7　无风险资产与有效前沿

二、因子模型

在运用马可维茨的投资组合分析方法时，若存在很多的风险资产，则有效前沿以及切点组合 T 的确定会非常复杂。如果组合中存在 N 个风险资产，则为了计算有效前沿或切点组合，需要输入 N 个资产的期望收益率、方差以及 N 个资产两两之间的协方差，共包含 $2N+N(N-1)/2$ 个参数。这样的计算量非常巨大，即使利用大型的计算机，也难以胜任这一工作。幸运的是可以利用因子模型把原先 $N+N(N+1)/2$ 个参数的估计任务转化为 N 个因子模型的估计任务，大大简化了计算任务。下面先从单因子模型开始讨论。

（一）单因子模型

记股票 i 在 t 时期的收益率为 r_{it}，则股票 i 的收益率可描述为：

$$r_{it} = E(r_{it}) + \beta_i F_t + \varepsilon_{it} \tag{7-8}$$

式中，$E(r_{it})$ 为股票 i 在 t 时期初的期望收益率；F_t 为系统性因子在 t 时期的非预期变化，即系统性因子在 t 时期末的取值减去期初的预期值，显然 F_t 具有零期望；β_i 为股票 i 对因子 F 的敏感性；ε_{it}为股票 i 在 t 时期因公司特有原因引起的随机扰动，其波动独立于 F_t 的波动，并且对于 $i \neq j$，ε_{it}与 ε_{jt}也相互独立。随机扰动 ε_{it}具有零期望。

式 7－8 被称为股票收益的单因子模型，它阐明了单因子模型的基本思想。但在实际应用中，由于不便于确定 $E(r_{it})$ 和 F_t 的数值，式 7－8 不适合于实证分析。为方便实证分析，式 7－8 常被改写为：

$$r_{it} = \alpha_i + \beta_i F_t + \varepsilon_{it} \tag{7-9}$$

式中，F_t 的含义也调整为系统性因子在 t 时期末的取值。在描述股票收益与系统性因子之间的关系方面，式 7－9 与式 7－8 并无本质差别，它只是式 7－8 的进一步简化。

根据式 7－9 中的单因子模型，股票收益包含了三种成分：（1）不随时间变化的成分（α_i）；（2）由系统性因子决定的宏观成分（$\beta_i F_t$）；（3）独立于系统性因子的微观随机扰动成分（ε_{it}）。三种成分中，第一种成分是没有风险的；第二种成分可以称之为“因子风险”，但其中还包含可预测的成分；而第三种成分则可称之为非因子风险，这一成分是不可预测的。

上述单因子模型的一个特殊例子是市场模型：

$$r_{it} = \alpha_i + \beta_i r_I + \varepsilon_{it} \tag{7-10}$$

式中，r_I 为市场收益率，常常用某一种市场指数收益率来表示，比如上证综合指数收益率。

在单因子模型中，市场收益率是系统性因子的理想选择。如果多种宏观因素共同影响整个市场，要描述这种综合性的影响，市场收益率无疑是一个较好的代理变量。市场指数是市场中某一代表性股票样本中各股票收益率的加权平均，虽然各股票收益率既受宏观因素的影响，也受公司特别因素的影响，但是在市场指数样本股票数量充分多的情况下，互不相干的公司特别因素对市场收益率的影响大多数都相互抵消，其加总的影响比较微弱。因此市场指数是一个反映宏观因素综合影响的很好指标。

市场模型也成功地描述了股票收益率与市场指数指数之间的经验关系。在股票市场上，一般股票的收益率都与市场指数收益率之间存在关联。对于某一个股票而言，当市场行情上扬时，该股票的价格也会上升；市场行情下降的时候，该股票的价格也会下降。市场模型中的贝塔值就反映了该股票收益率对市场指数收益率的敏感性。

根据单因子模型，股票 i 的期望收益率可表示为：

$$E(r_{it}) = \alpha_i + \beta_i E(F_t) \tag{7-11}$$

由于 F_t 与 ε_{it} 的协方差为零，在单因子模型中，任意股票 i 的方差 σ_i^2 等于：

$$\sigma_i^2 = \beta_i^2 \sigma_F^2 + \sigma_{\varepsilon i}^2 \tag{7-12}$$

式中，σ_F^2 为因子 F 的方差；$\sigma_{\varepsilon i}^2$ 为随机扰动项 $\varepsilon_{i,t}$ 的方差。又由于对于 $i \neq j$，ε_{it} 和 ε_{jt} 协方差为零，任意两种股票 i 与股票 j 之间的协方差仅取决于系统性因子：

$$\sigma_{ij} = \beta_i \beta_j \sigma_F^2 \tag{7-13}$$

按照单因子模型，为了得到投资分析所需要的数据，仅需要估计 N 个股票的期望收益率、N 个股票的因子敏感度、N 个股票的公司特有方差以及一个系统性因子的方差，所需要估计的参数量为 $3N+1$。

式 7－12 及式 7－13 的计算依赖于两个关键的假设，即每个股票的随机扰动项的波动独立于系统性因子的波动，任何两个股票的随机扰动项的波动相互独立。这意味着系统性因子不会影响到任何一个股票的随机扰动项的波动，任何两个股票的收益率之间仅仅因为系统性因子的影响而产生相关性。如果这两个假设中的一个不成立，则方差与协方差的计算便会产生偏差，此时，其他的模型（比如多因子模型）将可能得到更精确的结果。

（二）多因子模型

首先看双因子模型：

$$r_{it} = \alpha_i + \beta_{i1} F_{1t} + \beta_{i2} F_{2t} + \varepsilon_{it} \tag{7-14}$$

式中，F_{1t} 和 F_{2t} 为两个对所有股票收益率具有普遍影响的因子；β_{i1} 和 β_{i2} 分别为股票 i 对两个因素的敏感性；和单因子模型一样，α_i 为常数项，ε_{it} 为随机扰动项。ε_{it} 与 F_{1t} 及 F_{2t} 的波动不相关。按照这个模型，股票 i 的期望收益率可由以下公式计算：

$$E(r_{it}) = \alpha_i + \beta_{i1} E(F_{1t}) + \beta_{i2} E(F_{2t}) \tag{7-15}$$

股票 i 的方差为：

$$\sigma_i^2 = \beta_{i1}^2 \sigma_{F1}^2 + \beta_{i2}^2 \sigma_{F2}^2 + 2\beta_{i1}\beta_{i2}\mathrm{cov}(F_{1t}, F_{2t}) + \sigma_{\varepsilon i}^2 \tag{7-16}$$

式中，σ_{F1}^2 为因子 F_{1t} 的方差；σ_{F2}^2 为因子 F_{2t} 的方差。股票 i 的协方差为：

$$\sigma_{ij} = \beta_{i1}\beta_{j1}\sigma_{F1}^2 + \beta_{i2}\beta_{j2}\sigma_{F2}^2 + (\beta_{i1}\beta_{j2} + \beta_{i2}\beta_{j1})\mathrm{cov}(F_{1t}, F_{2t}) \tag{7-17}$$

由于双因子模型比单因子模型多了一个因子，模型对股票收益的解释力度将得到提升，因此 $\sigma_{\varepsilon i}^2$ 的估计值将低于单因子模型的估计值。这意味着式 7 - 16 中的非因子风险所占比例将降低，而因子风险所占比例提高。相对而言，单因子模型往往会低估因子风险，而高估非因子风险。

若一个股票组合 P 由 N 个股票组成，股票 i 的比例为 x_i，则股票组合 P 的收益率为：

$$r_{Pt} = \sum_{i=1}^{N} x_i r_{it} \tag{7-18}$$

将式 7 - 14 代入上式得：

$$\begin{aligned} r_{Pt} &= \sum_{i=1}^{N} x_i(\alpha_i + \beta_{i1}F_{1t} + \beta_{i2}F_{2t} + \varepsilon_{it}) \\ &= (\sum_{i=1}^{N} x_i\alpha_i) + (\sum_{i=1}^{N} x_i\beta_{i1})F_{1t} + (\sum_{i=1}^{N} x_i\beta_{i2})F_{2t} + (\sum_{i=1}^{N} x_i\varepsilon_{it}) \\ &= \alpha_P + \beta_{P1}F_{1t} + \beta_{P2}F_{2t} + \varepsilon_{Pt} \end{aligned} \tag{7-19}$$

式中，$\alpha_P = \sum_{i=1}^{N} x_i\alpha_i$，$\beta_{P1} = \sum_{i=1}^{N} x_i\beta_{i1}$，$\beta_{P2} = \sum_{i=1}^{N} x_i\beta_{i2}$，$\varepsilon_{Pt} = \sum_{i=1}^{N} x_i\varepsilon_{it}$。

可见，组合的因子敏感性系数 β_{P1} 和 β_{P2} 分别是相应各股票的因子敏感性系数 β_{i1} 和 β_{i2} 的加权平均。根据上式计算组合的方差并不复杂。

双因子模型很容易扩展为多因子模型。如果有 k 个因子，则多因子模型可表示为：

$$r_{it} = \alpha_i + \beta_{i1}F_{1t} + \beta_{i2}F_{2t} + \cdots + \beta_{ik}F_{kt} + \varepsilon_{it} \tag{7-20}$$

这里，每个股票具有对应于 k 个因素的 k 个敏感度。

多因子模型的建立往往是依据经验。依据经验判断，可以确定一些可能会对所有股票收益产生影响的因子，然后利用历史数据进行统计分析，确定因子对股票收益的解释能力，以此依据对因子进行筛选。

多因子模型的一个例子是法马（Fama）和弗伦奇（French）的三因子模型：

$$R_{it} = \alpha_i + \beta_{iM}R_{Mt} + \beta_{iSMB}SMB_t + \beta_{iHML}HML_t + \varepsilon_{it} \tag{7-21}$$

式中，R_{Mt} 为市场在 t 时期的超额收益；SMB_t 为 t 时期小股票资产组合收益减去大股票资产组合收益的差；HML_t 为 t 时期高账面价值—市值比的股票资产组合收益减去低账面价值—市值比的股票资产组合收益的差。

法马和弗伦奇指出，有高账面价值—市值比的公司更可能处于财务压力之下，而小股票可能对经济环境中的变化更为敏感。因此这些变量可能体现了宏观经济中的风险因素。

三、资本资产定价模型（Capital Assets Pricing Model，CAPM）

资本资产定价模型（CAPM）是以马可维茨的投资组合理论为基础，说明资本资产的价格，从而让运用马可维茨的投资组合分析方法的投资者在市场中如何定价的模型。这个模型的主要特点是一种资产的预期回报可以用这种资产的风险的相对测度 β 值来测量。

（一）资本资产定价模型的假设

资本资产定价模型是以马可维茨的投资组合理论为基础，因此需要把个别投资者的假设扩展到所有的投资者。具体来说，资本资产定价模型的假设如下：（1）所有投资者的投资期相同（如 1 个月、3 个月、6 个月、1 年等）；

（2）所有投资者对于预期回报、标准差和风险资产相关性有齐性预期（Homogeneous Expectations），因此以最优方式按同样的相对比例持有风险资产；

（3）资本市场是一个完全市场。也就是说假设没有交易成本和税收；资产是无限可分的；投资者可以以相同的利率进行自由借贷；允许卖空等。

如果每个投资者都遵循最优化原则，都以相同的方式投资，每个证券的风险和回报最终可以达到均衡。在均衡状态下，证券价格的调整使得当投资者持有最优投资组合时，每种证券的总需求等于其供给。由于每个投资者所持风险资产的相对比例是一样的，因此资产市场出清的唯一方法是：风险资产的最优相对比例是它们的市场价格比例。按市场价格的同比例持有所有资产的投资组合，称为市场投资组合。市场投资组合的构成反映了按当前市场价格估值的现有资产的供给，其中第 i 种证券的权重 w_i 等于该证券发行在外的市场价值占所有资产的市场价值的比例。

为了更清楚地了解市场投资组合的概念，假定市场只有三种资产：A 股票、B 股票和无风险资产，按当前价格三种资产的总市值分别为 660 亿、220 亿和 120 亿元，所有资产的总市值为 1 000 亿元。因此，市场投资组合的构成是：66% A 股票、22% B 股票和 12% 无风险资产。由于市场投资组合是无法观测的，所以通常用所有的普通股的投资组合代替市场投资组合，如 S&P500 指数等。

（二）分离定理

在资本资产定价模型中，市场投资组合起着非常重要的作用。因为有效集由市场投资组合的投资和以无风险利率进行的借款和贷款组成，即资本市场线 *CML*，见图7－8。每个投资者根据自己的偏好在资本市场线 *CML* 上选择所需的投资组合。投资者可以以利率 r_f 自由借入或者贷出，但是他们都选择相同的市场投资组合 M，也就是说，个人投资者的效用偏好与风险资产组成的市场投资组合无关。

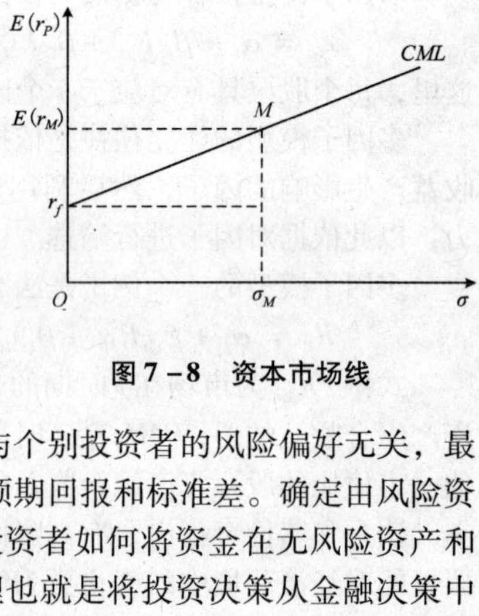

图 7－8 资本市场线

分离定理表示风险资产组成的最优投资组合的确定与个别投资者的风险偏好无关，最优投资组合的确定仅取决于各种可能的风险投资组合的预期回报和标准差。确定由风险资产组成的最优投资组合的过程叫作“投资决策”。个别投资者如何将资金在无风险资产和风险投资组合之间进行分配叫作“金融决策”。分离定理也就是将投资决策从金融决策中分离出来的思想。

分离定理在投资中非常重要，它使个人投资分为简单的两部分：首先决定一个最优的风险投资组合，然后决定最想要的无风险资产和这个组合的组合。只有第二部分依赖于投资者的效用曲线。正如图 7－8 所示，投资者可以选择 *CML* 上的任意点（即投资组合）。比较保守的投资者选择在点 M 左端的点（投资组合），这些组合表示投资到利率为 r_f 的无风险证券和风险投资组合 M 的组合。比较爱冒险的投资者选择在点 M 右端的点（投资组合），这些组合表示投资者以 r_f 的利率进行借款，然后和自由资金一起全部投资于风险投资组合 M。

（三）资本市场线（CML）

图7－8中的资本市场线是资本资产定价模型（CAPM）的线性有效集。它是由回报r_f的无风险证券和市场投资组合M构成的。市场投资组合M是由均衡状态的风险证券构成的有效的投资组合。投资者可以以利率r_f任意地借款或放款。

由于CML是一条直线，因而这条直线上的任何投资组合的预期回报和标准差的关系很容易表示出来。如果投资者准备投资风险资产，他们需要一个风险溢酬（Premium）来补偿增加的风险。风险溢酬（Premium）是一个投资组合的回报和无风险回报之差。图7－8中市场投资组合M的风险溢酬等于$E(r_M)-r_f$。一般来说CML总是向右上方倾斜的，因为风险溢酬总是正的。并且根据假定，投资者都不爱风险，除非风险的增加可以得到补偿。因此，一项投资的风险越大，补偿越大，预期回报也越大。

由图7－8可以得到：

$$\text{CML 的斜率} = \frac{E(r_M)-r_f}{\sigma_M} \tag{7-22}$$

CML的斜率是有效投资组合的风险市场价格，表示一个投资组合的风险每增加1%需要增加的回报数。由于已经知道CML的斜率和截距，所以这条直线上的任何有效投资组合的预期回报可以用的风险即标准差表示，即CML的表达式：

$$E(r_P) = r_F + \frac{E(r_M)-r_f}{\sigma_M}\sigma_P \tag{7-23}$$

式中，$E(r_P)$为CML上任何有效投资组合P的预期回报；σ_P为CML上任何有效投资组合P的标准差。

因此，CML根据投资组合P的不同风险水平决定它的预期回报。换句话说，CML给出了每一种投资组合的一定风险水平下的应得回报。

（四）证券市场线（SML）

资本市场线只用于有效投资组合的预期回报和标准差的均衡状态下的关系。但是个别的风险证券本身可能是非有效的投资组合，这时它的预期回报和风险之间的关系首先要考虑个别证券风险的测量。

根据市场模型，其中的r_i市场指数收益率，通常用市场投资组合回报r_{Mt}来代替。这样市场模型可以表示为：

$$r_{it} = \alpha_i + \beta_i r_{Mt} + \varepsilon_{it} \tag{7-24}$$

式中，r_{it}为资产i在时期t的回报；r_{Mt}为市场投资组合M在时期t的回报；α_i为资产i回报与市场无关的常数部分；β_i为市场投资组合M的回报每增加1%，资产i回报预期增长的数量；ε_{it}为时期t的随机误差项。同样假设r_M和ε_t不相关，$E(\varepsilon_i)=0$。

由式7－24可得市场协方差：

$$\begin{aligned} Cov(r_i,r_M) &= E[r_i - E(r_i)][r_M - E(r_M)] \\ &= E[\alpha_i + \beta_i r_M + \varepsilon_i - \alpha_i - \beta_i E(r_M)][r_M - E(r_M)] \\ &= \beta_i Var(r_M) \end{aligned} \tag{7-25}$$

因此，

$$\beta_i = \frac{Cov(r_i, r_M)}{Var(r_M)} \quad 并且, Var(r_i) = \beta_i^2 Var(r_M) + Var(\varepsilon_i)$$

即:

$$\beta_i = \frac{Cov(r_i, r_M)}{\sigma_M^2} \tag{7-26}$$

和

$$\sigma_i^2 = \beta_i^2 \sigma_M^2 + \sigma_{\varepsilon_i}^2 \tag{7-27}$$

根据上式，资产 i 的总风险可以分成市场风险和独有风险两部分：市场风险 $= \beta_i^2 \sigma_M^2$ 和独有风险 $= \sigma_{\varepsilon_i}^2$。

独有风险（非系统性风险）是可以通过多样化组合加以降低的，而市场风险（系统化风险）是不能用多样化方法消除的。如果一个投资组合是完全多样化投资组合，其风险只有市场风险。因此，任何一个资产 i 贡献给一个证券组合的风险是它的市场风险。由于市场风险 $\beta_i^2 \sigma_M^2$ 中 σ_M^2 在一定时期内是常数，因此 β_i 衡量了个别资产 i 相对于市场投资组合 M 的风险贡献，换句话说，β_i 是资产 i 的市场风险的一个测度，或者说是风险的相对测度。

由式 7-24 可知，β_i 是资产 i 回报对市场投资组合回报的回归直线的斜率。如果 $\beta_i = 1$，市场投资组合回报每变化 1%，资产 i 回报平均变化 1%；如果 $\beta_i > 1$，比如 $\beta_i = 1.5$，市场投资组合回报每变化 1%，资产 i 回报平均变化 1.5%，也就是说，β 值比较大资产 i 回报平均地更反复无常。同样，如果 $\beta_i < 1$，则市场投资组合回报每变化 1%，资产 i 回报平均变化会小于 1%。可见，可以用 β 比较不同资产的相对市场风险。如果 β 值比较大，风险就较大；β 值比较小，风险就较小。

现在资产 i 的相对市场风险用 β_i 表示，预期回报为 $E(r_i)$，从图 7-9 可得：

$$E(r_i) = r_f + \frac{E(r_M) - r_f}{\beta_M}\beta_i \tag{7-28}$$

因为 $\beta_M = \sum_{i=1}^{n} w_i \beta_i = \sum_{i=1}^{n} w_i \frac{Cov(r_i, r_M)}{\sigma_M^2} = \frac{Cov(\sum_{i=1}^{n} w_i r_i, r_M)}{\sigma_M^2} = 1$，所以式 7-28 可写为：

$$E(r_i) = r_f + [E(r_M) - r_f]\beta_i \tag{7-29}$$

这就是资本资产定价模型（CAPM），它表示的直线叫作“证券市场线”（SML）。因此，资产 i 的预期回报 = 无风险回报 + 市场投资组合的风险价格 $\times \beta_i$，表明 β_i 值较大的资产 i 就有较大的预期回报，因为 β_i 是一个风险测度，所以较大的风险伴随较大的预期回报。相反地，较小的风险伴随较小的预期回报，如果 $\beta_i < 1$，这时资产 i 的回报必低于市场投资组合的预期回报。

证券市场线同样是均衡状态下的模型。在均衡状态下，每种资产的预期回报和相对市场风险 β 值表示的点都在 SML 上。为了说明 CAPM 处于均衡状态，图 7-9 中点 O 和 U 分别表示不在均衡状态的两种资产。资产 O 有高的市场风险（系统风险），价格过高，不能吸引投资者购买，因而价格下跌，由式 7-23 知预期回报上升，直到预期回报高得足于补偿投资者负担这种系统性风险。这个价格水平就是均衡价格，并且预期回报是均衡回报，

就是 SML 上的 E_O。相反，资产 U 是低系统性风险、高预期回报的资产，其价格过低，因而吸引投资者购买，结果价格上升直到均衡点 E_U。

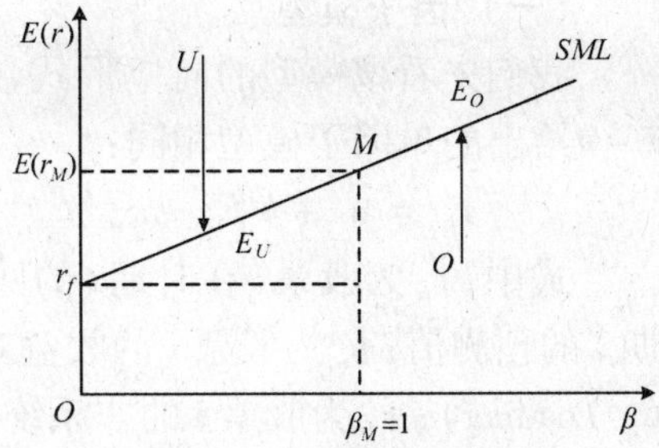

图 7－9　证券市场线

根据式 7－26 和式 7－29，有：

$$E(r_i) = r_f + [E(r_M) - r_f]\frac{Cov(r_i,r_M)}{\sigma_M^2} \tag{7-30}$$

因为 $Cov(r_i,r_M) = \rho_{i,M}\sigma_i\sigma_M$，$\rho_{i,M}$ 是资产 i 和市场组合 M 的相关系数，所以，

$$E(r_i) = r_f + \left[\frac{E(r_M) - r_f}{\sigma_M}\rho_{i,M}\right]\sigma_i \tag{7-31}$$

表明资产 i 的预期回报与标准差有线性关系。截距为 r_f，斜率是有效投资组合 M 的风险的市场价格与资产 i 的相关系数的乘积。

现在考虑相关系数的不同情形。如果资产 i 与市场投资组合 M 完全正相关，$\rho_{i,M} = 1$，那么式 7－31 变为式 7－23，即为 CML。换句话说，资产 i 是在 CML 上的一个有效证券组合。如果 $\rho_{i,M} = 0.5$，式 7－31 的斜率只是 CML 的一半。图 7－10 是根据不同的相关系数，资产 i 的预期回报和标准差之间关系的不同图形。其中相关系数可能是负的。

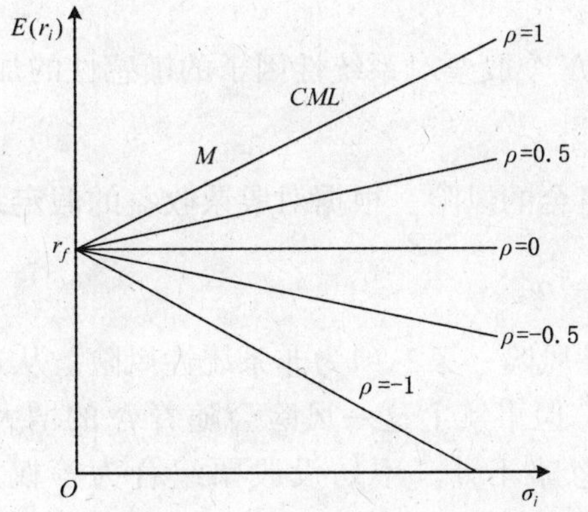

图 7－10　不同相关系数资产 i 的位置

当相关系数为负值时，资产 i 的预期回报小于无风险利率。投资者之所以愿意投资于其他资产负相关的低预期回报的资产，是因为可以降低它们的投资组合的总风险水平。在资本资产定价模型中，更多考虑个别资产的预期回报和标准差之间的关系，同时要考虑不同资产的回报之间的相互关系。

四、套利定价模型（APT）

斯蒂芬·罗斯（Stephen Ross）于 1976 年提出了套利定价理论，该理论比 CAPM 要简单一些。其主要假设有：资本市场处于竞争均衡状态；投资者喜爱更多而不是更少的财富；资产的回报可用因子模型表示。

（一）因子模型

我们先看该模型的简单形式，即假定股票的收益只受单一的系统性因子影响，与式7－9给出的单因子模型相同：

$$r_{it} = a_i + b_i F_t + \varepsilon_{it} \tag{7-32}$$

式中，r_{it} 为股票 i 在时期 t 的回报；a_i 为零因子股票 i 的预期回报；F_t 为系统性因子在时期 t 的预测值；b_i 为股票 i 的收益对系统性因子的敏感性，有时候叫作“因子载荷”（Factor Loading）；ε_i 为股票 i 的非系统性独有回报。

模型假定 F 以及 ε_i 的期望值为零；所有股票的 ε_i 之间是相互独立的，且与 F 之间也相互独立。由此可得股票 i 的预期回报、方差以及股票 i 和股票 j 的协方差：

$$E(r_i) = a_i + b_i E(F) \tag{7-33}$$

$$\sigma_i^2 = b_i^2 \sigma_F^2 + \sigma_{\varepsilon_i}^2 \tag{7-34}$$

$$\sigma_{ij} = b_i b_j \sigma_F^2 \tag{7-35}$$

根据上述式7－33、式7－34、式7－35，可以计算出所有单只股票的预期回报、方差和协方差，进而推导出 Markowitz 有效集，最后由已知的无风险利率确定切点证券组合。

下面我们来看一个充分分散化的投资组合的收益。设股票组合由 N 个股票组合而成，其中股票 i 的权重为 x_i，则该股票组合的收益率为：

$$r_{Pt} = a_P + b_P F_t + \varepsilon_{Pt} \tag{7-36}$$

式中，$b_P = \sum_{i=1}^{N} x_i b_i$ 为 N 个股票对系统性因子的敏感性的加权平均；$\varepsilon_P = \sum_{i=1}^{N} x_i \varepsilon_i$ 为 N 个股票的 ε_i 的加权平均。

下面我们分析该股票组合的风险。根据对股票收益的假定，可知

$$\sigma_P^2 = b_P^2 \sigma_F^2 + \sum_{i=1}^{N} x_i^2 \sigma_{\varepsilon_i}^2 \tag{7-37}$$

式中，第一项为系统性风险，第二项为非系统性风险。从这个式子直接看起来，似乎非系统性风险总是存在的。但事实上这一风险会随着 N 的增大而减少。当 N 充分大的时候，非系统性风险将可以忽略不计。不妨设股票组合为等权重的，则 $x_i = 1/N$，此时 $\sum_{i=1}^{N} x_i^2 \sigma_{\varepsilon_i}^2 = \overline{\sigma}_\varepsilon^2 / N$。当 N 不断增大时，$\overline{\sigma}_\varepsilon^2$ 会稳定在某一个数值，因此 $\sum_{i=1}^{N} x_i^2 \sigma_{\varepsilon_i}^2$ 会越来越小，也就是说通过多样化可以降低非因子风险。

事实上，影响股票回报的公共因子可能有多个，使用两个以上因子构成的模型可能更精确。多因子模型可记为：

$$r_{it} = a_i + \sum_{j=1}^{k} b_{ij} F_{jt} + \varepsilon_{it} \tag{7-38}$$

式中，r_{it} 为股票 i 在时期 t 的回报；F_{jt} 为 k 个系统性因子；a_i 为每个因子为零时股票 i 的预期回报；b_{ij} 为 k 个系统性因子的因子载荷；ε_i 为随机误差项。

（二）套利证券组合

套利定价理论假定股票回报可以用因子模型解释，假设每个股票的回报满足多因子模型：

$$r_i = E(r_i) + \sum_{j=1}^{k} b_{ij}F_j + \varepsilon_i \tag{7-39}$$

式中，r_i 为股票 i 的回报；$E(r_i)$ 为股票 i 的预期回报；F_j 为股票 i 的第 j 个系统性因子，并且 $E(F_i) = 0$；a_i 为每个因子为零时股票 i 的预期回报；b_{ij} 为股票 i 的第 j 个系统性因子的因子载荷；ε_i 为随机误差项，且 $E(\varepsilon_i) = 0$，$Var(\varepsilon_i) = \sigma^2_{\varepsilon_i}, E(\varepsilon_i F_j) = 0$。

因为是无风险套利且要求无净投资（Net Zero Investment），设 w_i 是套利投资组合中股票 i 的权重，则要求：

$$\sum_{i=1}^{n} w_i = 0 \tag{7-40}$$

投资组合的收益为：

$$\sum_{i=1}^{n} w_i r_i = \sum_{i=1}^{n} w_i E(r_i) + \sum_{j=1}^{k}\sum_{i=1}^{n} w_i b_{ij} F_j + \sum_{i=1}^{n} w_i \varepsilon_i \tag{7-41}$$

充分多样化后可忽略非因子影响，所以：

$$\sum_{i=1}^{n} w_i r_i \approx \sum_{i=1}^{n} w_i E(r_i) + \sum_{j=1}^{k}\sum_{i=1}^{n} w_i b_{ij} F_j \tag{7-42}$$

由于套利投资组合无因子风险，所以：

$$\sum_{i=1}^{n} w_i b_{ij} = 0 \tag{7-43}$$

$$\sum_{i=1}^{n} w_i r_i \approx \sum_{i=1}^{n} w_i E(r_i) \tag{7-44}$$

当且仅当 $\sum_{i=1}^{n} w_i E(r_i) = 0$ 时，套利投资组合处于均衡状态。根据法卡斯引理（Farkas Lemma）可得：

$$E(r_i) = \lambda_0 + \sum_{j=1}^{k} \lambda_j b_{ij} \tag{7-45}$$

式中，λ_0 为公共因子载荷 $b_{ij} = 0$ 时的无风险利率，记为 r_f；λ_j 为第 j 个公共因子的风险报酬。令

$$\lambda_j = \delta_j - r_f$$

式中，δ_j 为所有其他公共因子的载荷为 0，因子 j 的载荷为 1 的一个投资组合的预期回报。

因此，式 7-45 可以改写为：

$$E(r_i) = r_f + \sum_{j=1}^{k} (\delta_j - r_f) b_{ij} \tag{7-46}$$

这就是套利定价模型。

第三节 股票市场风险的管理

一、分散化投资

马可维茨投资组合分析方法为我们提供了一个科学的定量投资方法。这种科学的投资方法既追求投资收益的最大化，也追求投资风险的最小化，投资者以效用最大化为最终的标准在这两个相互矛盾的投资目标之间进行权衡。因此马可维茨分散化投资的科学投资方法同时也是一种股票市场风险的管理方法。

首先，按照定量分析的结论，我们知道最优投资组合位于有效前沿上，而有效前沿则由市场中所有资产的期望收益率、方差以及相互之间的协方差共同确定。这意味着有效前沿上的投资组合几乎总是包含了市场上的多种资产，除了少数特殊情形以外。比如市场上只有两个收益率不完全相关的股票的情形，此时有效前沿在标准差—期望收益率平面中表现为双曲线的上半支（参见图 7 - 8），有效前沿上的点几乎都对应于由两个股票构成的某个投资组合，除了刚好代表某个股票的点以外。

其次，基于单因子模型的分析也提供了了解资产组合风险分散化的另一个视角。假定组合由 N 个等权重的股票构成，每个股票的收益率都由式 7 - 9 描述，则股票组合 P 在 t 时期的收益 r_{Pt} 可以表示为：

$$r_{Pt} = \frac{1}{N}\sum_{i=1}^{N}(\alpha_i + \beta_i F_t + \varepsilon_{it}) = \frac{1}{N}\sum_{i=1}^{N}\alpha_i + \left(\frac{1}{N}\sum_{i=1}^{N}\beta_i\right)F_{t'} + \frac{1}{N}\sum_{i=1}^{N}\varepsilon_{it} \tag{7-47}$$

由上式可知，股票组合 P 的方差为：

$$\sigma_P^2 = \left(\frac{1}{N}\sum_{i=1}^{N}\beta_i\right)^2\sigma_F^2 + \left(\frac{1}{N^2}\sum_{i=1}^{N}\sigma_{\varepsilon i}^2\right) \tag{7-48}$$

式 7 - 48 显示股票组合 P 的方差包含两个部分，第一部分是产生于系统性因子 F 的方差，为系统性风险，这一方差取决股票组合内所有股票对因子 F 的敏感系数的平均值。如果这一平均敏感系数保持不变，不管股票组合 P 中包含多少股票，产生于因子 F 的方差都不会变化。第二部分方差产生于各种股票的特有方差，为非系统风险。注意到：

$$\frac{1}{N^2}\sum_{i=1}^{N}\sigma_{\varepsilon i}^2 = \frac{1}{N}\bar{\sigma}_\varepsilon^2 \tag{7-49}$$

这里 $\bar{\sigma}_\varepsilon^2$ 是所有股票特有方差的均值，当 N 趋于无穷时，这一量趋于某一常数。因此 N 趋于无穷时上式的极限为：

$$\lim_{N\to\infty}\frac{1}{N^2}\sum_{i=1}^{N}\sigma_{\varepsilon i}^2 = 0 \tag{7-50}$$

即当股票数 N 充分大时非系统风险可以忽略不计。这就显示了分散化投资可以降低非系统风险。

二、投资分析法

投资分析法也称为“基本面分析法”，它的核心是对公司的股利进行预测，并以此为基础确定股票的合理价格。公司的股利从根本上是由公司的经营业绩决定的，而公司的业绩既取决于自身的经营活动，也取决于其经营环境。有时候，一个公司的业绩可能更主要取决于宏观经济、行业环境等因素，而不是自身的经营活动。很显然，在经济繁荣阶段，大多数公司都可以获得比经济萧条阶段更好的业绩。一些行业由于其市场结构的原因整体上具有良好的业绩。因此，投资分析常常采取层次分析法，结合宏观、行业、公司三个层面自上而下对一个公司的经营业绩进行分析和预测。

（一）宏观分析

1. 全球宏观经济。当今各国经济由于相互之间的贸易活动及投资活动而紧密联系在一起，使得全球经济步入一体化时代。全球经济一体化的一个典型的体现就是经济危机、金融危机的全球化。

在关注全球经济的时候也应当关注政治因素。政治进步能够创造更多的投资机会，而政治冲突则可能造成损失。一些政治条件虽不会造成轰动效应，但也会对经济增长和投资收益造成重大影响，如贸易保护政策、资本的自由流动、劳动力的国际流动等。

在全球经济的各种联系中，汇率是一条重要的纽带。汇率的变化往往对外贸型公司的收益造成重大影响。本国货币贬值更有利于提升本国公司的产品在国际市场上的价格优势，但对于进口型企业而言，由于本国货币的购买力下降，其进口产品的销量会下降。汇率的重大调整甚至会影响本国的产业结构，使得本国某些产业在国际市场上丧失竞争力。

2. 国内宏观经济。所有公司都在宏观经济这个大环境中生存发展，因此有必要分析宏观经济的特征。宏观经济的周期性特征可通过一些统计指标表现出来，包括国民生产总值、就业率以及利率等。当经济繁荣时，国民生产总值快速增长，就业率比较高，通货膨胀率上升，利率水平也会由于投资需求上升而逐渐上升，政府也可能会提高利率水平以抑制过快的经济增长，防止经济的过度波动。反之，当经济衰退时，国民生产总值的增速变缓，就业率降低，通货膨胀率降低，政府为了刺激经济发展，会降低利率水平。

在分析经济周期性因素对公司业绩的影响时，首先得确定公司业绩与经济周期之间的关系，这往往由公司所属行业的特征决定。大多数行业的业绩都是顺周期性的，即在经济繁荣时业绩较好，在经济衰退时业绩较差，比如汽车、家电、房产等耐用品生产行业，烟酒、珠宝等奢侈品生产行业，以及一些服务业。但也存在少量的反周期性的行业，如火力发电。除此以外，还存在非周期性的行业，比如食品生产商和加工商、医疗设备生产厂家和公用事业单位。

不仅经济周期会影响所有公司的收益，一些宏观经济政策的变动也会影响公司的收益，其中最主要的是财政政策与货币政策。

财政政策包括国家预算、税收、国债、财政补贴、财政管理体制、转移支付制度等，通常分为宽松财政政策、紧缩财政政策和中性财政政策。宽松财政政策包括减少税收、降低税率、扩大减免税范围、扩大财政支出、加大财政赤字、减少国债发行、增加财政补贴等，这些都能刺激股价上涨。将上述宽松财政政策反过来操作，则是紧缩财政政策。这会造成股票价格下跌。中性财政政策如区域经济政策、行业结构调整政策等未必会对股市整体造成影响，但可能会对某些与政策紧密相关的股票造成影响。

货币政策工具主要包括法定存款准备金率、再贴现政策以及公开市场业务。依据政策的方向，可将其分为宽松货币政策、紧缩货币政策。如果经济处于萧条阶段，可以采用宽松的货币政策来刺激经济发展，如降低存款准备金率、通过再贴现和公开市场业务增加货币供给量。这些政策可以刺激经济增长，同时也会对股票价格形成刺激作用。反之，在经济膨胀阶段，则可采取紧缩货币政策，如降低货币供给量、提高存款准备金率，这会对股票市场的价格起抑制作用。

（二）行业分析

行业分析与宏观分析一样重要。当一个行业陷入某种困境时，其中的一个公司也难以创造出好的业绩。同时，不同行业之间的发展情况可能会有很大的差别。因此行业分析有助于预测公司未来的收益。行业分析通常从以下三个方面入手：

1. 对经济周期的敏感性。一个公司的收益对经济周期的敏感性是由其行业特征决定的。一些行业对经济周期是不敏感的，比如烟草行业。对烟草的需求根本不受宏观经济的影响，因为烟草消费绝大部分是由习惯决定的，即使是经济衰退期，烟草消费量也只会发生很小的调整。而另一些行业则对宏观经济非常敏感，比如汽车行业。经济衰退期到来后，人们千方百计地推迟新汽车的购买，直到在经济繁荣期收入有较大的增长为止。

2. 行业生命周期。像任何事物一样，行业也有其产生、发展和衰退的过程。一般将一个行业的生命周期分为四个阶段：创业阶段、成长阶段、成熟阶段以及衰退阶段。在不同的生命周期阶段，行业的发展特征也是不一样的。

对公司未来收益增长趋势的预测主要是基于行业生命周期，这是一个决定性作用的因素。一般而言，这样的预期会在市场定价中得到体现。一个处于创业阶段的公司虽然当前的利润水平并不太高，但其股票价格相对于其利润水平会非常高，这是因为市场预测其收益增长速度很快。对于投资者而言，投资于高成长公司未必好于投资于低成长公司。因为低成长公司其市场定价较低，因而期望收益率未必低于高成长公司。

3. 行业结构。一个行业的竞争环境对于该行业内所有公司的收益都具有重要影响。迈克尔·波特（Michael Porter）着重分析了影响行业竞争环境的五个因素：新竞争者的进入威胁、现有竞争者的对抗、替代品的价格压力、购买者的谈判能力以及供应者的谈判能力。

（三）公司财务分析

对于股票投资而言，对公司进行财务分析着重于两个方面：公司的盈利能力以及持续经营能力，也即投资于公司股票的收益性与风险性两方面。可以通过构建一系列财务指标来反映公司的这两个方面，这些财务指标可以由公司的资产负债表、利润表和现金流量表中的一些数据来计算。

市盈率是一个股票分析师非常关注的指标。它是公司股票价格与每股盈利的比例，通常表示为P/E。每个股票的市盈率都有一个合理的取值。很显然，一个公司的每股盈利越高，则其价格也应越高，其价格与其每股盈利应保持一个合理的比值。对于不同的股票，其市盈率则不必相同。合理的市盈率与公司的增长机会以及风险有关系。若公司未来的增长机会越多，则其市盈率也就应该越高。因此，通常刚起步的小公司以及高技术公司会有较高的市盈率，这类公司未来的增长机会比较多。若公司的风险比较大，则其市盈率就应比较低。对于一个具有垄断地位的公司而言，其收益比较稳定，因此其合理的市盈率比较高。

股本收益率（ROE）可用来反映投资股票的收益能力，它是公司的净收益与股本的比率，可以进一步作如下分解：

$$ROE = \frac{净收益}{税前收益} \times \frac{税前收益}{息税前收益} \times \frac{息税前收益}{销售收入} \times \frac{销售收入}{资产} \times \frac{资产}{股权}$$

$$= 税负比率 \times 利息负担比 \times 营业利润率 \times 资产周转率 \times 杠杆率$$

即股本收益率受到税负比率等五个因子的影响。税负比率取决于税收政策以及公司为了尽量减少税负所采取的政策。一般来说这一比率较为稳定。第二个因子利息负担比为息税前收益扣除利息支出后的余额与息税前收益的比率，它取决于公司的财务杠杆。如果公司没有负债，则这一比率为最高值1。公司的负债比例越高，这一比例越低。第三个因子为营业利润率或销售利润率，反映公司业务的盈利能力。第四个因子为资产周转率，反映了公司利用资产的效率。在同样的营业利润率的条件下，资产周转率越高，则公司的股本收益率越高。第五个因子与第二个因子一样，也取决于公司的资本结构。要全面度量资本结构的影响必须把这两个因子结合起来。

度量股票的风险性常用流动性与偿债能力比率，包括三个常用的指标：流动比率、速动比率以及利息盈利比率。流动比率为流动资产与流动负债的比率。这个比率用来测度公司通过兑现流动资产来偿清流动负债的能力，反映了公司在短期运营中避免无力偿还债务的能力。速动比率为：（现金 + 应收账款）/流动负债。这一比率也叫酸性比率，它与流动比率具有同样的分母，但其分子只包括现金及其等价物与应收账款。对于那些存货无法转变为现金的公司，速动比率是一个更好的流动性测度指标。利息盈利比率为：税前收益/利息费用。它与前面所讲的利息负担比率存在密切联系。很高的利息盈利比率表明公司破产的可能性非常低。它被借款人和放款人广泛地使用来确定公司的债务容量，并成为公司债券信用等级的主要决定因素。

市账比也是一个可以反映股票投资风险性的指标，它等于公司普通股每股市价与其账面价值之比。分析家们有时认为具备一个较低市账比的公司股票是更安全的投资，他们相信公司总是可以选择按账面价值来变换或出售它的资产。但这种观点也有疑问。事实上，一些股票的市价可能在其账面价值之下。账面价值并不代表清算价值，它并不能提供可靠的安全保障。

三、套期保值法

分散化投资及投资分析法这两种风险管理手段都仅利用股票市场本身来进行风险管理。衍生证券市场的诞生为股票市场风险管理提供了一种新的管理手段，即利用衍生证券进行套期保值。所谓“套期保值”，就是利用衍生证券来消除或减少现货市场的投资风险。与股票市场相关的衍生证券主要是股票期权和股票指数期货。用于股票市场套期保值的主要衍生证券是股指期货。

股指期货是以某一种股票指数作为标的资产的期货产品。与商品期货不同的是，股指期货到期时采用现金结算的方式进行交割。其现金结算价取决于当时的股票指数。比如沪深300指数期货，交割结算价为交割日最后两小时所有指数点位的算术平均值。由于股指期货结算价与股票指数存在紧密联系，在结算日之前期货价格的波动也与股票指数存在紧密联系。通常，股指期货报价与股票指数同涨同跌，并且两者的差距随着到期日的临近而收敛。

资料链接

沪深300指数期货

沪深300指数是由上海证券交易所和深圳证券交易所联合发布的反映中国A股市场整体走势的指数，300只成分股从沪深两家证券交易所选出。沪深300指数以2004年12月31日为基日，以该日300只成分股的调整市值为基准，基期指数值定为1 000点。成分股名单每半年调整一次。沪深300指数成分股覆盖了沪深市场六成左右的市值，具有较好的市场代表性。

沪深300指数期货是以沪深300指数作为标的物的期货品种，由中国金融期货交易所于2010年4月推出。沪深300指数期货合约的报价单位为指数点，最小变动价位为0.2个指数点，合约的乘数为每点300元。每个月份都有本月份、下月份及随后两个季月的合约可以交易。季月是指3月、6月、9月、12月。每份合约的最后交易日为到期月份的第三个星期五，遇法定节假日往后顺延，交割日期为最后交易日。交割方式为现金交割。期货合约当日结算价为该期货合约最后一小时成交价格按成交量的加权平均价格，而交割结算价为最后交易日沪深300指数最后两小时的算术平均价。

资料来源：上海证券交易所网站，http：//www.sse.com.cn。

利用股票指数期货可以控制股票收益中的市场风险。对于一个套期保值者而言，如果他在现货市场具有多头头寸，则他应以期货空头来套期保值，反之则反。两个市场的头寸方向保持相反，则一个市场产生亏损的时候，另一个市场将产生收益，从而两个市场的收益风险相互抵消，达到消除或削弱风险的作用。

对于一个贝塔值为β的投资组合而言，为实现套期保值需要持有的期货合约数量Q可以根据下式来计算：

$$Q=\beta\cdot\frac{V_P}{V_F} \tag{7-51}$$

式中，V_P为投资组合的价值；V_F为一份期货合约的价值。

假设一个投资者具有一个充分分散化的投资组合，组合的贝塔值为1.2，组合当前的价值为500万元。无风险收益率为年率4%。根据套利定价理论可知该投资组合的收益率可表示为$r_P=4\%+1.5(r_M-4\%)$。其中r_P为年化投资组合收益率，r_M为年化市场收益率。

若投资者认为目前市场形势不太好，在过后一段时间很有可能下跌，希望避免3个月内的股票市场风险，则他可以持有股指期货的空头合约来套期保值。假设3个月后到期的股指期货合约当前的报价为2 510点，而当前的股票指数为2 500点。合约乘数为每点300元。根据式7－51可计算得需要的合约数量为$Q = 1.2 \cdot \frac{5\ 000\ 000}{2\ 510 \cdot 300} \approx 8$。因此投资者可以持有8个期货空头合约来套期保值。

假设3个月后股票指数有可能出现以下几种结果：2 300点、2 400点、2 500点、2 600点、2 700点。股票市场的平均现金红利率为1%。我们可以如表计算出五种情形下股票组合以及股指期货空头在三个月后的整体价值。

表7－1　　套期保值组合的收益

3个月后的股指点数	2 300	2 400	2 500	2 600	2 700
股票指数当前的点数	2 500	2 500	2 500	2 500	2 500
3个月后的股指期货价格	2 302	2 403	2 502	2 603	2 703
今天的股指期货价格	2 510	2 510	2 510	2 510	2 510
包括股息的市场收益	－31.0%	－15.0%	1.0%	17.0%	33.0%
组合的预期回报	－38.0%	－18.8%	0.4%	19.6%	38.8%
股指期货的收益	499 200	256 800	19 200	－223 200	－463 200
包括股息的股票组合回报	4 525 000	4 765 000	5 005 000	5 245 000	5 485 000
整体头寸在3个月后的价值	5 024 200	5 021 800	5 024 200	5 021 800	5 021 800

由表7－1可见，不管3个月以后股票指数如何变化，整体头寸的价值都非常稳定。当然，由于股指期货的报价与股票指数的点数存在一定的偏差，并且这一偏差具有一定的随机性，这一套期保值策略并不能达到完美的效果，即整体头寸在3个月后的价值有略微的波动。

套期保值法可与投资分析法结合运用。投资者首先可利用投资分析法来挑选股票，相信自己仔细挑选得的投资组合比市场的收益率要更好。但是投资者仍然不能确定其预期投资收益将如何，因为投资者不能准确把握整个股票市场的走势。此时投资者可以运用套期保值法避免市场风险，从而能够赚取自己挑选得的投资组合相对于市场的超额收益。

利用股指期货进行套期保值的一个好处是交易成本低。投资者如果以抛售的方式来避免股票市场的系统风险，则需要承担出售股票的交易成本，并且在将来重建股票头寸时还会发生购入股票交易成本。而投资者如果以股指期货来避免股票市场的系统风险，则可以在保持股票组合不变的条件下以低成本的方式避免市场风险。

【复习与思考】

一、关键概念

系统风险　非系统风险　投资组合理论　有效前沿
无差异曲线　最优投资组合　因子模型　市场模型
三因子模型　资本资产定价模型　分离定理　资本市场线
证券市场线　套利定价模型　分散化法　投资分析法
套期保值法

二、思考题

1. 在年初，某投资者拥有的四种股票的当前和预期年末价格如下表所示。计算这一年里该投资者的预期投资收益率是多少？

股票	股数	当前价格	预期年末价格
A	100	30	40
B	200	19	25
C	300	50	65
D	100	100	110

2. 给定三种股票的方差—协方差矩阵以及每一成员股票的百分比如下表所示，计算组合的标准差。

	股票 A	股票 B	股票 C
股票 A	0.045		
股票 B	-0.02	0.031	
股票 C	0.011	0.021	0.018
比重	0.5	0.3	0.2

3. 两种股票 A 和 B 的年收益率标准差分别为 40% 和 30%，如果两种股票的相关系数如下，计算等权重的组合的标准差。

（1）0.5　（2）0　（3）-0.5

4. 基于单因子模型，考虑一个两只股票的投资组合，这两只股票的特征如下表所示。

股票	因素敏感性	非因子风险（方差）	比例
A	0.5	0.0049	0.6
B	1.2	0.0064	0.4

（1）若因子的标准差为15%，组合的因子风险是多少？

（2）组合的非因子风险是多少？

（3）组合的标准差是多少？

5. 基于双因子模型，两种股票的特征如下表所示。因子1和因子2的标准差分别是15%和8%，因素间的协方差为0.0225。股票A与B的标准差是多少？它们的协方差是多少？

特征	股票A	股票B
因子1的敏感性	1.4	0.8
因子2的敏感性	2	1.5
非因子风险（方差）	16	36

6. 如果市场上存在大量偏离证券市场线的股票，投资者应该如何以这些股票进行套利？说明其中的原理。

7. 比较分散化投资、投资分析法与套期保值法三种方法的差别。

8. 简述投资分析法的思路。

三、思考案例

政策颁发对股市的影响

一些政策的颁布会对股票市场造成重大影响，如2010年4月17日国务院发布《国务院关于坚决遏制部分城市房价过快上涨的通知》（国发〔2010〕10号），对房地产市场进行调控，受此影响，股票市场于4月19日（星期一）出现了大跌，并在随后的两个月内保持下跌的趋势。2010年9月30日住房和城乡建设部等发布《关于进一步贯彻落实国发〔2010〕10号文件的通知》，要求进一步加强各项政策的执行力度。受这一文件的颁布的影响，当天股市上涨1.72%，并在国庆节后的第一个交易日上涨3.13%，在接下来的一周内，上证综合指数一直保持上涨趋势，从9月30日至10月15日累计上涨13.81%。

资料来源：作者根据相关资料整理。

案例思考：

1. 房地产政策的颁布为什么会对整个股票市场造成重大影响？

2. 你认为两次性质相同的政策对市场造成截然相反的影响的原因是什么？

3. 如果你完全无法预料未来政策的颁布，你应如何管理政策颁布带来的股票市场风险？

4. 如果你预期未来一段时间内可能会有某方面的政策推出，并能够较准确地判断其对不同股票的影响，你应如何管理政策颁布带来的股票市场风险？

第八章 固定收益证券市场的风险管理

【导入案例】

美国著名期货经纪商MF破产案

美国著名期货经纪商MF全球公司拥有资产净值约410亿美元，有二百多年的经营历史，堪称全球金融企业的百年老店，是颇具影响力的衍生品及期货经纪商之一，在全球超过70家期货及商品交易所拥有会员资格，同时也是美国政府指定的22家美国国债“一级承销商”之一。MF首席执行官乔恩·科尔津不仅曾任新泽西州州长，更在1994—1999年执掌美国著名投行高盛。在2010年入主MF后，科尔津开始着手将有二百多年历史的公司改造成“迷你版高盛”。然而，由于投资欧债失败，MF全球公司2011年10月31日向法院申请破产保护。MF一夜之间的轰然倒塌不但让科尔津的设想化为泡影，更震惊了全球！这是首家美国金融机构因受欧债危机影响而破产。

MF破产的根源在于大举投资欧洲主权债券失败。据披露，MF共拥有63亿美元的意大利、西班牙、比利时、葡萄牙以及爱尔兰债券。这些债券价格本身大幅缩水使得MF利润出现亏空。根据MF在2011年10月25日公布的财报，在第二财季里，公司亏损额高达1.91亿美元，创出历史纪录。鉴于MF巨大的欧债风险敞口，包括穆迪、惠誉在内的多家评级机构相继将其信用评级降至“垃圾”级，导致MF股价在不到一周时间内暴跌67%，市值缩水2/3，MF最终不得不宣布破产保护。

MF的破产对世界投资者包括企业投资者和国家投资者都是巨大警示，MF的破产也表明了一个简单道理：即使是投资于被称为“金边债券”的政府债券，正确识别其风险并进行及时准确的风险管理亦十分重要。

资料来源：百度文库，http://wenku.baidu.com。

本章主要介绍固定收益证券风险的种类、固定收益证券风险的度量方法以及固定收益证券风险的管理与组合投资策略。

第一节
固定收益证券风险概述

一、固定收益证券概述

固定收益证券（Fixed - income Instrument）也称为“债务证券”，是指持有人可以在特定的时间内取得固定的收益并预先知道取得收益的数量和时间。从狭义的角度讲，传统的固定收益证券主要是指债券，它是一种要求借款人按预先规定的时间和方式向投资者支付利息和偿还本金的债务合同。从广义的角度讲，固定收益证券包括优先股股票、证券化产品和债券衍生品等类型。

（一）债券

债券是政府、金融机构、企业等机构直接向社会借债筹措资金时，向投资者发行，并且承诺按规定的时间和方式支付利息并偿还本金的债权债务凭证。债券基本构成要素主要包括四方面：（1）债券面值；（2）债券价格；（3）偿还期限及方式；（4）票面利率。

根据债券的基本要素可以对债券进行分类，见表8－1。

表8－1　　债券的分类

分类标准	债券类别
发行主体	政府债券、金融债券、公司（企业）债券
期限长短	短期债券（1年以下）、中期债券（1～15年）、长期债券（15年以上）
付息方式	固定利率债券、零息债券、浮动利率债券、累息债券、递式债券、推迟利息债券等
是否嵌入期权	可赎回债券、可转换债券

（二）优先股

优先股，是指介于普通股与债券之间的一种证券，与债券相同的是优先股每年通常会在普通股之前派发固定的股利，因此也属于固定收益证券。而当公司破产时，优先股的求偿权排在债券之后。优先股有以下分类：

1. 累积与非累积优先股。累积优先股是指在某个营业年度内，如果公司获得的盈利不足以分派规定的股利，日后优先股的股东有权要求补足往年未付给的股息。而非累积优先股，虽然对公司当年获得的利润有优先于普通股获得股息的权利，但如果当年公司获得的利润不足以按规定的股利分配，非累积优先股的股东不能要求公司在以后年度中补发。对投资者而言，累积优先股比非累积优先股具有明显的优越性。

2. 参与优先股与非参与优先股。参与优先股是指当企业利润增大时，除了享受既定的股息外，还可以跟普通股共同参与利润分配。非参与优先股则指除了既定股息外，不再参与利润分配的优先股。对投资者而言，参与优先股比非参与优先股更有吸引力。

3. 可转换优先股与不可转换优先股。可转换优先股是近年来日益流行的一种优先股，指在特定条件下持有人可以把优先股转换成为一定数额的普通股。国外投资者常把它看成是一种实际上的收回优先股方式，对投资者来说，在普通股价格上升时这样做是十分有利的。不可转换优先股指不能转化为普通股的优先股。

4. 可赎回优先股与不可赎回优先股。可赎回优先股是指允许发行人按原来的发行价格再加上一定溢价将已发行的优先股赎回。当发行公司认为能够以较低股利的股票来代替已发行的优先股时，往往就会行使这种权利。一般来说，发行公司会从获得的资金中拨出一定比例建立偿债基金，专门用于定期赎回已发行的部分优先股。不可赎回优先股指不能提前赎回的优先股。

（三）证券化产品

资产证券化是指将缺乏流动性的资产，转换为在金融市场上可以自由买卖的证券使其具有流动性的行为。传统的证券发行是以企业价值为基础，而资产证券化是以特定的资产池为基础发行证券。证券化产品就是在资产证券化过程中发行的以资产池为基础的证券，从狭义的角度看主要包括抵押贷款支持证券和资产支持证券两种。

1. 抵押贷款支持证券（Mortgage - Backed Security，MBS）。抵押贷款支持证券是一种现金流依赖于住房抵押贷款组合产生的本金和利息的证券化产品。MBS 主要包括有三种类型：一是过手 MBS（Pass - Through MBS），其资产池产生的任何现金流不经过分层组合、原原本本地支付给投资者；二是担保抵押债券（Collateralized Mortgage Obligations，CMOs），其现金流经过分层组合、重新安排后分配给不同需求的投资者；三是剥离式 MBS（Stripped MBS，SMBS），又分为利息型 IO（Interest Only）和本金型 PO（Principal Only），其将现金流的本金和利息分离开并分别支付给相应的投资者。

2. 资产支持证券（Asset - Backed Security，ABS）。资产支持证券是由非抵押贷款的资产担保的证券。资产支持证券兼具转手抵押证券的结构特征和转手支付类债券的特征。目前用于支持发行 ABS 的基础资产类型主要包括汽车消费贷款、信用卡应收款、学生贷款、住房抵押贷款、设备租赁费、厂房抵押贷款、贸易应收款等。

（四）固定收益证券衍生产品

固定收益证券衍生产品是以债券等作为标的资产的金融衍生工具，主要包括远期利率合约、利率期货、利率期权、利率互换和利率上限（下限）协议等。

二、固定收益证券市场风险概述

固定收益证券市场的风险主要包括利率风险、购买力风险、政策风险、信用风险和流动性风险，前三种属于系统性风险，后两种属于非系统性风险。

（一）利率风险

利率风险是指市场利率变动导致债券价格与收益发生变动的风险。由于大多数债券有固定的利率及偿还价格，市场利率波动将引起债券价格反方向变化。当市场利率上升并超过债券票面利率时，投资人就不愿意购买债券，导致债券需求下降，债券价格因此下跌。反之，当市场利率下跌至低于债券票面利率时，投资者就会争相购买债券，使债券需求量上升，价格上涨。此外，债券利率风险与债券持有期限的长短密切相关，期限越长，利率风险就越大。

（二）信用风险

信用风险也称"违约风险"，是指债券发行人不能履行合约规定的义务，无法按期支付利息和偿还本金而产生的风险。企业发行债券后，其营运成绩、财务状况都直接反映在债券的市场价格上，一旦企业的营运状况不良，企业就有可能丧失还本付息的能力，债券的市场价格就会下降。一般而言，政府债券被认为是无违约风险的"金边债券"。

（三）政策风险

政策风险是指由于国家或地方政府的经济政策变化导致债券价格发生波动而产生的风险。它具有多种形式，如投资人购买某种债券时，国家并不要求对其利息收入纳税，但在后期突然宣布债券要交利息税，就使投资者的实际收益率下降；又如，投资者购买免税的政府债券，就面临着利息税下调的风险，因为利息税越高，免税价值越大，该债券的价格就越高。

（四）流动性风险

流动性风险是指债券持有人不能按目前合理市场价格在短期内变现的风险。如果一种债券能够在较短时间内按市价大量出售，则说明这种债券的流动性较强，投资于这种债券所承担的流动性风险较小；反之，如果一种债券按市价卖出很困难，则说明其流动性较差，投资者会因此而遭受损失。一般来说，政府债券以及一些著名的大公司债券的流动性较强。

（五）购买力风险

购买力风险又称为"通货膨胀风险"，指由于通货膨胀而使债券到期或出售时所获现金的购买力减少，从而使投资者的实际收益低于名义收益的风险。在通货膨胀情况下，货币的购买力下降，而债券是一种货币性资产，债券发行者在协议中承诺付给债券持有人的利息和本金都是事先约定好的固定金额，不会因通货膨胀而有所增加，结果是债券持有人从债券投资中得到货币的实际购买力下降。

第二节 固定收益证券风险的度量

一、利率风险的度量

（一）利率期限结构（Term Structure of Interest Rates）

利率期限结构指某个时点上，不同期限的即期利率与到期期限的关系及变化规律。利率期限结构反映了不同期限的资金供求关系，揭示了市场利率的总体水平和变化方向，为投资者从事债券投资和政府有关部门加强债券管理提供可参考的依据。由于零息债券的到期收益率等于相同期限的市场即期利率，从对应关系上来说，任何时刻的利率期限结构是利率水平和期限相联系的函数。因此，利率的期限结构，即零息债券的到期收益率与期限的关系可以用一条曲线来表示，具体有 5 种形式，如图 8－1 所示。

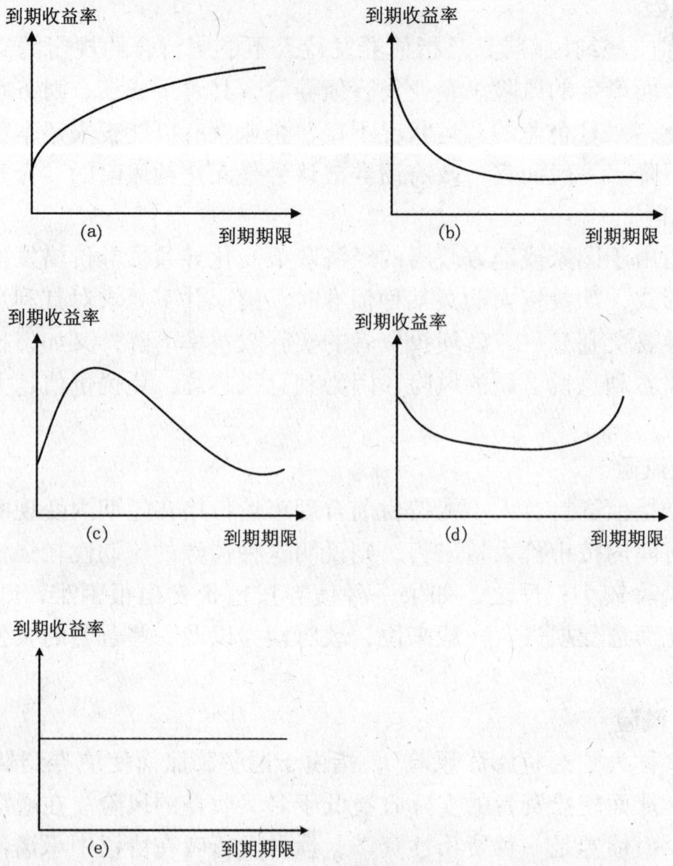

图 8-1 利率期限结构

（二）利率期限结构理论

1. 预期理论（Expectations Theory）。预期理论认为，长期债券的现期利率是短期债券的预期利率的函数，长期利率与短期利率之间的关系取决于现期短期利率与未来预期短期利率之间的关系。如果预期未来短期债券利率与现期债券利率相等，那么长期债券的利率就与短期债券的利率相等，这种收益率曲线可以用图 8-1 中（e）表示。如果预期的未来短期债券利率上升，那么长期债券的利率必然高于现期短期利率，且期限越长利率越高，这种收益率曲线可以用图 8-1 中（a）表示。如果预期的未来短期债券利率下降，那么长期债券的利率必然低于现期短期债券的利率，且期限越长利率越低，这种收益率曲线可以用图 8-1 中的（b）表示。

预期理论主要的缺陷是严格地假定人们对未来短期债券的利率具有确定的预期，即认为远期利率和远期价格是确定的。但事实上，由于在投资风险和价格风险两方面的原因，债券到期价格是不确定的。这样远期利率也就无法确定。其次，该理论假定资金在长期资金市场和短期资金市场之间的流动是完全自由的。这两个假定都过于理想化，与金融市场的现实差距太远。

2. 流动性偏好理论（Liquidity Preference Theory）。流动性偏好理论认为，不同期限的债券之间存在一定的替代性，这意味着一种债券的预期收益确实可以影响不同期限债券的收益。但是不同期限的债券并非是完全可替代的，因为投资者对不同期限的债券具有不同的偏好。该理论假定大多数投资者偏好持有短期证券，为了吸引投资者持有期限较长的债券，必须向他们支付流动性补偿，而且流动性补偿随着时间的延长而增加，因此，实际观察到的收益率曲线总是要比预期假说所预计的高。该理论还假定投资者是风险厌恶者，只有在获得补偿后才会进行风险投资，即使投资者预期短期利率保持不变，收益曲线也是向上倾斜的。

根据流动性偏好理论，假设市场参与者预期未来短期利率与当前利率相同，由于远期利率中包含风险升水，收益率曲线就会向上倾斜，因此，和投资于短期债券并在每个到期日重新进行短期投资相比，长期债券投资会产生更高的预期收益率，如图 8－2 所示。根据流动性偏好理论，长期利率大于预期的未来短期利率，因此，收益率曲线应该向上倾斜。这与收益率曲线向上倾斜的情况比向下倾斜的情况更多的经验检验结果是相一致的。

3. 市场分割理论。市场分割理论认为，债券市场是由期限不同的互不相关的市场组成，这些市场的利率由各自独立的市场供求决定。因此，不同期限的债券就不可能完全相互替代，资金也不会在长短期债券市场之间自由流动。根据该理论，利率的期限结构是由不同市场的均衡利率决定的。因此，如果债券市场是由 4 个完全分割的市场组成，那么就会有 4 组不同的供求曲线，如图 8－3 所示，将这些分割的曲线交点连在一起，就决定了收益率曲线。

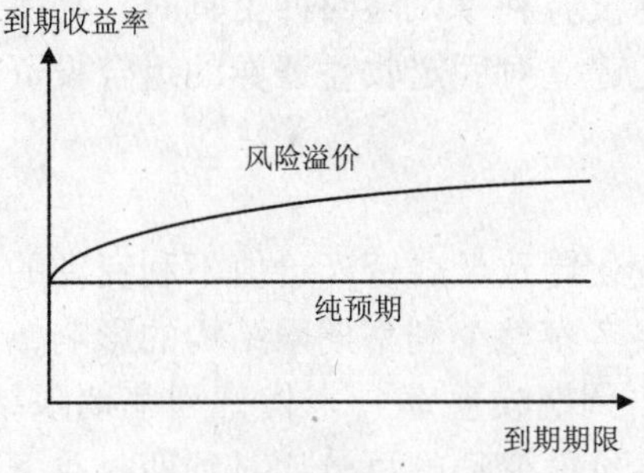

图 8－2 预期与风险升水的结合

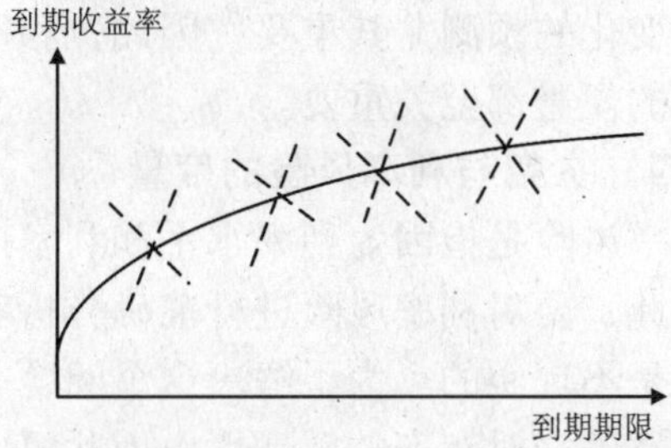

图 8－3 完全市场分割状态下的利率期限结构

市场分割理论也存在一定的缺陷。由于该理论认为期限不同的债券市场是完全分割的，某种期限的债券收益上升不会影响其他不同期限债券的收益率，因而，它不能解释期限不同的债券收益率倾向于一起变动这种现实。

（三）利率期限结构与利率风险的度量

1. 利率期限结构与债券定价的关系。一个 n 年后到期，每年支付固定息票 I，到期偿还本金 M 的债券目前的价格可以用以下公式得到：

$$P = \sum_{i=1}^{n} \frac{I}{(1+r_i)^i} + \frac{M}{(1+r_n)^n} \tag{8-1}$$

其中，$r_1, r_2, \ldots, r_n$ 就是利率期限结构图 8－1 上所对应的不同到期期限的无风险利率。因此，如果能够知道不同时刻的利率期限结构的变化，就可以为不同时刻的债券进行准确的定价。

随着固定收益证券市场的金融创新，各种混合债券、固定收益证券衍生产品不断涌现，它们的共同特点就是含有期权特性。对于有隐含期权的债券和固定收益证券衍生产品，不能简单使用贴现模型来定价，一般要先计算出隐含期权的价格。隐含期权的定价可以使用B－S公式进行，但是B－S模型假设无风险利率为常数，这是与现实相矛盾的。因此，对有隐含期权的债券和固定收益证券衍生产品进行定价时，必须考虑在利率动态变化环境下才会相对精确，利率期限结构因此成为隐含期权的债券和固定收益证券衍生产品定价的核心因素。

2. 利率期限结构与利率风险的度量。固定收益证券资产本质上是一种利率敏感性资产。从理论上讲，固定收益证券资产的价格P可以表示为：

$$P = f(R, r, t)\text{，且}\frac{\partial P}{\partial R} > 0, \frac{\partial P}{\partial r} < 0 \tag{8-2}$$

式中，R为票面利率；r为市场利率或收益率；t为固定收益证券的剩余期限。

在其他条件不变的情况下，固定收益证券的票面利率越低，固定收益证券价格越低；市场利率或收益率越高，固定收益证券价格越低。显然，市场利率的变动必然引起固定收益证券价格的变动，从而会给固定收益证券持有者带来利率风险。

利率期限结构可直观反映不同投资期限或到期期限固定收益证券收益率。由于固定收益证券的价值取决于其未来利息和未来价格的现值，而利率期限结构直接影响未来利息和未来价格的现值，所以未来利率的变动对固定收益证券价值具有重大影响；利率期限结构的非预期变动更是固定收益证券投资的重要风险；在没有利率风险对冲工具时，利率及期限结构变化的预测尤其重要。因此，利率期限结构的建立对固定收益证券的组合投资和利率风险的规避都至关重要。

（四）久期与利率风险的度量

利率风险是指因为利率水平和利率期限结构的变化导致金融资产价值不利变动的可能性。因此，要对利率风险进行准确分析和度量，就要考察整个利率期限结构的影响，可是这显然是不现实的。为了解决这个问题，特地引入“到期收益率”来代替利率期限结构，固定收益证券对利率的敏感性也因此可以表述为证券价值变动的百分比对到期收益率变动的敏感性，最常用的度量利率风险一阶敏感性的指标就是久期。

1. 久期的计算。久期被定义为给定时刻固定收益证券价值变动的百分比对到期收益率变动的一阶敏感性，用公式表示如下：

$$D = -\frac{\frac{dV}{dy}}{V(t)} \tag{8-3}$$

式中，D为久期；$V(t)$为固定收益证券在时刻t的价值；y为到期收益率。

上述公式也可用于计算投资组合的久期。投资组合的久期等于单个资产久期的加权平均，权重为市值比例，即：

$$D_P = \sum_{i=1}^{n}\left(\frac{V_i}{\sum V_i} \cdot D_i\right) \tag{8-4}$$

为了说明投资组合久期的计算，假设某债券投资组合由 3 个债券构成，基本数据如表 8－2 所示。

表 8－2

	基本特征	y	D	市值比重
债券 1	票面利率 10%，5 年，价格 100.0	10%	3.86	0.4
债券 2	票面利率 8%，15 年，价格 84.63	10%	8.05	0.4
债券 3	票面利率 14%，30 年，价格 137.86	10%	9.17	0.2

则该组合的久期：$D_p = 0.4 \times 3.86 + 0.4 \times 8.05 + 0.2 \times 9.17 = 6.598$

从公式 8－3 可以看出，如果固定收益证券定价公式不同，其价值对到期收益率的一阶导数自然不同，因此不同固定收益证券久期的计算公式也就不同，最简单的情形是不含权债券的久期。假定债券持有者在时刻 t 收到利息 C_t，连续计复利的到期收益率为 y，根据债券的定价原理可以得到债券的价格 B：

$$B = \sum_{t=1}^{n} c_t \cdot e^{-y \cdot t} \tag{8-5}$$

债券久期 D 的定义如下：

$$D = \sum_{t=1}^{n} \frac{c_t \cdot e^{-y \cdot t}}{\sum c_t \cdot e^{-y \cdot t}} \cdot t = \frac{\sum_{t=1}^{n} t \cdot c_t \cdot e^{-y \cdot t}}{B} \tag{8-6}$$

从式 8－6 可以看到债券的久期是票面利率、剩余期限和到期收益率的函数，简单求导计算可知，在其他条件相同情况下，票面利率越高的债券久期越小，剩余期限越长的债券久期越大，到期收益率越低的债券久期越大。

根据式 8－5 两边对 y 求导可得：

$$\frac{\partial B}{\partial y} = -\sum_{t=1}^{n} c_t \cdot t \cdot e^{-y \cdot t} \tag{8-7}$$

联合式 8－5 和式 8－7 可得：

$$\frac{\partial B}{\partial y} = -B \cdot D \tag{8-8}$$

把式 8－8 改写成 $\frac{\partial B}{B} = -\partial y \cdot D$，其微分形式为：

$$\frac{\Delta B}{B} = -D \cdot \Delta y \tag{8-9}$$

式 8－9 表明债券价格变化的百分比等于债券的久期乘于收益率的变化量。久期反映了价格变动对收益率变动的敏感程度，即久期就是债券价格的利率弹性。因此，我们可以用久期度量利率风险的大小，即久期越大，单位利率变动引起的债券价格变动就越大，利率风险也就越大；反之亦然。

2. 久期的缺陷。尽管久期捕捉了固定收益证券利率风险中的主要部分，但是作为利率风险的测度，久期有着两个明显的缺陷：第一，久期用到期收益率的变动代表整个利率期限结构的变动，实际上隐含了一个重要假设，即整条收益率曲线的移动是平行的，这意味着所有期限的利率变化幅度是相等的，这显然不符合实际；第二，久期仅仅是资产价值对利率的一阶敏感性指标，无法反应资产价值的全部利率风险，尤其是利率变化较大时，这个缺陷尤其明显。

为了克服久期的第一个缺陷，可以采取两种做法：第一种是采用关键利率久期，例如美国市场上影响较大的利率包括 3 个月、1 年、2 年、3 年、5 年、7 年、10 年、15 年、20 年、25 年和 30 年的利率，可以逐一计算这些特定期限到期收益率变化时的敏感性，从而形成一个关键久期向量。第二种是采用主成分分析方法，将影响整个利率期限结构的风险因子降为三个主要成分，只考察资产价值对这三个风险因子的敏感性。

为了克服久期的第二个缺陷，需要引入了凸度的概念，下面进行详细讨论。

3. 凸度（Convexity）。久期可以看作债券价格对利率小幅度波动敏感性的一阶估计，但是这种估计是有偏差的，这种偏差可以通过图 8－4 展示出来。可以看到，当 y_0 升跌同样幅度到 y_+ 或 y_- 时，如果仅考虑久期（一阶）的影响，价格会变动同样幅度至 V_+ 或 V_-。可事实上，由于债券的收益率曲线的形状是凸形的，其斜率是不断变化的，在利率上升时，真实价格只会跌到 V'_+；在利率下降时，真实价格会涨到 V'_-。可见，忽视二阶及以上的影响无法反应资产价值的全部利率风险，尤其是利率变化较大时，这个缺陷尤其明显。

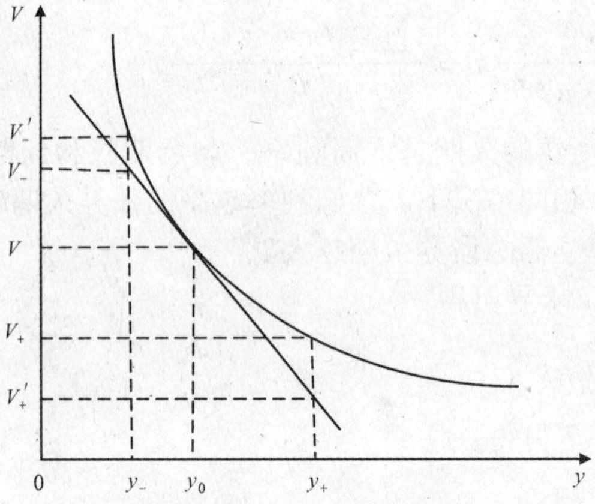

图 8－4　凸度的影响

凸度是对债券价格的利率敏感性的二阶估计，它对久期的估计误差进行了有效校正。凸度测度的是斜率变化率，可以通过计算债券价格对利率的二阶导数再除以债券的价格得到，由式 8－8 两边对 y 求导可得：

$$\frac{\partial^2 B}{\partial y^2} = \sum_{t=1}^{n} c_t \cdot t^2 \cdot e^{-y \cdot t} \tag{8-10}$$

凸度 C 的定义如下：

$$C = \frac{\partial^2 B}{\partial y^2} \cdot \frac{1}{B} = \frac{1}{B} \cdot \sum_{t=1}^{n} c_t \cdot t^2 \cdot e^{-y \cdot t} \tag{8-11}$$

联合式 8－10 和式 8－11 可得：

$$\frac{\partial^2 B}{\partial y^2} = C \cdot B \tag{8-12}$$

由式 8-12 可以看出，凸度具有下面几个特点：（1）如果其他条件相同，则通常距到期日越长，凸度越大；（2）给定收益率和久期，票面利率越低，凸度越大；（3）当利率下降时，凸度增加，反之亦然。

为了衡量凸度在债券价格变动中的作用，根据泰勒二级展开式可得：

$$\partial B = \frac{\partial B}{\partial y} \cdot \partial y + \frac{\partial^2 B}{2\partial y^2} \cdot (\partial y)^2 \tag{8-13}$$

把式 8-8 和式 8-12 代入式 8-13 整理可得：

$$\frac{\partial B}{B} \approx -D \cdot \partial y + 0.5C \cdot (\partial y)^2 \tag{8-14}$$

写成微分形式为：

$$\frac{\Delta B}{B} \approx -D \cdot \Delta y + 0.5C \cdot (\Delta y)^2 \tag{8-15}$$

根据式 8-15，债券价格的百分比变化既受到久期的影响，又受到凸度的影响，利用久期和凸度共同估计债券价格波动更准确。

为了说明凸度的作用，假设一个债券票面利率 8%（1 年付息 1 次）、剩余期限 15 年、初始到期收益率为 10%，表 8-3 是到期收益率分别上升 0.5% 和 3% 以及下降 0.5% 和 3% 后债券价格实际变化和利用久期、凸度对债券价格变化率的度量对比。

表 8-3　到期收益率变化对债券价格变化的影响

到期收益率	7%	9.5%	10.5%	13%
久期	25.836%	4.306%	-4.306%	-25.836%
凸度	4.577%	0.127%	0.127%	4.577%
总和	30.414%	4.433%	-4.179%	-21.259%
实际	31.090%	4.436%	-4.182%	-21.808%

从表 8-3 中可以看出，引入凸度在很大程度上提高了利率风险管理的精确度，收益率变动越大，凸度的贡献越明显。综合考虑久期和凸度的影响之后，估计出来的收益率变动基本和真实变动差不多。

二、信用风险的度量

固定收益证券的信用风险指证券发行人违约的风险，是固定收益证券的主要风险之一。不同类型的固定收益证券的信用风险有很大的不同，因此要对固定收益证券的信用风险进行准确的度量是非常困难的，一般来说，有以下三种方法：

（一）对固定收益证券进行信用评级

固定收益证券的违约风险是非常难以计量的，而它又是极其重要的风险，可以通过对不同的固定收益证券进行级别评定，用级别表示违约风险的大小。一般的情况下，信用评级越高，违约风险越小；信用评级越低，违约风险越大。

信用评级主要是向投资者提供有关债务偿还风险的相关信息，以便投资者对收益和回报的相互关系进行判断时可以参考。因此一个好的评级机构应具有以下几个关键特征：第一，信用评级能够对公司信用品质的实质变化较为敏感；第二，信用评级具有前瞻性；第三，信用评级应具有相对稳定性和一致适用性；第四，风险评价的层次划分，应有助于促进信用定价及信用条件设定的合理性；第五，及时更新和公布信用监视结果。

目前世界上最权威的信用评级机构有穆迪公司（Moody's）、标准普尔公司（S&P）和惠誉公司（Fitch），这三家信用评级机构各自建立了一套衡量固定收益证券风险的信用指标体系，利用这套指标体系可以确立每一种固定收益证券的信用级别。表 8－4 是三家公司关于债权级别的标准。

表 8－4　　国际著名信用评级公司设定的信用级别

	Moody's	S&P	Fitch	说　明
投资级别	Aaa	AAA	AAA	金边债券，最安全
	Aa1 Aa2 Aa3	AA + AA AA －	AA + AA AA －	高级别，信用好
	A1 A2 A3	A + A A －	A + A A －	中高级别
	Baa1 Baa2 Baa3	BBB + BBB BBB －	BBB + BBB BBB －	中下级别
投机级别	Ba1 Ba2 Ba3	BB + BB BB －	BB + BB BB －	低级别，投机性
	B1 B2 B3	B	B + B B －	高投机性
高度投机性	Caa	CCC + CCC	CCC + CCC	风险很高，处境不妙
	Ca	CC	CC	很容易违约，非常高的投机性
	C	C	C	极度投机性
		C1		收益性债券——已经不支付利息
		D	DDD DD D	已经违约

资料来源：姚长辉：《固定收益证券——定价与利率风险管理》，北京大学出版社 2006 年版。

表8－5是各种级别债券发行后信用等级和违约率之间的关系。最常见的违约率的计算有两种方法：一种方法是奥特曼编制的美国普通债券（不含可转换债券）及高收益债券违约的总市场价值与未清偿债券市场价值的商；另一种方法是穆迪公司的办法，将每个信用等级的违约发行者个数除以该信用等级的全部发行者个数，他们定义的违约是指债券发行者有一次没有支付应该支付的利息。

表8－5 债券信用等级和发行人违约率之间的关系（%）

年数 信用级别	1	2	3	4	5	6	7	8	9	10
AAA	0.01	0.02	0.03	0.03	0.07	0.07	0.11	0.12	0.14	0.15
AA1	0.02	0.05	0.07	0.08	0.10	0.10	0.11	0.12	0.13	0.15
AA2	0.02	0.08	0.12	0.12	0.14	0.12	0.11	0.11	0.13	0.15
AA3	0.03	0.08	0.13	0.14	0.17	0.15	0.12	0.16	0.19	0.22
A1	0.05	0.09	0.14	0.16	0.21	0.18	0.14	0.20	0.24	0.28
A2	0.06	0.09	0.15	0.18	0.24	0.20	0.15	0.24	0.30	0.35
A3	0.09	0.18	0.23	0.30	0.33	0.30	0.31	0.38	0.42	0.42
BAA1	0.13	0.27	0.31	0.43	0.42	0.40	0.47	0.51	0.53	0.50
BAA2	0.16	0.36	0.40	0.55	0.51	0.49	0.63	0.64	0.65	0.57
BAA3	0.70	1.11	1.11	1.19	1.15	0.98	0.93	0.91	0.90	0.84
BA1	1.25	1.85	1.82	1.84	1.80	1.47	1.22	1.17	1.15	1.11
BA2	1.79	2.59	2.53	2.48	2.44	1.96	1.51	1.44	1.40	1.39
BA3	3.96	3.90	3.53	3.12	2.71	2.60	1.81	1.75	1.50	1.47
B1	6.14	5.21	4.54	3.75	2.98	3.25	2.11	2.05	1.60	1.55
B2	8.31	6.52	5.54	4.39	3.24	3.90	2.41	2.35	1.70	1.64
B3	15.08	6.82	5.21	3.80	3.14	4.43	2.58	1.69	2.54	2.01

资料来源：于研：《信用风险的测定与管理》，上海财经大学出版社2003年版。

对已评定信用等级的债券，影响违约风险的主要因素之一是债券发行的年龄。因为从根本上说，信用评级是根据发行公司的财务状况决定信用等级的。但随着时间的推移，公司业务经营的内外环境，如产业发展态势、行业竞争程度、公司领导管理水平等都有可能改变。这些因素的变化，最终会引起公司的财务状况发生变化。

固定收益证券的违约风险与信用等级成负相关关系，即固定收益证券的信用等级越高，违约风险越低。同一信用等级的证券，随着期限的延长，违约风险逐步上升。这是由两个因素共同作用的结果，一是每年的违约风险的累积。二是该信用等级的证券随着期限的延长，固定收益证券本身品质发生变化引起信用等级出现转移。

固定收益证券信用评级的特点是：主要利用公司过去的经营业绩、结合公司发展前景等因素，给发行人未来支付利息和本金的能力的一个基本判断，并且非常直观，投资者应用起来简便易行。

资料链接

中国的信用评级

中国的信用评级发端于20世纪80年代后期。1987年2月，国务院颁布了《企业债券管理暂行条例》，信用评级机构首先开始对企业债券进行信用评级。1992年2月，中国信用评级协会筹备会经过多次讨论，制定了《债券信用评级办法》。我国的《公司法》和《证券法》都规定发行企业债券或公司债券必须具备债券信用评级。

目前，我国主要的信用评级机构主要包括中诚信国际信用评级有限公司、大公国际资信评估有限公司、上海远东资信评估公司、联合信用评级有限公司、上海新世纪资信评估投资服务有限公司、鹏元资信评估有限公司等等。

资料来源：作者根据相关资料整理。

（二）利用数理模型度量信用风险

利用数理模型度量固定收益证券的信用风险是第二种强有力的度量技术。这一类数理模型很多，如KMV公司开发的信用监控模型、J. P摩根公司和其他机构共同推出的利用“VaR”概念的信用计量模型等。这部分内容在本书第二章第二节中有详细的介绍，这里不再赘述。

（三）利用保险思想度量信用风险

20世纪80年代末和90年代初，奥特曼等人开发了贷款和债券的死亡率表，他们的思想与保险精算师确定寿险保险费的思想是相似的。瑞士信贷银行金融产品部开发的信用风险附加模型与家庭火险的财产险承包人确定保险费时估计损失风险使用的模型很相似。这说明保险领域的人寿保险和财产保险的基本思想都能够应用于公司债券的违约风险度量和管理。

1. 死亡率模型。固定收益证券的死亡是指债券退出原来的分析样本，更准确地说是指终止支付债券约定的利息和本金的各种行为，具体包括违约、赎回、偿还基金偿还和债券到期。定义边际死亡率 MMR_{it} 表示某一等级债券 i 在 t 年的违约风险，即

$$\mathbf{MMR_{it}} = \frac{\text{第 t 年违约的债券 i 的总价值}}{\text{第 t 年未偿的债券 i 的总价值} } \tag{8-16}$$

将计算出的单个年份的边际死亡率再计算加权平均值，其权数就是样本期间不同年份的发行规模占总发行规模的比例。因此，某一等级债券每年的边际死亡率应该是样本期间各年债券的相应边际死亡率的加权平均值，即：

$$\overline{\mathrm{MMR}_i} = \sum_{t=1}^{T} MMR_{it} \cdot w_t \tag{8-17}$$

式中，$\sum w_t = 1$ 。

利用加权平均方法得出的边际死亡率将明显体现发行量较大年份的影响。要计算某一等级债券在样本期间的累计死亡率 CMR ，可以利用死亡率和存活率之间的关系 $SR_t = 1 -$

MMR_t。因此，T 年样本期间的累计死亡率为 $CMR_T = 1 - \prod_{t}^{T} SR_t$。用这种方法可以计算任何级别债券的边际死亡率和累计死亡率，并将获得的数据编制成死亡率表，它类似于人寿保险的生命表。

死亡率模型的主要特点是：（1）引进了死亡率和存活率两个新概念；（2）运用寿险精算学原则编制债券或贷款死亡率表，它恰好相当于人寿保险中的国民生命表。

2. 信用风险附加模型。瑞士信贷银行开发的信用风险附加模型将财产保险的基本思想应用到信用风险的度量。在财产保险中决定风险大小的因素是出险率和损失的大小，因此信用风险附加模型将违约风险分解为两个因子即违约频率和损失严重程度。

（1）违约事件概率。信用风险附加模型只考虑违约风险，不考虑债券降级的风险。它假定债券的违约风险与公司的资本结构无关，也没有对违约原因进行深入的分析，债务人的履约状态要么违约要么不违约，并假定对任何一笔贷款或债券，给定时间内的违约概率与其他时间内的违约概率相同。对大量债券，任意一个债券的违约概率都很小，特定时间发生的违约债券个数独立于其他时间发生的违约债券个数。因此，特定时间违约债券个数服从泊松分布。

（2）损失的严重程度。信用风险附加模型采用的办法是，将损失的严重性或风险暴露凑成整数和分出频段。频段取值越小，则不精确程度就越低，这一不精确程度作为划分频段的结果，被发展为模型的一部分。违约率和损失的严重性这两种不确定性，确定了每一风险暴露频段的损失分布。

信用风险附加模型最大的优点是它对数据资料的要求很少。主要的数据输入是贷款或债券各个频段的违约率均值和损失严重性。信用风险附加模型的缺点是忽视了信用等级转移的风险，没有顾及贷款或债券信用等级的变化对违约风险的影响。死亡率模型中要求的大型国民贷款死亡率表要求建立庞大的数据库，在中国应用就显得极为困难。但信用风险附加模型所需数据极少，应用于我国的风险管理实践，客观上的困难似乎要小得多。

分析案例

“金边债券”的黑天鹅——从 LTCM 的破产谈起

美国长期资本管理公司（LTCM）成立于1994 年2 月，是一家主要从事定息债务工具套利活动的对冲基金，该基金曾经是当时世界上最出色的对冲基金之一，掌门人梅里韦瑟被誉为能“点石成金”的华尔街债券套利之父。LTCM 云集了前财政部副部长及联储副主席莫里斯、前所罗门兄弟债券交易部主管罗森菲尔德、1997 年诺贝尔经济学奖获得者默顿和斯科尔斯等一批华尔街的精英，被人称为“梦幻组合”。1994 年到1997 年4 年间，LTCM 的确将这种天才变为了惊人的利润：每年的投资回报率为28.5%、42.8%、40.8%和17%。资本金也从12.5 亿美元增加到48 亿美元。

LTCM 的投资手法较为特别，在深信“不同市场证券间不合理价差会回归”的基础上，积极倡导投资数学化，运用电脑建立数量模型分析金融工具价格，形成了一套较完整的电脑数学自动投资模型。一言以蔽之，LTCM 就是“通过电脑精密计算，发现不正常的市场价格差，资金杠杆放大，入市图利”的投资策略。此策略并不关心某一股票或债券的价格是升还是降，而是赌在相关股票或债券的价格是否向“常态”收敛上。

1998 年，金融危机降临亚洲金融市场，LTCM 根据其模型认为：新兴市场国家债券和美国政府债券之间利率相差过大，LTCM 预测新兴市场国家债券利率将逐渐恢复稳定，二者之间差距会缩小。因此大量持有新兴市场国家的债券，同时抛空美国国债。然而，同年 8 月 17 日，俄罗斯政府因为债务危机宣布卢布贬值，延期偿付到期外债和暂停国债交易。一个曾经称霸世界的强国居然赖账了！真不可思议，但的确发生了！投资者纷纷从新兴市场退出，转而持有美国国债、德国国债等风险小、质量高的债券品种。由于 LTCM 做错了方向，从 5 月到 9 月短短的 150 多天，其资产净值下降了 90%，出现 43 亿美元的巨额亏损，资本金仅余 5 亿美元。9 月 23 日，美联储出面组织安排，以美林、J. P. 摩根为首的 15 家国际性金融机构注资 37. 25 亿美元购买了 LTCM 90% 的股权，共同接管了 LTCM，从而避免了它暂时倒闭的厄运。然而 LTCM 已经无力回天，最终于 2000 年倒闭清算。

资料来源：根据相关资料整理。

分析要点：

(1) 小概率事件（黑天鹅事件）；

(2) 金融投资中数学模型的优缺点分析；

(3) 俄罗斯的违约表明忽视“金边债券”的风险管理会造成致命后果。

三、流动性风险的度量

除市场风险以外，流动性风险是交易者交易时面临的另一个非常重要的风险。由于流动性形成机制受很多复杂因素的影响，对于流动性风险度量的研究非常少，缺乏一致的理论框架体系。直到近几年出现了一些典型的由于忽略了证券流动性风险而导致的金融机构破产危机的事件之后，才开始有一些学者对流动性风险的量化模型进行系统研究。目前来看，流动性风险的度量主要是将流动性风险纳入到较为成熟的风险度量标准 VaR 的框架中，也就是利用 VaR 的方法度量流动性风险。关于流动性风险的度量，详见本书第五章，这里不再赘述。

第三节
固定收益证券的风险管理

一般来说，固定收益证券的风险管理可以分为三步：一是确定组合管理的目标；二是根据组合管理目标制定组合投资策略；三是实施并调整组合管理策略。固定收益证券组合管理的目标主要有投资型和对冲型两种。投资型目标追求在风险既定的前提下收益最大化，根据对市场有效性认识的不同，追求投资型目标的管理者采取的投资策略分为消极组合投资策略和积极组合投资策略两种。对冲型目标则追求既定收益下的风险最小化，追求对冲型目标的管理者主要采取奉献型投资策略。本节介绍固定收益证券的这三大组合投资策略类型。

一、固定收益证券的消极组合投资策略

固定收益证券的消极组合投资策略基于投资者对固定收益证券市场有效性的认识基础上，认为固定收益证券市场价格已经反映所有的信息，因此投资者找不到被错误定价的证券，任何激进的投资不仅无助于投资绩效的提高，反而会增加交易成本。简单的说，消极组合投资策略适用于半强式有效市场，主要包括买入持有法和指数化法两种。

（一）买入持有策略

买入持有法是一种比较简单的固定收益证券的消极组合投资策略，其通常做法是：投资者根据投资目标构造一个投资组合并持有到期。这种方法不需要考虑用积极的交易策略获得高额收益，只需要寻找那些到期期限（或久期）接近于投资者预定的投资期限的固定收益证券，以尽量减少固定收益证券的价格波动风险和再投资风险。

在投资实践中，投资经理经常运用修正的买入并持有策略，即如果投资经理在买入固定收益证券之后，发现该证券的价格出现有利变动时，就增加其持仓量。对应于此种策略，投资者一般使用短期债券。这种方法的缺点是资金流动性较差。

（二）指数化策略

指数化策略指投资者选定一个债券指数做依据，然后跟踪指数构造证券组合。根据证券组合对债券指数的复制程度不同，可以分为纯指数化和增强指数化两种方法。纯指数化策略试图完全复制指数，即使自己的投资组合中各类债券的权重与债券指数相一致。然而，在债券市场中，这种方法很难实现，并且成本也很高。增强指数化策略利用市场可交易债券复制债券指数的主要风险特征，包括两种类型：一种是采用主要风险因子匹配来构建组合，一种是采用少量风险因子不匹配来构建组合。第一种方法需要投资于大样本债券，以便使投资组合的风险因素（如久期、现金流分配、部门、信用品质、赎回风险等）与指数的风险因素相匹配，这样在市场价格发生变动时能够与基准指数保持同样的变动。第二种方法允许在风险因素（久期除外）中出现微小的匹配误差，使组合投资倾向于某些特定因素（例如部门、信用品质、期限结构、赎回风险等）。

采用指数化策略的关键环节有二：一是基准指数的选择，这是指数化投资的第一步，也是最重要的一个环节，因为它直接决定着投资者的风险—收益情况；二是具体复制技术的使用。

1. 基准债券指数的选择。债券市场指数（bond market index）是反映不同时点债券价格变动情况的相对指标。通常是先将报告期的债券价格除以选定的基期价格，再乘以基期的指数值，即为报告期的债券市场指数。为了满足不同的投资需要，产生了许多不同类型的债券市场指数。一些债券指数用来度量整个市场的业绩，而另一些指数的创建主要用于投资基金的业绩评价，还有一些指数的建立是为了给金融产品创新提供基础。

一般来说，基准指数的选择要满足以下几个标准：（1）广泛的市场代表性；（2）可投资性和可复制性；（3）采用市场资本化加权；（4）方法的透明性和一致性；（5）稳定性，即必须采用持续的、一致的、合理的维护规则。这些标准是构建一个良好的基准指数的基础。

资料链接

主要债券市场指数简介

当前国际上最常用的综合债券指数主要有：（1）Barclays Capital Aggregate Index；（2）Merrill Lynch Domestic Market Index；（3）Salomon Smith Barney Broad Investment - Grade Bond Index；（4）Ryan Treasury Composite Index；（5）J. P. Morgan Global Government Bond Index；（6）HSBC Asian Local Bond Index。

我国债券市场指数主要有：（1）中国债券指数；（2）上海证券交易所国债指数；（3）中证全债指数；（4）上海证券交易所企业债指数。

资料来源：作者根据相关资料整理。

2. 复制技术的使用。指数化组合投资中可以采用的复制技术主要包括以下几种：

（1）完全复制法。这是指数化组合投资最简单的方法，即按照与基准指数相同的权重持有每一种成分证券，这样指数化组合投资就可以完全复制指数的风险和收益。在美国，大多数指数基金都采用完全复制方法构建投资组合，因为投资组合构成上任何微小的差异都会产生跟踪误差。

完全复制法虽然简单，但存在如下缺陷：一是当指数中的成份债券进行调整时，投资组合中的每一种债券都需要进行调整以反映指数新的权重；二是当一些组成债券缺乏流动性或者组成债券的流动性高度不平衡时，采用完全复制的指数基金承受较大的交易成本，产生较大的跟踪误差。

（2）抽样复制法。是指复制基准指数的业绩的过程中不购买所有的组成债券，而是采用部分有代表性的债券复制指数。抽样复制的优势在于能够减少交易成本。有许多方法可以进行抽样，包括随机抽样、大量持有、分层抽样和优化。

不论采用何种抽样方法，第一步都要确定构建投资组合所需要债券的数量。很明显，随着债券数目的提高，跟踪误差就会下降。这样，跟踪投资组合中债券的数目取决于投资者的风险厌恶程度。风险厌恶程度较高的基金经理偏好较小的跟踪误差，所以，需要使用更多的债券构建投资组合；而对于风险厌恶程度较低的基金经理可能选择持有少量的债券，承担较大的跟踪误差。

(3) 大量持有法。大量持有法也是一种比较简单的方法，它根据指数的编制原理选择债券，大量持有对指数影响大的债券。由于选取的是一些数目相对较少但是权重较高的债券，所以这种方法可以获得与指数相近的收益率。当然，除了选择大量持有发行规模大的债券，也可以根据其他的标准选择所持有的债券，比如选择具有高换手率的债券。但是，如果最终的投资组合只是所选债券的资本化加权的投资组合，那么这个投资组合通常不是所选债券的最优组合。所以，在给定跟踪投资组合中债券的数目以后，需要通过优化方法建立跟踪误差最小化的复制投资组合。大量持有方法的主要缺陷在于缺乏风险控制。

(4) 分层抽样法。分层抽样法是一种能够进行部分风险控制的方法。分层抽样方法通过建立与指数具有相同风险暴露的投资组合，以使得跟踪风险最小化。跟踪指数的准确程度取决于基准组合与复制组合之间的差异。如果两者之间的差异小，跟踪效果就会较好，残差风险也会很小。

分层抽样提供了一定程度的风险控制，但是这种风险控制是不够的。因为当投资组合与指数存在差异时，投资组合相对基准指数就会产生残差风险。同时，抽样方法也不能控制指数化组合投资的系统风险。系统风险取决于头寸的大小，以及选择债券的范围。抽样方法可能过多地持有发行规模大的债券，从而减低系统风险，但是不能控制系统风险。

(5) 优化方法。优化方法是一种能够有效控制风险的方法，基本思路是在给定债券数目的前提下，建立一个具有最小跟踪误差和最低交易成本的投资组合。在优化方法中结合了风险的预测，期望在维持较低交易成本的同时，找到一个具有最小跟踪误差的投资组合。目前，投资组合优化主要的方法是线性规划、二次规划和基于 VaR 的组合投资优化，每种方法都有其相对的优点和缺点。

二、积极的投资组合策略

固定收益证券的积极型组合投资，是指总体目标在一定风险程度范围内，对固定收益证券进行最优选择，以此获取预期报酬最大化。由于涉及期望收益，投资者必须预测影响固定收益证券报酬的因素，如利率水平的变化、长短期利率相对改变、各种类型固定收益证券的利差变化等，因此投资者是否具有预测能力及预测准确与否，将直接影响到积极型组合投资的绩效；同时，投资者有必要积极寻找价格被错估的固定收益证券，抛售高估的固定收益证券，买进被低估的固定收益证券。固定收益证券的积极型组合投资适用于低效率市场，投资者寻求“错误定价”，积极进行组合调整，在承受一定风险后，获取超额报酬。主要的方法有 5 种：久期策略、估价分析策略、信用分析、收益率差分析与债券互换。

（一）久期策略

一个管理人如果相信自己能够正确预期未来的利率水平，他就会根据预期来改变组合的久期。由于久期是利率敏感性的度量指标，当预期利率下降时就应该增加久期，而预期利率上升时就应该缩短久期。对于选取某债券指数为基准的管理人而言，这就等于相对指数增加或缩短久期。客户可能会限制久期对指数的偏离程度。要改变组合的久期可以将原有的债券与具有目标久期的债券互换。不过，改变久期另一个更有效的方法是利用远期利率合约。买入远期可以增加久期，相应地卖出可以减少久期。积极策略最关键的当然是预期未来利率变动方向的能力。

（二）估值分析

估值分析是投资经理依据债券的内在价值对债券组合进行重构和调整。债券价值是由它的特征和市场上这些特征的平均值所决定的。在完成债券的估价后，应当将得出的债券价值和当前的市场价格进行对比，从而确定哪些债券被高估、哪些债券被低估。依据投资者对特征成本的分析，应该买进被低估的债券，而抛售或回避被高估的债券。

（三）信用分析

信用分析策略是指通过对债券发行者的详细分析，以确定其违约风险的预期变化。信用分析试图解释债券信用等级的变化，并应用这一策略购买信用等级预期上调的债券，而卖出或回避信用等级预期下调的债券。

（四）收益率差分析

收益率差分析是假设不同种类的债券之间存在一定的关系（比如长期国债与短期国债之间、工业债券和公用事业债券之间存在收益率差），因此债券基金经理一旦发现异常情况出现，就立即抓住时机进行调期。不同期限之间的利率差主要通过收益率曲线的形状来体现，收益率曲线上的间断点往往成为投资调整的对象。如果预期收益率曲线基本维持不变，且目前收益率曲线是向上倾斜的，则可以买入期限较长的债券；如果预期收益率曲线变陡，则可以买入短期债券，卖出长期债券；如果预期收益率曲线将变得较为平坦时，则可以买入长期债券，卖出短期债券。如果预期正确，上述投资策略可以为投资者降低风险、提高收益。

（五）债券互换

债券互换就是同时购买和出售具有相似特性的两个以上债券，从而获得收益级差（Yield Difference）。不同债券之间的差异，如票息、违约风险、利率、久期、税负、可回购条款、市场流动性等诸因素，决定了债券互换的潜在可获利性。债券互换可用来提高当前收益率和到期收益率，并利用利率的变动和收益率差的调整来获利，并能提高投资组合质量，以及用于税负减免等目的。在评估债券时，投资者是否进行互换操作主要取决于收益级差和过渡期这两个因素。过渡期是债券价值从偏离值重新返回平均值的时间。简单来说，收益级差越大，过渡期越短，投资者从债券互换中获得的回报率就越高。目前债券互换主要有三种类型：替代互换、市场间价差互换、税差互换。

三、奉献型策略

奉献型策略主要包括免疫策略、或有免疫策略和现金流匹配策略三种。

（一）免疫策略

1. 基于久期的免疫策略。免疫策略，是指构造一种投资组合，使得任何由利率变化引起的债券价格波动风险与再投资风险能相互抵消，使投资人在特定投资时间内获得固定收益。

假设某投资者计划在5年末偿还债务1 469.36元，为此她购买了一个面值为1 000元，票面利率为8%的5年期债券。如果市场利率保持为8%，那么，利息再投资所得为$80(1.08^4+1.08^3+1.08^2+1.08)=389.36$元，第5年的本息和1 080元，所以总的投资所得是：$1\ 080+389.6=1\ 469.36$元，投资收益率为$\left(\frac{1\ 469.36}{1\ 000}\right)^{1/5}-1=8\%$；当市场利率为6%时，利息再投资所得为$80(1.06^4+1.06^3+1.06^2+1.06)=370.96$元，第5年的本息和1 080元，所以总的投资所得是：$1\ 080+370.96=1\ 450.96$元，投资收益率为$\left(\frac{1\ 450.96}{1\ 000}\right)^{1/5}-1=7.73\%$，可见，如果没有采取措施，投资者将会因为承受利率风险而带来损失。

现在假设该投资者购买的是一个6年期的面值为1 000元、息票利率为8%、久期在市场利率为8%时等于4.99年的债券。如果在投资初期市场利率下跌为6%，那么，第5年末投资者的利息再投资所得为$80(1.06^4+1.06^3+1.06^2+1.06)=370.96$元，第6年的本息和1 080元，债券还有一年到期，所以现价即第5年末的价格是$\frac{1\ 080}{1+0.06}=1\ 019$元，所以到第5年末的总投资所得为$1\ 019+80+370.96=1\ 469.96$元，投资收益率为$\left(\frac{1\ 469.96}{1\ 000}\right)^{1/5}-1=8\%$。

可见，免疫策略利用价格风险与再投资风险相互抵消的特点，可以保护投资者不受损失。

2. 基于凸度的免疫策略。基于凸度的免疫策略即价格免疫，由那些保证特定数量资产的市场价值高于特定数量资产负债的市场价值的策略组成。价格免疫使用凸度作为衡量标准，实现资产凸度与负债凸度相匹配。图8-5展示了债券投资组合的价格免疫策略。

例如，一家保险投资基金有足够的资金支持，可以使债券投资组合（资产）的市场价值等于未来的支出（负债）的现值。只要资产凸度高于债券的凸度，两者间差额的市场价值就将随着利率的变化而增减。而且凸度越大，从利率变化所获得的利得也就越大。因此，在这种情况下，就可以判断这家保险投资基金"价格免疫"了。

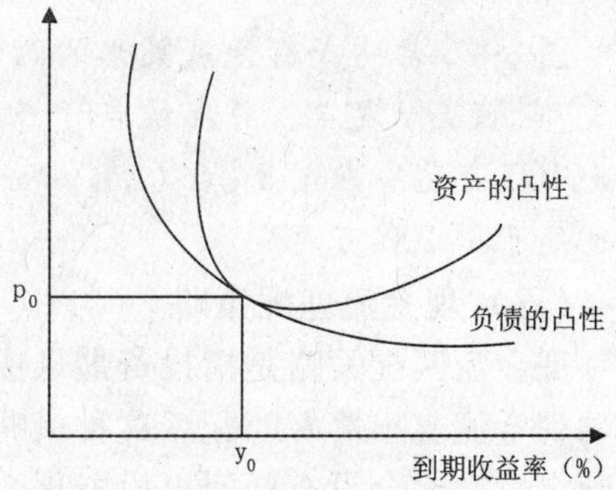

图8-5 资产凸度与负债凸度的匹配策略

（二）或有免疫策略

或有免疫是指投资者允许组合在一定限度内（保证最低收益率或价值）进行积极管理，一旦触及该限度，投资者应立即停止运用这种方法，通过市场利率来免疫剩余资产，以确保资产的终值。这种策略既可满足债券管理者实行激进管理的要求，又可以满足投资组合使用者将利率方向运动的风险最小化的需要。假定债券管理者愿意从事更积极的投资，但是只愿意承担有限的风险损失，既可以保证组合的最终价值。这样，管理者可在开始时采取一些积极的策略，并增加相应的风险容忍度而不用立即采取利率免疫策略。

假定现行利率为10%，管理者的资产组合为1 000万元，管理者通过常规的利率免疫技术锁定现有利率，两年后的资产价值为1 210万元。现在，假定资产管理者更愿意从事更积极投资，但只愿意承担有限的风险，即保证资产的最终价值不低于1 100万元。由于在现行利率下只要有909万元（1 100万元/1.102）就可以在两年后达到最小可接受的最终价值，而资产组合的现值为1 000万元，管理者可在开始时承受一些风险损失，因此开始时可采用积极策略，而不是立即采取利率免疫策略。这一策略的关键在于设定触发点，以锁定利率波动风险，以保证未来获得1 100万元。如果T代表到期的剩余时间，r为任一特定时间的市场利率，那么必须要保证达到最低可接受的最终价值1 $100/(1+r)^T$万元，因为资产组合如果免疫就会在到期时无风险地增至1 100万元。这个值就是触发点：如果实际资产价值跌至到触发点，积极管理立即停止；或达到触发点，会导致最初的免疫策略的变换，以保证最低的可接受业绩得以实现。

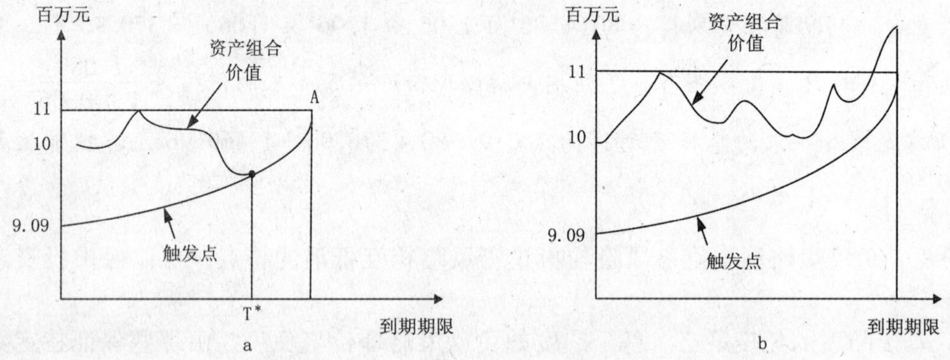

图8-6 或有免疫策略的两种可能结果

图8-6表明或有免疫策略的两种可能结果。在8-6（a）中，资产组合价值下降并在T*点触及触发点，并在该点资产组合获得利率免疫，其资产组合价值将平滑地升至A，即1 100万元。在图8-6（b）中，资产组合表现很好，并未触及触发点，因而资产组合值也高于1 100万元。

（三）现金流匹配策略

现金流匹配策略是指投资最低成本的组合，并且该组合的现金流模式与投资者所将面临的现金流支出恰好匹配。这种策略有时候也被视为消极管理策略，因为一旦债券资产组合确定后，组合没有任何再投资现金流，也没有任何再投资利率风险，并且由于债券在到期时才出售，所以也没有利率风险。因此，任何变化因素，甚至是收益率曲线较大的变化也不会影响组合结构，仅仅在债券存在违约风险时，才会改变匹配策略所决定的债券组合构成。

作为一个专项债券投资组合方法，现金流匹配策略最典型的表现为纯现金流匹配投资组合。图8-7表示的是一个典型的养老基金在30年期间的按规定需支付的债务流。此投资组合的目标是建立一个组合，确保在每次按规定支付债务前，该组合能够产生足够的现金流以满足支付需求。

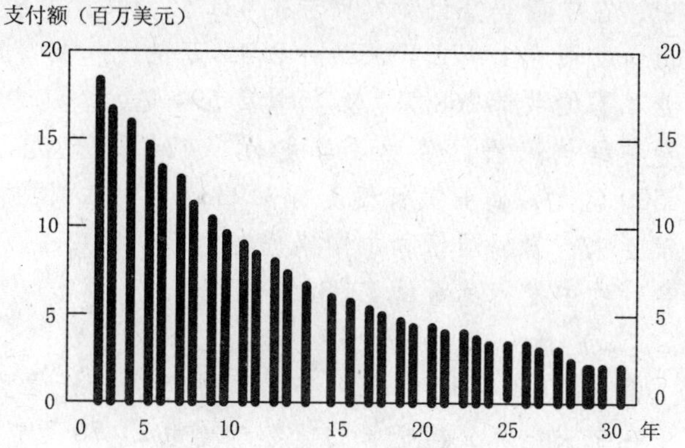

图 8－7 规定支付的现金流

【复习与思考】

一、关键概念

固定收益证券　抵押贷款支持证券(MBS)　资产支持证券(ABS)
利率期限结构　预期理论　流动性偏好理论
市场分割理论　信用评级　死亡率模型
信用风险附加模型　买入持有策略　指数化策略
利率预期策略　估价分析策略　信用分析
收益率差分析　债券互换　或有免疫策略
现金流匹配策略

二、思考题

1. 债券的风险主要有哪几种？
2. 债券的利率风险主要表现为哪几种？
3. 如何度量债券的风险？
4. 利率期限结构理论主要有哪几种？其主要观点是什么？
5. 固定收益证券组合投资策略有哪几种？各有什么特点？

三、思考案例

中国 2013 年债券市场的风险分析

一、2012 年我国债券市场的发展概况

（一）债券发行量平稳增加

中债登数据显示，2012 年债券市场共发行各类债券约 8.6 万亿元，其中，在中债登登记新发债券 1 421 只，共计 5.9 万亿元；上海清算所登记新发债券 1 472 只，共计 2.45 万亿元；交易所发行公司债和中小企业私募债共计 268 只，发行量 2 594 亿元。从中央结算公司新发债券的券种结构来看，企业债券发行 6 474.31 亿元，政策性银行债发行 21 500 亿元，商业银行债发行 3 933.7 亿元，国债发行 12 032.8 亿元。政策性银行债、国债和中期票据在发行规模中占据主要地位，三者发行量合计约占发行总量的 72.38%。

（二）债券市场托管量稳步增加

截至 2012 年 12 月末，全国债券市场总托管量达到 25.96 万亿元，其中在中央结算公司托管的债券总量为 23.76 万亿元，占全市场托管量的 91.53%；上海清算所托管总量为 1.67 万亿元，占全市场托管量的 6.43%；交易所托管的公司债和中小企业私募债总量为 0.54 万亿元，占全市场托管量的 2.08%。

（三）债券市场交投活跃

2012 年，债券市场共发生交易结算 268 万亿元。中央结算公司统计结算量为 218 万亿元，其中现券交易结算量 70.84 万亿元，回购交易结算量 147.6 万亿元，债券远期交易结算量 140.3 万亿元；上海清算所统计交易结算量共计 11.86 万亿元，其中，现券交易结算量 7.74 万亿元，回购交易结算量 4.12 万亿元；交易所统计债券交易结算量共计 37.44 万亿元，其中，现券交易结算量 0.59 万亿元，回购交易结算量 36.85 万亿元。

（四）投资者类型更趋多元化

从投资者数量来看，中央国债登记结算公司统计数据显示，截至 2012 年底，参与银行间债券市场的投资者达到 12 431 家。其中，金融类机构的投资者（含商业银行、信用社、基金、证券公司、保险机构和非银行金融机构）达到 5 944 家，占总投资者数量的 47.82%；非金融类投资者（具体指企业）达到 6 375 家，占总投资者数量的 51.28%。

二、2012 年债券市场运行特点

（一）信用债券市场发展迅速

2012 年全年信用类债券（包括企业债、中票、集合票据、商业银行债券、短融和非金融企业定向融资工具等）在银行间债券市场共发行了 3.79 万亿元，信用债券托管余额的市场占比达到 30.56%，信用类债券今年全年的现券交易量为 32.47 万亿元，占据全市场现券交易结算总量的 42.14%。

（二）城投债加速扩张

2012 年全年，银行间债券市场发行的城投类债券（仅包括在中央结算公司登记托管的中期票据和企业债两种形式）累计已达6 367.9亿元，较2011年增加3 805.9亿元，同比增长148%；截至年底，银行间市场城投类债券余额为14 365.68亿元，较2011年增加6 150.99亿元，同比增长74.87%。

（三）小微企业债券规模扩大

2012年全年，债券市场共发行小微企业债券137只，发行量为211.66亿元，发行只数和发行量同比增长448%和163%，远超小微债发行以来的平均增速（206%和99%）；与其他信用类品种债券相比，其同比增速仅次于企业债（196%）。小微债在银行间市场的现货交易量为525亿元，平均换手率为3.05倍，高于市场平均换手率（2.72倍）。

（四）债券指数基金进一步发展

2011年5月17日境内首只公募债券型指数基金南方中证50正式成立，仅一周后华夏亚债中国指数基金也宣布成立。2012年共上市4只债指基金，分别为易方达中债新综合债券指数发起式基金（LOF）、国联安中债信用债指数增强型发起式基金以及银华中证中票50指数债券型基金和华宝兴业中证短融50指数债券型基金。截至年底投入运作的国内债指基金总共已有14只，其中已上市的资产规模合计48亿元。国内目前的基金类理财产品总市值规模在2.5万亿元左右，按照年均增长15%的保守估计，5年后基金类理财产品总市值规模有望突破5万亿元。参照目前国外成熟市场债指基金占比3%左右的保守估计，单从国内需求看，5年后国内债指基金总资产规模在1 000亿元以上，总只数应超过100只。

资料来源：中央国债登记结算公司：《2012年债券市场年度统计分析报告》。

问题思考：根据我国2012年债券市场的运行情况，对2013年我国债券市场的风险进行分析。（提示：2013年我国债券市场风险主要体现在利率风险与信用风险两个方面。）

第九章 金融衍生品市场的风险管理

【导入案例】

高盛欺诈门事件

2010 年 4 月 16 日，美国证券交易委员会向纽约曼哈顿联邦法院提起民事诉讼，指控高盛集团在涉及次级抵押贷款业务金融产品问题上涉嫌欺诈投资者，造成投资者损失超过 10 亿美元。

根据美国证交会当天提起的诉讼，高盛集团被指控销售了一种基于次贷业务的抵押债务债权，但高盛未向投资者披露美大型对冲基金保尔森对该产品做空的“关键性信息”。美国证交会称，为这项交易，保尔森对冲基金公司 2007 年向高盛支付了约 1 500 万美元的设计和营销费用，但投资者因此蒙受的损失超过 10 亿美元。美国证交会执法部门主管罗伯特·库扎米当天在一份声明中说，高盛的错误就是一方面允许任一客户做空该金融产品，另一方面却向其他投资者承诺该产品是由独立客观的第三方推出的。

高盛是美国最大的投资银行。这起针对该公司的法律诉讼被认为是美国政府打击金融危机期间金融衍生品欺诈的一次关键行动。金融危机期间，一些对冲基金、投行等暗地勾结、蒙蔽投资者并做空金融市场，从而加剧了金融市场的动荡，使投资者蒙受巨额损失。

受美国证交会起诉的冲击，高盛集团股票价格 16 日出现大跌，期货商品包括石油、黄金、糖等期货产品立即下跌，股价跌幅超过 10%。

资料来源：百度文库，http：//wenku. baidu. com。

金融衍生品是指价值依赖于其他更基本标的资产的各类合约的总称。标的资产包括的范围很广泛，可以是股票、债券等基础证券，可以是黄金、白银等贵金属，也可以是小麦、玉米、咖啡等大宗商品，甚至可以是不存在实物形态的股票指数、温度、污染指数等。金融衍生品的迅速扩散和广泛应用，把金融创新推向了高潮，也给整个金融市场带来了更高的风险。

本章介绍金融衍生品市场的风险管理，将基金也列入金融衍生品市场。

第一节
期货（远期）市场的风险管理

一、期货（远期）市场的风险

期货合约是买卖双方签订的在未来一个确定时间按确定的价格购买或出售某项标的物资产的协议，期货合约中的“确定时间”一般称期货合约到期日或期限。期货合约的期限一般为1个月至1年。期货合约的交易在期货交易所进行，是主要的金融衍生工具之一。与期货合约类似的另一衍生工具是远期合约。期货合约与远期合约都是在未来一定时间以一定价格购买或卖出标的资产的协议。两者的主要差别在于远期合约属于买卖双方的私人协议，而期货合约在期货交易所交易。其次，远期合约的合约期限、标的资产、交货地点等合约条款由双方商定，属于非标准合约，而期货合约的合约条款由交易所统一设定，属于标准化合约。

（一）金融期货风险的种类

1. 价格风险。由于金融期货的杠杆作用，因此，它们对其相关联的基础金融工具如股票指数、汇率、债券价格的变动极为敏感，波动的幅度比基础市场变化大。

2. 流动性风险。由于金融期货深度或广度不够，市场发育不成熟，或是由于突发事件发生所导致的金融期货交易变现性的突然丧失或者变现就要面对价格大幅度下跌的风险。

3. 操作风险。在日常经营过程中，由于各种自然灾害或意外事故，或是由于经营管理上的漏洞，使交易员决策出现故意或非故意的错误，导致整个机构面临损失的风险。

4. 法律风险。由于合约在法律范围内无效，合约内容不合法律规范，或者是由于对方因破产等原因不具有清偿能力，对破产方的未清偿合约不能依法进行平仓而造成的风险。

5. 政治风险。由于政府的宏观政策或对相关市场的调控都会影响到金融期货的价格，而使其收益产生不确定性。

（二）金融期货风险的特征

1. 风险发生的突然性。一方面金融期货交易是表外交易，不在资产负债表内体现；另一方面它具有极强的杠杆作用，这使其表面的资金流动与潜在的盈亏相差很远。同时由于金融期货交易具有高度技术性、复杂性的特点，会计核算方法和监管一般不能对金融期货潜在风险进行充分的反映和有效的管理。因此金融期货风险的爆发就具有突然性。

2. 风险发生的传染性。金融期货是标准化的金融工具，具有较强的流动性，当一个市场信用危机发生时，往往有大量的信息通过期货交易在各个市场、参与者之间相互传递，再加上期货交易的集中，信用风险也日益集中，从而造成了金融市场的剧烈动荡，如墨西哥金融危机、东南亚金融危机、巴林银行的破产等事例。

3. 风险的巨大危害性。如具有240年历史的巴林银行就是由于其职员在新加坡从事亚洲金融期货和期权交易而给其造成了14亿美元的损失，最终导致巴林银行的倒闭。又如美国的长期资本管理公司在1998年的国际金融风暴中，一度损失惨重，发生了严重的流动性危机。

分析案例

德国MGRM公司期货交易案

Metallgeseschaft AG是德国最大的金属和能源公司。MGRM是该公司旗下涉及原油业务的一家美国分公司。MGRM公司在1991年底开始与客户签订了一系列长达10年的销售合约。合约中承诺在未来10年内以高于当时市价的固定价格提供给客户总量约6亿桶的石油商品。由于当时能源价格较低，用户觉得可以通过这种形式在未来获得低价供给，而MGRM公司认为这样可以大规模切入美国能源市场，建立自己的长久客户源，以期建立一个产供销的完整供应链，获得一个稳定的市场份额。

为了规避这个合同可能产生的风险，MGRM公司不得不利用期货、远期、场外互换等形式进行风险管理。

MGRM公司采取了延展式套期保值。因为当时的NYMEX最远的合约是18个月，但几乎没有交易。MGRM公司这么大的头寸根本无法在冷清月份上实现，所以只能选择较短期限合约的延展交易来实现长期的套期保值。

在1993年后期，MGRM公司在NYMEX建立了相当于5500万桶的得克萨斯中质原油的合约头寸，以及相当于1.05亿桶的无铅汽油和2号取暖油期货合约头寸。这1.6亿桶相当于供货商3年半的产量，或者说，相当于科威特8天的石油产量。这些套期保值头寸都是多头。

1993年底，石油输出国组织（OPEC）未能在减产问题上达成协议，油价直线下滑，MGRM公司在期货市场出现了很大的损失。12月初，关于MGRM公司大量亏损、资金困难的消息开始在金融市场传播，NYMEX为了防止出现违约，要求MGRM公司提供“超级”保证金，数额是平常保证金的两倍。之后，NYMEX宣布撤销对MGRM公司头寸的套期保值豁免，这意味着MGRM公司不得不大量平仓。虽然MGRM公司在现货市场通过长期供油合约积累了大量的潜在利润，但由于难以变现而形同虚设。

庞大的资金缺口逼迫子公司向母公司寻求资金援助。MGRM公司的母公司考虑到可能存在的风险，及时作出了撤换分公司高层并且平仓的决定，把损失减到最小。尽管如此，MGRM公司在能源期货和互换交易上的损失仍高达13亿美元。150家德国和其他国际银行对MG公司采取了一个数额高达19亿美元的拯救行动，才使得MG公司避免了破产。

资料来源：百度文库，http：//wenku. baidu. com。

二、期货（远期）市场风险的度量

（一）基差风险

期货市场的基本经济功能之一就是为部分交易者提供风险管理的手段。为规避价格风险，最常用的手段便是套期保值。当现货商利用期货市场来抵消现货市场中价格的反向运动时，这个过程就叫作“套期保值”。

套期保值又称“对冲”，是一种以规避现货价格风险为目的的期货交易行为，通过在期货市场和现货市场进行反向操作来实现。由于期货和现货市场价格走势基本一致，一个市场盈利，则另一个市场亏损，盈亏相抵后使得交易者收益稳定在预期水平。根据在期货市场上的操作方式不同，套期保值可分为买入套期保值①和卖出套期保值②。

套期保值策略将资产到期的损益锁定，从而完全对冲了风险。而在实际操作中，这种完美的对冲是很难存在的，以下的一些原因使得套期保值策略并不一定完全实现：

首先，我们想要进行保值的资产与交易所交易的期货合约中的资产并不一定完全相同，就是当我们无法在交易所找到与手中资产完全相同的合约时，往往会用价格波动相近的资产合约进行对冲，然而这样会降低套期保值的有效性。

其次，资产的到期日与合约的到期日难以精确地匹配。资产的持有者可能不确定套期保值策略的具体时限，从而难以选择合适的期货合约，或者现货资产在现有交易的期货合约到期之前一段时间到期。

套期保值只可以大体抵消现货市场中价格波动的风险，但不能使风险完全消失，主要原因是存在“基差”这个因素。要深刻理解并运用套期保值，避免价格风险，就必须掌握基差及其基本原理。

期货价格和现货价格的关系可以用“基差”来描述。所谓基差，是指现货价格与期货价格之差，即：

基差＝现货价格－期货价格

基差可能为正值也可能为负值。但在期货合约到期日，基差应为零。这种现象称为“期货价格收敛于标的资产的现货价格”，如图9－1所示。

当标的证券没有收益，或者已知现金收益较小、或者已知收益率小于无风险利率时，期货价格应高于现货价格（如图9－1（a）所示）；当标的证券的已知现金收益较大，或者已知收益率大于无风险利率时，期货价格应小于现货价格（如图9－1（b）所示）。

为进一步说明套期保值的基差风险，我们令 t_1 表示进行套期保值的时刻，t_2 表示套期保值期限的结束时刻，S_1 表示 t_1 时刻拟保值资产的现货价格，S_1^* 表示 t_1 时刻期货标的资产的现货价格，F_1 表示 t_1 时刻期货价格，S_2 、S_2^* 和 F_2 分别表示 t_2 时刻拟保值资产的现货价

---

① 买入套期保值是指套期保值者先在期货市场买入与其将在现货市场上买入的现货商品数量相等、交割日期相同或相近的该商品期货合约，然后在该套期保值者在现货市场上实际买入该种现货商品时，在期货市场上卖出原先买入的该商品的期货合约，从而为其在现货市场上买进现货商品的交易进行保值。

② 卖出套期保值是指套期保值者先在期货市场卖出与其将在现货市场上卖出的现货商品数量相等、交割日期相同或相近的该商品期货合约，然后在该套期保值者在现货市场上实际卖出该种现货商品时，在期货市场上买入原先卖出的该商品的期货合约，从而为其在现货市场上卖出现货商品的交易进行保值。

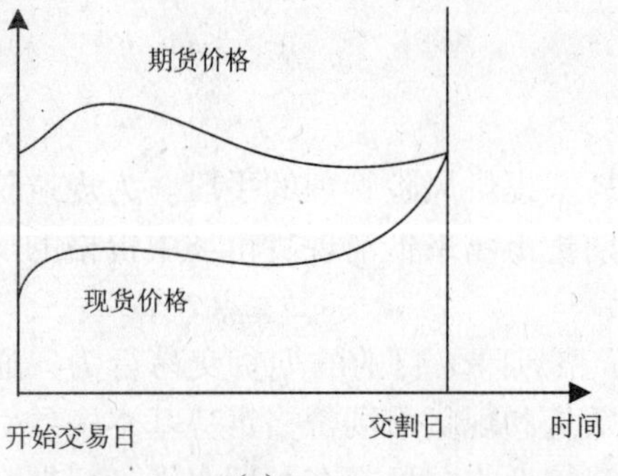

(a)

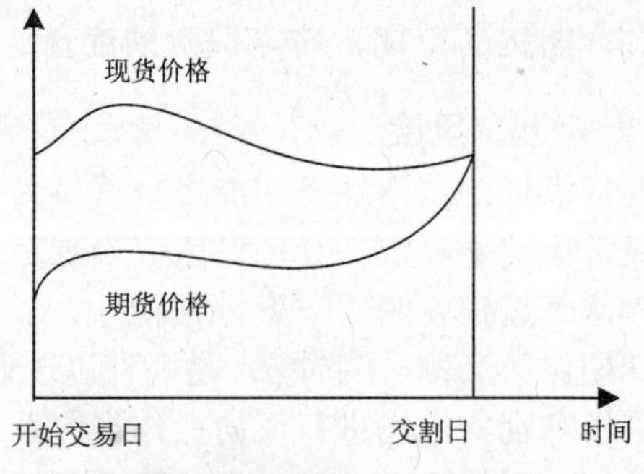

(b)

图9-1 随着交割期限临近，期货价格与现货价格之间的关系

格、标的资产的现货价格及其期货价格，b_1、b_2 分别表示 t_1 和 t_2 时刻的基差。根据基差的定义，我们有：

$$b_1 = S_1 - F_1$$
$$b_2 = S_2 - F_2 \tag{9-1}$$

对于空头套期保值来说，套期保值者在 t_1 时刻知道将于 t_2 时刻出售资产，于是在 t_1 时刻持有期货空头，并于 t_2 时刻平仓，同时出售资产。因此该套期保值者出售资产获得的有效价格（S_e）为：

$$S_e = S_2 + F_1 - F_2 = F_1 + b_2 = F_1 + (S_2^* - F_2) + (S_2 - S_2^*) \tag{9-2}$$

式中的 $S_2^* - F_2$ 和 $S_2 - S_2^*$ 代表了基差的两个组成部分。第一部分就是狭义的基差，而第二部分表示两项资产不一致而产生的基差。

由于 F_1 已知，而 b_2 未知，因此，套期保值后出售资产获得的有效价格存在基差风险。若 $b_2 > b_1$，则对空头套期保值者较有利；若 $b_2 < b_1$，则对空头套期保值者不利。

同样，对于多头套期保值者来说，他在 t_1 时刻持有期货多头，并于 t_2 时刻平仓，同时买入资产。他通过套期保值购买资产所支付的有效价格跟上式是一样的。这说明，若 $b_2 < b_1$，对多头套期保值者有利。

可见，在有些情况下，通过期货套期保值并不能完全消除价格风险，因为通过套期保值后收取或支付的有效价格中均含有基差风险。但相对原有的价格风险而言，基差风险小多了。

（二）套期保值比率

套期比率是指期货合约的头寸规模与套期保值资产规模之间的比率。当套期保值资产价格与标的资产的期货价格相关系数等于1时，为了使套期保值后的风险最小，套期比率应等于1。而当相关系数不等于1时，套期比率就不应等于1。

为了推导出套期比率（h）与相关系数（ρ）之间的关系，我们令 ΔS 和 ΔF 代表套期保值期内保值资产现货价格 S 的变化和期货价格 F 的变化，σ_s 代表 ΔS 的标准差，σ_F 代表 ΔF 的标准差，σ_P 代表套期保值组合的标准差。

对于空头套期保值组合来说，在套期保值期内组合价值的变化 ΔV 为：

$$\Delta V = \Delta S - h\Delta F \tag{9-3}$$

对于多头套期保值组合来说，ΔV 为：

$$\Delta V = h\Delta F - \Delta S \tag{9-4}$$

在以上两种情况下，套期保值组合价格变化的方差都等于：

$$\sigma_P^2 = \sigma_S^2 + h^2\sigma_F^2 - 2h\rho\sigma_S\sigma_F \tag{9-5}$$

最佳的套期比率必须使 σ_P^2 最小化。为此 σ_P^2 对 h 的一阶偏导数必须等于零，而二阶偏导数必须大于零。

从上式可得：

$$\frac{\partial\sigma_P^2}{\partial h} = 2h\sigma_F^2 - 2\rho\sigma_S\sigma_F$$

$$\frac{\partial^2(\sigma_P^2)}{\partial h^2} = 2\sigma_F^2 > 0 \tag{9-6}$$

令 $\frac{\partial\sigma_P^2}{\partial h} = 0$，我们就可得出最佳套期比率：

$$2h\sigma_F^2 - 2\rho\sigma_S\sigma_F = 0$$

$$h = \rho\frac{\sigma_S}{\sigma_F} \tag{9-7}$$

公式表明，最佳的套期比率等于 ΔS 和 ΔF 之间的相关系数乘以 ΔS 的标准差与 ΔF 的标准差的比率。

当我们用股价指数期货为股票组合套期保值时，最佳的套期比率为：

$$h = \beta \tag{9-8}$$

式中，β 为该股票组合与股价指数的 β 系数。这是因为根据

$$F = S_I e^{(r-q)(T-t)}$$

$$h = \rho\frac{\sigma_S}{\sigma_F} = \frac{\sigma_{SF}}{\sigma_S\sigma_F}\cdot\frac{\sigma_S}{\sigma_F} = \frac{\sigma_{SF}}{\sigma_F^2} = \beta$$

$$\rho = \frac{\sigma_{SF}}{\sigma_S\sigma_F}$$

$$\beta = \frac{\sigma_{SF}}{\sigma_F^2} \tag{9-9}$$

式中，S_I 为股价指数；$e^{(r-q)(T-t)}$ 为已知数。

因此，股票组合与股价指数的 β 系数可近似地用股票组合与股价指数期货的 β 系数来代替。这样，根据 β 系数的定义，我们有：

$$\beta = \frac{\sigma_{SF}}{\sigma_F^2} \tag{9-10}$$

式中，σ_{SF} 代表股票组合与股价指数期货的协方差。根据 ρ 的定义，$\rho = \frac{\sigma_{SF}}{\sigma_S\sigma_F}$，我们有：

$$h = \rho\frac{\sigma_S}{\sigma_F} = \frac{\sigma_{SF}}{\sigma_S\sigma_F}\cdot\frac{\sigma_S}{\sigma_F} = \frac{\sigma_{SF}}{\sigma_F^2} = \beta \tag{9-11}$$

三、期货（远期）市场风险的管理

（一）期货市场系统性风险管理

第一，恰当地设计合约，包括选择适当的标的物指数和设计合适的合约条款。

第二，评估参与机构的资质和信誉，以降低机构恶意操纵价格的风险。

第三，建立包括账户管理、大户报告制度、充分公开交易信息、强行平仓、仓位上限、涨跌停板制度、期货交易暂停制度、每日盯市和保证金制度等。

第四，建立风险准备基金、实时监控的预警指标体系以及警报产生后的对策措施。

（二）期货市场非系统性风险的管理

1. 进行风险识别，即确认所面临的非系统性风险的类别和风险来源，评估风险发生的可能性及影响等。套期保值者虽然在很大程度上可以回避价格下跌带来的风险，但是由于市场的变动与投资者对其预测并不一定完全一致，有时会出现偏差，使套期保值者在某种程度上也暴露在价格风险中。投机者的头寸则完全暴露，一旦价格与预期相反，则面临巨大的市场价格风险。这样，如果保证金制度和每日盯市以及强行平仓制度执行不利，就可能导致投资者穿仓甚至破产。

2. 进行风险度量，主要是使用多种计量模型来刻画市场因素的不利变化而导致金融资产组合价值损失的大小。目前，常用的风险测度方法有灵敏度分析、波动性方法、VaR模型、压力测试和极值理论等，其中 VaR 法被广泛采用。

3. 进行风险控制，包括采取措施预防风险发生以及在风险发生后采取应急措施。完善的内部控制体制是风险控制的最基本保证。完善的内部控制体制应包括建立适当的业务运作流程，建立独立的金融衍生产品交易部门和风险管理部门，动态监控保证金变动、套期保值比率等内容。

第二节 期权市场的风险管理

一、期权市场的风险

期权又称“选择权”，同样是交易双方之间签订的协议，该协议给予期权持有人在未来特定的时间（到期日）或该特定时间之前，以确定的价格（执行价），就事先规定的数量，买进或卖出标的资产的权利。有两种常见的期权合约：看涨期权和看跌期权。看涨期权又称“买入期权”，看跌期权也称“卖出期权”。看涨期权是赋予期权持有者在未来某个时点，按照合约规定，购买一定数量标的资产的权利。期权持有人购买标的资产的价格在期权合约中是事先规定的，称为期权的执行价格或敲定价格。当标的资产价格大于执行价格时，持有者执行看涨期权是有利可图的，因此它被称为“看涨期权”。但是这个购买的权利只有在某段时期内有效，称为期权期限。看跌期权则是赋予期权持有者在未来某个时点，按照合约规定，卖出一定数量标的资产的权利。当标的资产价格小于执行价格时，持有者执行看跌期权是有利可图的，所以它被称为“看跌期权”。按执行期权的方式不同，通常有美式期权和欧式期权之分。欧式期权是指持有人只在期权到期日才能行权的期权合约，而美式期权则赋予持有人在期权到期日之前任何时点行权的权利。

期权合约的标的资产很广泛，包括股票、债券、股票指数、欧洲美元存单、大宗商品、贵金属、石油等。

期权市场的风险包括以下六种：

1. 信用风险。指交易方无法履行契约而造成财务上之损失。此类风险主要发生在柜台买卖的交易，交易所买卖之交易由清算所经手。

2. 市场风险。指因为市场交易价格的变化带来的损失。

3. 流动性风险。指企业无法筹措资金以履行合约之风险。企业由于无法在市场上以公平价值迅速出售金融资产而产生的风险亦可能导致流动性风险。

4. 操作风险。指因不适当的制度、不适当的管理及控制、欺诈或其他人为错误所造成的可能财务损失。

5. 法律风险。指因法院或立法机关判定衍生性金融工具买卖或契约无效而造成的可能财务损失，如契约条款违反法律。

6. 价格风险。指货币性金融工具未来现金流的变动风险。如浮动利率债务会随着有效利率的变动而使其未来现金流变动。

二、期权市场风险的度量

（一）期权定价模型

由于衍生证券价格和标的证券价格都受同一种不确定性（dz）的影响，若匹配适当的话，这种不确定性就可以相互抵消。因此布莱克和舒尔斯就建立了一个包括1单位衍生证券空头和若干单位标的证券多头的投资组合。若数量适当的话，标的证券多头盈利（或亏损）总是会与衍生证券空头的亏损（或盈利）相抵消，因此在短时间内该投资组合是无风险的。那么，在无套利机会的情况下，该投资组合在短期内的收益率一定等于无风险利率。

推导布莱克—舒尔斯微分方程需要用到如下假设：

1. 证券价格遵循几何布朗运动，即 μ 和 σ 为常数。
2. 允许卖空标的证券。
3. 没有交易费用和税收，所有证券都是完全可分的。
4. 在衍生证券有效期内标的证券没有现金收益支付。
5. 不存在无风险套利机会。
6. 证券交易是连续的，价格变动也是连续的。
7. 在衍生证券有效期内，无风险利率 r 为常数。

由于我们假设证券价格 S 遵循几何布朗运动，因此有：

$$dS = \mu S dt + \sigma S dz \tag{9-12}$$

其在一个小的时间间隔 Δt 中，S 的变化值 ΔS 为：

$$\Delta S = \mu S \Delta t + \sigma S \Delta z \tag{9-13}$$

假设 f 是依赖于 S 的衍生证券的价格，则 f 一定是 S 和 t 的函数，根据伊藤引理，衍生证券的价格 f 应遵循如下过程：

$$df = \left(\frac{\partial f}{\partial S}\mu S + \frac{\partial f}{\partial t} + \frac{1}{2}\frac{\partial^2 f}{\partial S^2}\sigma^2 S^2\right)dt + \frac{\partial f}{\partial S}\sigma S dz \quad (9-14)$$

在一个小的时间间隔 Δt 中，f 的变化值 Δf 为：

$$\Delta f = \left(\frac{\partial f}{\partial S}\mu S + \frac{\partial f}{\partial t} + \frac{1}{2}\frac{\partial^2 f}{\partial S^2}\sigma^2 S^2\right)\Delta t + \frac{\partial f}{\partial S}\sigma S \Delta z \quad (9-15)$$

从上面分析可以看出，式 9－12 和式 9－15 中的 Δz 相同，都等于 $\varepsilon\sqrt{\Delta t}$。因此只要选择适当的衍生证券和标的证券的组合就可以消除不确定性。为了消除 Δz，我们可以构建一个包括一单位衍生证券空头和 $\frac{\partial f}{\partial S}$ 单位标的证券多头的组合。令 Π 代表该投资组合的价值，则：

$$\Pi = -f + \frac{\partial f}{\partial x}S \quad (9-16)$$

在 Δt 时间后，该投资组合的价值变化 $\Delta\Pi$ 为：

$$\Delta\Pi = -\Delta f + \frac{\partial f}{\partial S}\Delta S \quad (9-17)$$

将式 9－12 和式 9－15 代入式 9－17，可得：

$$\Delta\Pi = \left(-\frac{\partial f}{\partial t} - \frac{1}{2}\frac{\partial^2 f}{\partial S^2}\sigma^2 S^2\right)\Delta t \quad (9-18)$$

由于式 9－18 中不含有 Δz，该组合的价值在一个小时间间隔 Δt 后必定没有风险，因此该组合在 Δt 中的瞬时收益率一定等于 Δt 中的无风险收益率。否则的话，套利者就可以通过套利获得无风险收益率。因此，在没有套利机会的条件下：

$$\Delta\Pi = r\Pi\Delta t$$

把式 9－16 和式 9－18 代入上式得：

$$\left(\frac{\partial f}{\partial t} + \frac{1}{2}\frac{\partial^2 f}{\partial S^2}\sigma^2 S^2\right)\Delta t = r\left(f - \frac{\partial f}{\partial S}S\right)\Delta t \quad (9-19)$$

化简为：

$$\frac{\partial f}{\partial t} + rS\frac{\partial f}{\partial S} + \frac{1}{2}\sigma^2 S^2\frac{\partial^2 f}{\partial S^2} = rf \quad (9-20)$$

这就是著名的布莱克—舒尔斯微分方程，它适用于其价格取决于标的证券价格 S 的所有衍生证券的定价。

应该注意的是，当 S 和 t 变化时，$\partial f/\partial s$ 的值也会变化，因此上述投资组合的价值并不是永远无风险的，它只是在一个很短的时间间隔 Δt 中才是无风险的。在一个较长的时间中，要保持该投资组合无风险，必须根据 $\partial f/\partial s$ 的变化而相应调整标的证券的数量。当然，推导布莱克—舒尔斯微分方程并不要求调整标的证券的数量，因为它只关心 Δt 中的变化。

（二）期权市场的风险度量

期权是作为规避风险的金融工具而产生的，但由于期权的灵活性与复杂性，其本身也是一把“双刃剑”。使用得当，可有效地避免风险，增加投资收益；使用不当，可能带来更大的风险。期权的风险主要包括信用风险、市场风险、流动性风险、操作风险和法律风险五大类。由 B－S 公式，期权价值与以下五个因素有关：标的资产现价、执行价格、到期时间、无风险利率和标的资产的波动率。由于标的资产的价格每时每刻都在变化，而且变化的方向和幅度都不能确定，这就使期权的价值也随时在变，形成期权风险的主要来源。这个风险的度量就是常用的参数 Δ，可以从 B－S 公式中求出。设期权的价值为 F，则

$$\Delta = \frac{\partial F}{\partial S} \tag{9-21}$$

Δ 衡量了期权价值对股票价格变化的敏感度，表示股票价格每改变一个单位，期权价值的改变量。这个参数不是一个常数，是价格 S 和时刻 t 的函数，说明期权价值对股票价格变化的敏感度也随时在变，更加大了期权价值的风险。

衍生证券的 θ 用于衡量衍生证券价格对时间变化的敏感度，它等于衍生证券价格对时间 t 的偏导数：

$$\theta = \frac{\partial f}{\partial t} \tag{9-22}$$

衍生证券的 Γ 用于衡量该证券的 Δ 值对标的资产价格变化的敏感度，它等于衍生证券价格对标的资产价格的二阶偏导数，也等于衍生证券的 Δ 对标的资产价格的一阶偏导数。由于看涨期权与看跌期权的 Δ 之间只相差一个常数，因此两者的 Γ 值总是相等的。

$$\Gamma = \frac{\partial^2 f}{\partial S^2} = \frac{\partial \Delta}{\partial S} \tag{9-23}$$

衍生证券的 Λ 用于衡量该证券的价值对标的资产价格波动率的敏感度，它等于衍生证券价格对标的资产价格波动率（σ）的偏导数，即：

$$\Lambda = \frac{\partial f}{\partial \sigma} \tag{9-24}$$

证券组合的 Λ 值等于该组合中各证券的数量与各证券的 Λ 值乘积的总和。证券组合的 Λ 值越大，说明其价值对波动率的变化越敏感。

衍生证券的 rho 用于衡量衍生证券价格对利率变化的敏感度，它等于衍生证券价格对利率的偏导数：

$$rho = \frac{\partial f}{\partial r} \tag{9-25}$$

三、期权市场风险的管理

由 B－S 公式可知，利用金融衍生品对原生资产进行风险管理的基本策略是套期保值或对冲，即交易者在现货市场购入与期权头寸相反的一定数量的头寸，构建一个风险中性的资产组合。这个思想告诉人们管理风险的一种基本策略，也就是构建一个风险中性的资产组合。该策略的出发点是：当价格等因素变化时，现货头寸的收益（或损失）和期权的损失（或收益）刚好相抵，从而达到防止因价格等因素波动造成的损失，转移和分散波动所带来的风险。那么选择多少数量的现货头寸才能和期权构成风险中性资产组合，这是关键问题。

期权最大的优点是能够在价格不稳定的时候提供一种保障，而且能保留价格变动的利益。所谓风险管理就是能主动地把风险控制在可以容忍的范围内。利用期权的特性构造出来的各种资产组合既可以用来套期保值也可以用来赚取收益。

通过计算资产组合的Δ、Γ、Λ值，可以知道其风险的大小。资产组合的Δ、Γ、Λ等于各种资产Δ、Γ、Λ之和，每种资产的Δ、Γ、Λ等于契约张数乘以每张契约的Δ、Γ、Λ。每张期权契约的Δ、Γ、Λ可由公式求出，而每张标的资产的总值为1，但做多契约的Δ、Γ、Λ为正数，做空契约的Δ、Γ、Λ为负数。若资产组合的Δ、Γ、Λ是零，说明该组合是风险中性的，也就是当标的资产价格等因素稍微变化，无论是上升还是下降，该组合的价值不发生变化；若Δ、Γ、Λ为正，表示组合价值与标的资产价格之间保持正向的变动关系；若Δ、Γ、Λ为负，表示组合价值与标的资产价格之间保持反向变动关系。如果要进行套期保值，只需要构造一个Δ、Γ、Λ为零的中性组合；如果要进行赚取收益，就要承担一定的风险，只需要构造一个组合，让它的δ值在风险容忍度之内即可。

从前述的讨论可以看出，为了保持证券组合处于Δ、Γ、Λ中性状态，必须不断调整组合。然而频繁的调整需要大量的交易费用。因此在实际运用中，套期保值者更倾向于使用Δ、Γ、Λ、θ和rho等参数来评估其证券组合的风险，然后根据他们对S、r、σ未来运动情况的估计，考虑是否有必要对证券组合进行调整。如果风险是可接受的，或对自己有利，则不调整；若风险对自己不利，且是不可接受的，则进行相应调整。

期权市场给交易者提供了非常灵活的金融工具，交易者可以根据期货和期权市场的价格变动方向、市场波动率等不同情况，选择不同的期权交易策略，以达到谋取利益最大化和风险最小化的目标。

第三节 互换市场的风险管理

一、互换市场的风险

互换，也称“掉期”，是指双方达成的在未来一定期限内交换现金流的一项协议。交换的具体对象可以是不同种类的货币、债券，也可以是不同种类的利率、汇率、价格指数等。一般情况下，它是交易双方（有时也有两个以上的交易者参加同一笔互换合约的情况）根据市场行情，约定支付率（汇率、利率等），以确定的本金额为依据相互为对方进行支付。互换合约可以看做是一系列远期合约的组合，因此，它是远期合约、期货合约的延伸。

互换交易是用来管理外汇风险及利率风险的最主要且最有效的手段之一，但是互换交易本身也存在着风险。如何在可能的情况下降低互换风险是互换市场参与者共同关心的问题。

互换市场风险的种类有如下几类：

1. 利率风险。在进行固定利率对浮动利率互换和货币互换时，交易者面临着严重的利率风险。具体的，如果互换银行是固定利率支付方，而从对方那里接收浮动利率，就会面临利率下降的风险；相反的，如果互换银行是固定利率的接收方，而向对方支付浮动利率，利率上升则对银行不利。

2. 汇率风险。如果互换银行持有尚未套期保值的货币互换合约，就会面临汇率风险，汇率风险主要与本金和利息支付有关。

3. 违约风险。违约风险是一种复合风险，它一般是指信用风险同市场风险的乘积。

4. 不匹配风险。互换的本金、期限、利率、支付费率或支付时间的不匹配，都会使银行面临不匹配风险，特别是在互换对方违约的情况下，银行面临的不匹配风险更大。

5. 基差风险。对于利率互换，基差是指两种不同的浮动利率指数之间的差额。基差变动给银行带来的风险即为基差风险，其产生的原因有两种：第一种情况是互换对方要求浮动利率对浮动利率互换，但互换的两边分别盯住不同的指数。第二种情况是两个相互独立的互换对方都与银行安排了固定利率对浮动利率互换，但浮动利率分别盯住不同的指数。

6. 国家风险。它是指因国家强制的因素而使互换对方违约，从而给互换银行带来经济损失的可能性。只有货币互换才会面临国家风险，而且货币互换对方所属国家的政府进行外汇管制的可能性越大，互换对方不能履约的可能性越大，互换银行面临的国家风险也越大。

7. 利差风险。利差风险是指银行在签订匹配互换协议时与银行签订第一个互换协议时的利差发生变动带来的风险。利差风险不同于利率风险。

8. 交割风险。交割风险有时也称为“结算风险”，它是指互换双方位于不同的国家时，由于时区差的存在，世界各地的资本市场的结算时间不同，从而双方必须在一天的不同时间向对方办理支付时就会产生这种风险。

二、互换市场风险的度量

（一）利率互换的定价

1. 运用债券组合给利率互换定价。如果我们假设没有违约风险，利率互换可以通过分解成一个债券的多头与另一个债券的空头来定价，也可以通过分解成一个远期利率协议的组合来定价。

利率互换可以看成是两个债券头寸的组合，定义 B_{fix} 为互换合约中分解出的固定利率债券的价值，B_{fl} 为互换合约中分解出的浮动利率债券的价值。

那么，这个互换的价值就是：

$$V_{互换} = B_{fl} - B_{fix} \tag{9-26}$$

定义 t_i 为距第 i 次现金流交换的时间（$1 \leqslant i \leqslant n$），$L$ 为利率互换合约中的名义本金额，r_i 为到期日为 t_i 的 LIBOR 零息票利率，为支付日支付的固定利息额。

那么，固定利率债券的价值为：

$$B_{fix} = \sum_{i=1}^{n} ke^{-r_i t_i} + Le^{-r_n t_n} \tag{9-27}$$

接着考虑浮动利率债券的价值。根据浮动利率债券的性质，在紧接浮动利率债券支付利息的那一刻，浮动利率债券的价值为其本金 L。假设下一支付日应支付的浮动利息额为 k^*（这是已知的），那么在下一次利息支付前的一刻，浮动利率债券的价值为 $B_{fl} = L + k^*$。在我们的定义中，距下一次利息支付日还有 t_1 的时间，那么今天浮动利率债券的价值应该为：

$$B_{fl} = (L + k^*)e^{-r_1 t_1} \tag{9-28}$$

2. 运用远期利率协议给利率互换定价。远期利率协议（FRA）是这样一笔合约，合约里事先确定将来某一时间一笔借款的利率。不过在 FRA 执行的时候，支付的只是市场利率与合约协定利率的利差。如果市场利率高于协定利率，贷款人支付给借款人利差，反之由借款人支付给贷款人利差。所以实际上 FRA 可以看成一个将用事先确定的利率交换市场利率的合约。很明显，利率互换可以看成是一系列用固定利率交换浮动利率的 FRA 的组合。只要知道每笔 FRA 的价值，也就能计算出利率互换的价值。

（二）货币互换的定价

1. 运用债券组合给货币互换定价。如果没有违约风险，货币互换一样也可以分解成债券的组合，不过不是浮动利率债券和固定利率债券的组合，而是 1 份外币债券和 1 份本币债券的组合。

如果我们定义 $V_{互换}$ 为货币互换的价值，那么对收入本币、付出外币的那一方：

$$V_{互换} = B_D - S_0 B_F \tag{9-29}$$

其中 B_F 是用外币表示的从互换中分解出来的外币债券的价值，B_D 是从互换中分解出来的本币债券的价值，S_0 是即期汇率（直接标价法）。

对付出本币、收入外币的那一方：

$$V_{互换} = S_0 B_F - B_D \tag{9-30}$$

2. 运用远期组合给货币互换定价。货币互换还可以分解成一系列远期合约的组合，货币互换中的每一次支付都可以用一笔远期外汇协议的现金流来代替。因此只要能够计算货币互换中分解出来的每笔远期外汇协议的价值，就可以知道对应的货币互换的价值。

三、互换市场风险的管理

管理互换风险的关键是要做好各类风险的评估工作。这项工作对于互换资产的风险管理的必要性体现在：首先，银行签订互换协议时，如面临较大风险，就可要求对方提供一定的补偿，这种补偿可采用收取期初安排费的形式，但通常是通过提高利率或调低利率，而要确定对方支付的具体补偿额时，就必须对风险加以评估。其次，银行在签订某一互换协议之后，需要利用期货、期权等工具对互换风险进行暂时的套期保值，而要寻找最优套期保值方法就需要对风险加以度量。最后，银行的内部管理也要求对互换风险进行客观的估计，以便明确规定对某一互换对方或某一组互换对方的风险管理要求。

风险识别和评估的目的是为了对风险进行管理。常用的金融互换风险管理方法有以下几种：

1. 合理匹配法。互换风险与证券风险一样，也是由系统性风险和非系统性风险两部分组成。互换风险中的信用风险、基差风险等非系统性风险均可通过互换资产分散化策略来实现，其前提是互换资产的规模足够大。在互换风险控制中，银行作为多个互换的中介人，可以通过将两个互换相匹配的方法，将收入与支出相匹配，从而达到管理风险的目的。

2. 套期保值法。当互换银行安排好一个互换之后和在寻找到与其相匹配的互换之前，或者该互换未被完全匹配时，可以利用利率期货进行套期保值。在互换银行利用利率期货对利率风险套期保值时，一方面需要利用中长期国债对支付或收入的固定利率套期保值，另一方面还需要利用欧洲美元或国库券期货对支付或收入的浮动利率保值。

3. 其他方法。互换风险控制的其他方法也有很多，在此仅以信用风险为例加以说明。信用风险是不可套期保值的风险，它是非系统性风险，所以可以通过资产的合理组合使该风险大大降低。此外，还可以在互换协议中列明违约事件条款，规定违约方应对其违约行为进行怎样的赔偿；或者要求对方提供价值与市场风险相当的抵押物，而且互换协议中应明确，如若银行面临的风险加大或者对方的信誉下降，应及时追加抵押物；也可以通过逆转现存互换的方法回避信用风险。逆转现存互换有两种途径：第一是签订一个与原互换条款相反的逆向互换，逆向互换可与原互换方或其他互换方签订，原互换和逆向互换的支付可以相互抵消，从而降低风险。如果两个互换都是与同一互换方签订的，那么签订新的互换类似于取消原有的互换；第二是可以通过简单的购买取消现存的互换，就是银行支付一笔中止费给对方，要求互换方取消现存互换。

4. 互换银行将其承担的责任转移给另外的第三方。从理论上讲，互换转移之后，信用风险也随之转移。但在现实中，这种方法并不可行，因为互换的转移需要互换双方的同意，如果互换对方不能从互换转移中获利，甚至会受到损失，因而可能就不会同意这种互换转移。

5. 规范会计，尽量反映互换交易对公司的风险和收益。建立一套适用于互换交易的统一的国际会计标准，其财务报表应该包括全面的互换交易信息资料，便于公司对互换工具风险和收益的核算，需要对表内科目进行套期保值的，应将表外科目和表内相应科目相匹配。

6. 在合约中限定价格波动范围。由于一般合约确定的担保抵押价值是一定的，难以追加，因此，可以在合约中限定原生金融工具价格的浮动范围，当该价格超出一定界限，也就是互换合约价值超出一定界限时，交易利益的损失方会锁定损失金额，获利方会锁定盈利水平，不再按照原有比例进行支付。

7. 选择合适的金融工具进行互换。交易前认真评估分析可用于金融工具的各种风险特征和优势，选取合适的金融工具。一般而言，场内交易已经规范化的交易合约信用风险小于场外交易，流动性更好。互换交易适用于多个计息期，擅长中长期利率风险管理，对单一计息期的保值，防范短期利率风险，采用远期利率协议或利率期货比较合适，采用利率互换的成本过高。

8. 防止内部控制风险。在内部管理上，分开业务操作部门、风险监控部门和管理部门。定期监控风险随经济形势改变的变化，将控制数据作处理后向相应的管理人员汇报，管理人员要及时制定对可预测的风险进行防范。

在交易中，对交易方的信用评级和资金保证等信息做充分了解，防范信用风险，尽量选取值得信赖和资金雄厚的银行和信托公司作为交易对手。订立合约时，设置担保抵押等事项减少信用风险，综合市场行情制定合理的价格，并设置违约保险、损失保证金账户和适当的预付储备，防范流动性风险。

第四节 基金市场的风险管理

一、基金市场的风险

证券投资基金的风险通常有以下四类：市场风险、公司经营风险、管理人风险、基金价格风险。

（一）市场风险

市场风险是指基金证券组合价格下跌而可能造成的损失。证券市场价格受到许多因素的影响，比如，经济因素、政治因素、投机因素和交易制度等。市场风险主要包括以下几个方面：一是经济政策。如国家的财政政策、货币政策、行业政策和地区发展政策等发生变动，会导致市场波动而影响投资基金的收益，从而产生风险。二是经济周期。投资基金所投资的股票和债券，其投资的收益水平也会随着经济周期波动而出现周期性的调整，从而导致整个投资基金收益率的不确定性。三是利率。投资基金投资于股票和债券的收益水平会受到市场利率变化的影响，从而产生风险，以债券和股票构成投资组合的投资基金，在利率水平升高时，其收益水平会下降。四是购买力。投资基金的投资收益部分来源于债券利息、股利，通货膨胀会使其从债券投资及上市公司利润分配所得的现金实际贬值，产生实际购买力下降的危险。一旦投资基金的收益率低于通货膨胀率，那么基金投资实际上就发生了亏损。

（二）公司经营风险

基金投资的股票价值取决于上市公司的业绩水平。因为公司经营业绩的不确定性而导致股票价值的变化，这种风险称为“公司经营风险”。如果投资基金所投资的上市公司管理不善，其股票价值会下降，导致股价下跌，或可分配利润减少，从而使投资基金的收益水平下降。

（三）管理人风险

管理人风险即由于基金管理人本身的才能欠缺和道德缺陷所引起的投资基金收益的不确定性。在证券投资基金的管理运作中，基金管理人的专业知识、市场经验、判断能力、分析决策能力、技能水平以及诚信品质等都会影响其对信息的占有和运用，以及对经济形势、证券价格走势的判断，从而影响基金收益水平。

（四）基金价格风险

持有封闭型基金的投资者必须承担基金价格波动的风险，即基金价格风险。

二、基金市场风险的度量

证券投资基金市场风险的度量是其整个风险管理过程中极为重要的一个环节。相对于其他风险种类而言，基金的市场风险度量技术是比较丰富的，尽管这种度量所依靠的历史资料存在数据不全、变量波动频繁等问题，但市场交易本身毕竟为我们用数据统计对市场风险进行量化分析提供了基础和前提。

（一）基金净值收益率的计算

1. 简单（净值）收益率计算。简单（净值）收益率的计算不考虑分红再投资时间价值的影响，其计算公式与股票持有收益率的计算类似：

$$R = \frac{NAV_t + D - NAV_{t-1}}{NAV_{t-1}} \tag{9-31}$$

式中，R 为简单收益率；NAV_t，NAV_{t-1} 分别为期末和期初基金的份额净值；D 为考察期内每份基金的分红金额。

假设某基金在 1999 年 12 月 3 日的份额净值为 1.4848 元/单位，2000 年 9 月 1 日的份额净值为 1.7886 元/单位，期间基金曾经在 2000 年 2 月 29 日每 10 份派息 2.75 元，那么这一阶段该基金的简单收益率则为：

$$R = \frac{1.7886 + 0.2750 - 1.4848}{1.4848} \times 100\% = 38.98\%$$

2. 时间加权收益率。时间加权收益率由于考虑到了分红再投资，更能准确地对基金的真实投资表现作出衡量。

时间加权收益率的假设前提是红利以除息前一日的单位净值减去每份基金分红后的份额净值立即进行了再投资。考虑到分红再投资的时间加权收益率在数值上可能大于简单收益率，也可能小于简单收益率，这取决于分红后基金的表现，也就是说如果分红后基金表现非常差，造成亏损，加权收益率就会小于简单加权收益率；如果表现好，就会大于简单加权收益率。

时间加权收益率反映了 1 元投资在不取出的情况下（分红再投资）的收益率，这样更科学一些，从而成为衡量基金收益率的标准方法。

3. 算术平均收益率与几何平均收益率。算术平均收益率法与几何平均收益率法的区别：算术平均收益率法将所有的收益率加起来除以收益率的个数；几何平均收益率是将所有收益率相乘再开方，所以几何平均收益率更科学一些。一般来说，算术平均收益率要大于几何平均收益率，每期的收益率差距越大，两种平均方法的差距越大。

假设某基金第一年的收益率为 50%，第二年的收益率为 -50%，该基金的年算术平均收益率为 0，年几何平均收益率为 -13.40%。可以看出，几何平均收益率能正确地算出投资的最终价值，而算术平均数则高估了投资的收益率。

几何平均收益率可以准确地衡量基金表现的实际收益情况，常用于对基金过去收益率的衡量。算术平均收益率是对平均收益率的一个无偏估计，常用于对将来收益率的估计。

4. 年（度）化收益率。有时需要将阶段收益率换算成年收益率，这就涉及年（度）化收益率的计算，年化收益率有简单年化收益率与精确年化收益率之分。

（二）基金绩效的收益率衡量

基金表现的优劣只能通过相对表现才能作出判断。分组比较与基准比较是两个最主要的比较方法。

• **分组比较法**，分组比较根据资产配置的不同、风格的不同、投资区域的不同等，将具有可比性的相似基金放在一起进行业绩的相对比较，其结果常以排序、百分位、星号等形式给出。

• **基准比较法**，基准比较法是通过给被评价的基金定义一个适当的基准组合，比较基金收益率与基准组合收益率的差异来对基金表现加以衡量的一种方法。基准组合是可投资的、未经管理的、与基金具有相同风格的组合。

一个良好的基准组合应具有如下五个方面的特征：

1. 明确的组成成分，即构成组合的成分证券的名称、权重是非常清晰的。

2. 可实际投资，即可以通过投资基准组合来跟踪积极管理的组合。

3. 可衡量，即指基准组合的收益率具有可计算性。

4. 适当，即与被评价基金具有相同的风格与风险特征。

5. 预先确定，即基准组合的构造先于被评估基金的设立。基准组合可以是全市场指数、风格指数，也可以是由不同指数复合而成的复合指数。

（三）风险调整绩效衡量方法

1. 对基金收益率进行风险调整的必要性。风险调整衡量指标的基本思路就是通过对收益加以风险调整，得到一个可以同时对收益与风险加以考虑的综合指标，以期能够排除风险因素对绩效评价的不利影响。

2. 三大经典风险调整收益衡量方法。

（1）特雷诺指数。第一个风险调整衡量方法是由特雷诺（Treynor，1965）提出，因此也就被称为“特雷诺指数”。特雷诺指数给出了基金份额系统风险的超额收益率。

$$T_p = \frac{\bar{R}_p - R_f}{\beta_p} \tag{9-32}$$

式中，T_p 为基金 P 的特雷诺指数；$\bar{R}_p$ 为考察期内基金 P 的平均回报率；R_f 为考察期内平均无风险收益率；β_p 为基金 P 的系统风险。

在由收益率与系统风险所构成的坐标系中，特雷诺指数实际上是无风险收益与基金组合连线的斜率。特雷诺指数越大，额外的收益越高，系统的风险越低或者额外收益率越高、系统风险越小。

特雷诺指数越大，基金的绩效表现越好。

特雷诺指数用的是系统风险而不是全部风险，因此，当一项资产只是资产组合的一部分时，特雷诺指数就可以作为衡量绩效表现的恰当指标加以应用。

特雷诺指数的问题是无法衡量基金经理的风险分散程度。β 值并不会因为组合中所包含的证券数量的增加而降低，因此当基金分散程度提高时，特雷诺指数可能并不会变大。

例如，基金 A 和基金 C 的季度平均收益率为 2.50% 和 2.00%，贝塔值是 1.20 和 0.80，市场组合的季平均收益率为 2.20%，季平均无风险收益率为 0.65%，易得基金 A、基金 C 的特雷诺指数分别是 1.54、1.69，市场指数的特雷诺指数为 1.47，因此，基金 A、基金 C 的表现好于市场，基金 C 的表现好于基金 A。

（2）夏普指数。夏普指数以标准差作为基金风险的度量，给出了基金份额标准差的超额收益率。

$$S_p = \frac{\bar{R}_p - R_f}{\sigma_p} \tag{9-33}$$

式中，S_p 为基金 P 的夏普指数；$\bar{R}_p$ 为考察期内基金 P 的平均回报率；R_f 为考察期内平均无风险收益率；σ_p 为基金 P 的标准差。

如图 9－2 所示，在收益率—标准差构成的坐标系中，夏普指标就是基金组合与无风险收益率连线的斜率。夏普指数越大，额外收益率越高，标准差越小；或者额外收益率越高、标准差越小。所以夏普指数越大，绩效越好。

夏普指数调整的是全部风险，因此，当某基金就是投资者的全部投资时，可以用夏普指数作为绩效衡量的适宜指标。

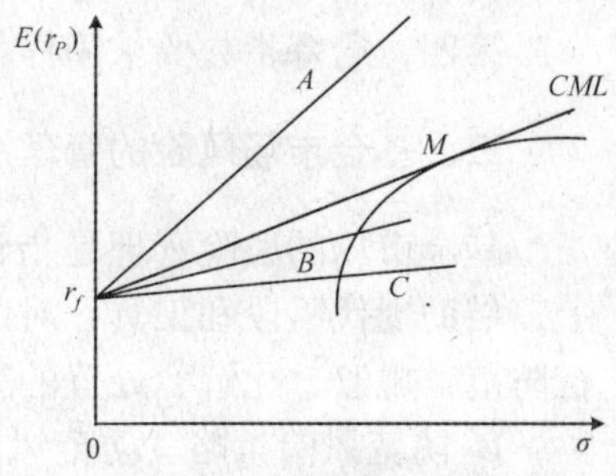

图 9－2　收益率—标准差坐标系

（3）詹森指数。詹森认为将管理组合的实际收益率与具有相同风险水平的消极投资组合的期望收益率进行比较，二者之差可以作为绩效优劣的一种衡量标准。

$$\alpha_p = \bar{R}_p - R_f - \beta_p(\bar{R}_p - R_M) \tag{9-34}$$

式中，R_M 为市场投资组合的评价收益率。

从几何上看（如图 9－3），詹森指数表现为基金组合的实际收益率与 SML 直线上具有相同风险水平组合的期望收益率之间的偏离。

如果风险指标大于零，说明基金组合获得了超越 SML 曲线上相应组合的超常绩效表现；如果风险指标小于零，说明基金组合的表现并不好。

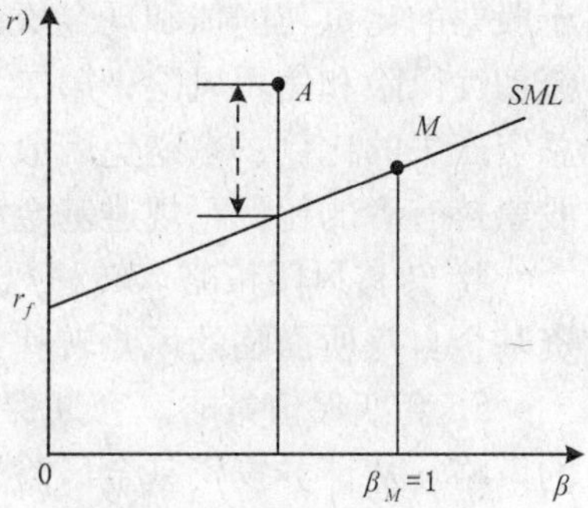

图 9－3　詹森指数的含义图

（4）三种风险调整衡量方法的区别与联系。夏普指数与特雷诺指数给出的是单位风险的超额收益率，因而是一种比率衡量指标，而詹森指数给出的是差异收益率。比率衡量指标与差异衡量指标在对基金绩效的排序上有可能给出不同的结论。

第一，夏普指数与特雷诺指数尽管衡量的都是单位风险的收益率，但二者对风险的计量不同。夏普指数考虑的是总风险，而特雷诺指数考虑的是市场风险。当投资者将其大部分资金投资于一个基金时，那么他就会比较关心该基金的全部风险，因此也就会将标准差作为对基金风险的适宜衡量指标。这时适宜的衡量指标就应该是夏普指数。当投资者不仅仅投资于无风险证券和单一基金组合，所要评价的投资组合仅仅是该投资者全部投资的一个组成部分时，就会比较关注该组合的市场风险，这时用特雷诺指标比较好。

第二，夏普指数与特雷诺指数在对基金绩效的排序结论上有可能不一致。当基金完全分散投资或高度分散，用夏普比率和特雷诺比率所进行的业绩排序是一致的。但当分散程度较差的组合与分散程度较好的组合进行比较时，两个指标衡量的结果就可能不同。一个分散程度差的组合的特雷诺指数可能很好，但夏普指数可能很差。

第三，特雷诺指数与詹森指数只对绩效的深度加以考虑，而夏普指数则同时考虑深度与广度。深度指的是基金经理所获得的超额回报的大小，而广度则对组合的分散程度加以考虑。由于特雷诺指数与詹森指数只考虑了回报的大小问题，而没有考虑组合分散程度问题，所有分散市场风险只有夏普指数能够反映出来。

第四，詹森指数要求用样本期内所有变量的样本数据进行回归计算。

三、基金市场风险的管理

基金市场的风险管理是指证券投资基金管理公司在识别和评估投资基金风险的基础上，借助现代手段和工具，对所面临的风险，寻求切实可行的措施和办法，从而对风险进行防范、规避、化解、处置的策略。

1. 防范风险策略。防范风险策略指采取一定的预防性措施规避风险发生因素，或主动放弃和拒绝实施某项可能导致风险损失的方案，从而防止风险发生的策略。

2. 分散风险策略。分散风险策略指基金根据一定的原则，采取一定措施和技巧，抵冲非系统性风险。

3. 规避风险策略。规避风险策略指基金根据一定的原则，采取一定措施和技巧，主动避开各种风险，以避免和减少这些风险所造成的损失。在开放式基金中，头寸和流动性管理就是典型的规避策略。这主要表现在：第一，通过资产结构的不断动态调整，使投资于股票的比重与国债和现金资产，始终保持在合理的控制水平，以备赎回之需，从而规避流动性风险和信用风险；第二，在准确预测股市未来走势的基础上，及时调整股票资产在总资产中的比例，来避免因股价下跌所导致的损失；第三，在股票资产中，不断调整某种股票持有者的比例，规避基金在这只股票上的变现风险。

4. 转移风险策略。转移风险策略指通过某些合法的交易方式和业务手段，将证券投资基金自身所面临的风险转移给其他经济主体承担的一种策略。

5. 套期保值策略。套期保值策略指通过一定的交易方式对冲自身所面临的某种风险的策略。从证券投资基金风险管理的角度分析，主要包括以下两种类型的交易。其一是期货交易，因为金融期货价格与金融现货价格通常受相同因素的影响，因而其变动方向通常是一致的。所以，如果证券投资基金在股指期货市场上建立一种与其现货市场方向相反的仓位，并在期货合约到期前通过反向交易而将此仓位对冲，那么，无论价格怎样变动，其总可在一个市场获利，而在另一市场受损，盈亏相冲，即可达到保值的目的；其二是期权交易，它既能将潜在的损失控制在有限的、已知的范围内，又能在很大程度上保证收益。

【复习与思考】

一、关键概念

金融衍生品　期货　远期　期权　互换　基金

套期保值　　风险管理

二、思考题

1. 由 B－S 公式知，期权价值与哪些因素有关？
2. 控制互换风险的关键是要做好什么工作？
3. 在中国股指期货退出的背景下，应该如何做好风险管理准备？
4. 如何控制互换风险？
5. 基金市场的风险管理策略有哪些？

三、思考案例

褪色的不凋花——Amaranth 基金之死

Amaranth 基金于 2000 年成立，它成立之初是一种多种策略的对冲基金，专注于可转换债券、兼并、收购、重组、公共事业等方面。与 1998 年名声大震的对冲基金长期资本公司一样，其总部位于美国康涅狄格州格林威治小镇，该镇被誉为对冲基金的“硅谷”，与纽约和伦敦被称为三大对冲基金之都。但不幸的是，Amaranth 基金也难逃与长期资本公司一样倒塌的命运。

2001 年安然公司倒闭，这给能源市场留下了一个巨大的真空，所以 2002 年 Amaranth 基金将其投资的领域延伸至了能源行业，考虑到能源市场的高度波动性，他们仅将这一领域的风险敞口控制在其资本的 2%左右。

到了 2004 年，该基金核心技巧领域的投资，比如可转债的套利等的回报不到 4%，所以公司决定将更多资源投入能源领域。因此聘请了一名来自德意志银行的天然气交易员 Brian Hunter。

2005 年一年，Brian Hunter 在天然气期货市场的套利就为公司带来了超过 10 亿美元的盈利，到了 2006 年 8 月 31 日，Amaranth 基金的总资产达到了 96.68 亿美元，员工 400 多名，成为全球排名第 39 位的对冲基金。然而在接下来的 20 多天中，它却戏剧般地损失了 60 多亿美元，最终破产。

资料来源：百度文库，http：//wenku. baidu. com。

问题思考：请找出 Amaranth 基金迅速破产的原因，并分析如何防范衍生品风险。

第十章 外汇市场风险管理

【导入案例】

百富勤投资破产案

百富勤投资（英文：Peregrine Investments Holdings Limited）成立于1988年，是一家私人银行。百富勤取意“百富寓勤”，创立伊始就在金融市场上成绩不菲。从1992年开始，百富勤利用中国大陆对外开放的契机，以保荐人或承销商的身份辅助大陆企业在香港上市，迅速扩大自身业务范围。同时，百富勤在东南亚地区打开市场，投资于当地的证券市场以及服务业。到1996年时，百富勤已在15个国家或地区设有办事处或交易席位，营业额达1755亿港元，成为当时亚洲最大的投资银行之一，亦是当时除日本外唯一能与华尔街投资大鳄一较高低的港资投资银行。百富勤随即跻身于《财富》杂志全球500强之列。

然而好景不长，1997年7月，正当百富勤的发展如日中天之时，东南亚金融危机爆发。此次危机给百富勤带来巨大冲击，损失惨重。在一整套“拯救计划”相继流产后，百富勤投资集团公司无可奈何地进入法律程序，进行清盘。

金融危机与百富勤破产究竟有什么关系呢？金融危机使东南亚绝大多数国家和地区的货币贬值幅度超过30%，其中，泰铢贬值达67%，印尼盾甚至贬值达70%以上。这就意味着，百富勤在该地区的印尼盾收入和泰铢收入转换成港币时会大幅度缩水。危机前，百富勤的投资主要集中在印尼和泰国，业务范围涉及证券业和服务业。然而，百富勤并没有采取任何防范汇率风险的措施，危机发生后，随着当地货币的贬值，百富勤在当地的证券投资收益严重缩水，损失达几亿港币。服务业投资的损失来自于对印尼Steady Safe出租车公司的贷款。由于Steady Safe公司的收入全为印尼盾，随着印尼盾汇价大跌，Steady Safe需要用更多的本币去购买港币用以还债，而结果是其根本无法偿还这笔巨额贷款。这导致百富勤未来现金流受损，间接遭受到汇率风险的损失。

百富勤投资的破产让我们看到，在国际贸易、投资和借贷中，企业必须在事前对可能存在的汇率风险进行识别和度量，进而选择有效的风险管理措施，尽可能预防和降低汇率波动带来的损失，保证公司稳健运营。

资料来源：《中国经营报》，2013年4月10日。

本章将以企业为主，介绍有关外汇风险的基本概念、外汇风险识别、度量以及外汇风险管理方法。

第一节 外汇市场风险概述

一、外汇风险的概念

外汇风险是指在国际经济交易中，企业组织、个人、国家以外币表示的资产（债权、权益）与负债（债务、义务），因未预料的汇率变动而引起的价值增加或减少的可能性。

二、外汇风险的构成要素

外汇风险包括三种因素：本币、外币与时间。只有存在本、外币折算的情况下，才有外汇风险。一笔应收或应付账款的时间结构也会影响外汇风险，时间越长，在此期间汇率波动的可能性越大，外汇风险越大。

三、外汇风险的种类

外汇风险通常分为三类：交易风险、折算风险和经济风险。

（一）交易风险

交易风险又称"结算风险"，是指一般企业以外币计价的交易中，因外币与本币之间汇率波动而使其蒙受损失的可能性。交易风险反映的是汇率变动对未来现金流量的直接影响，表现在交易发生时的货币数目与交易完成时的货币数目可能不一致。

交易风险出现的原因是企业在对外经营活动中达成了以外币计价的交易，但是却在将来某一固定日期才进行结算。若汇率在这段时间发展变化，以本币进行衡量的现金流量将受到直接影响。

例如，一家中国公司向英国客户出口茶叶，双方约定以英镑作为计价货币，合约金额为10万英镑，3个月后付款。签约时人民币与英镑的即期汇率是可知的，而3个月后的即期汇率却是未知数。3个月后收到的10万英镑能换成多少人民币，完全取决于到期时英镑与人民币的汇率水平。假设，签约时即期汇率为GBP1 = CNY9.424，若此时能收到10万英镑，则本币收入是94.24万人民币。如果3个月后的即期汇率为GBP1 = CNY9.224，则10万英镑收入只能兑得92.24万人民币，本币收入减少2万元。可见，企业将因为汇率波动遭受交易风险。

此外，跨国企业经常在国际金融市场筹措外币资金。这一国际借贷活动将产生一系列的外币应付款。若未来还款时外币升值，则以本币表示的借款成本将增加。

例如，一家美国公司在国际金融市场上以3%的年利率借入1亿日元，期限1年。借到款项后，该公司立即按当时的汇率USD1 = JPY100，将1亿日元兑换成100万美元，以便在国内进行生产经营活动。1年后，该公司需要在外汇市场上购买1.03亿日元，以归还借款本金及利息。假设，此时汇率为 USD1 = JPY90，则该公司需支付 111.11 万美元来购买 11 亿日元，比当初借款所换得的美元数多出 11.11 万美元。若考虑到日元利息，还需再支付 3.33 万美元，即总共需要 114.44 万美元来购买 1.03 亿日元。更进一步说，此案例中，美国公司当初借入日元资金就是认为 3% 的年利率较低，其融资成本会降低。然而，考虑汇率变动后，该公司的融资成本实际上达到了 14.44%。

若企业进行国际证券投资，购买以外币为面值货币的证券时，这些金融资产的赎回或收益支付都以外币进行。当投资者以本币计算投资回报时，汇率的波动将直接影响其数值的大小。

（二）折算风险

折算风险也称“会计风险”，是指企业根据会计制度进行会计处理时，资产负债表中某些以外币计量的资产、负债、收入和费用在折算成以本国货币表示时，因汇率变动而产生账面损益的可能性。

经济生活中，一家有涉外经济因素的企业或多或少都有以外币表示的资产或负债，比如应收外币账款或应付外币债务等。在无需进行会计处理时，其账面外币数据始终保持不变。当根据需要进行账面本外币折算时，外币升值则兑换的本币资产将增加，而需要支付的本币债务也增加。外币贬值则兑换的本币资产将减少，而需要支付的本币债务也减少。

分析案例

航空公司净利润缩减凸显汇率折算风险

2002 年上半年，在香港证交所上市的南航、东航公司中报显示，两家公司的经营收入都出现大幅增长。然而，两家公司净利润反而出现 30% 以上的大幅缩减。

造成上述结果的原因在于日元对人民币汇率的波动。2002 年前 6 个月，日元对人民币汇率升值达 10%，由年初的 100 日元兑换 6.3005 人民币到 6 月底的 100 日元兑换 6.8905 人民币。此前，两家公司都有日元为基准的外债，日元升值要用更多的人民币购买日元以偿还债务。从账面估算，东方航空公司外汇汇兑损失在 6 000 万元至 1 亿元之间，南方航空公司的损失大约有 1.58 亿元。如果外债还款期限到来时，日元升值风险依然存在，则将造成实际损失。

资料来源：《国际金融报》，2012 年 8 月 28 日。

分析要点：

（1）外债结构应多元化；

（2）借债时，应提前采用外汇风险管理手段等来规避折算风险；

（3）涉外企业应高度重视汇率风险。

（三）经济风险

经济风险，又称“经营风险”，是指意料外的汇率波动对企业未来现金流量现值的影响。随着经济日益全球化，越来越多的公司参与到国际竞争中。汇率的随机波动会影响企业的生产成本、销售价格，进而引起产销数量的变化，最终对企业未来现金流产生影响。现金流的变化会对公司的价值发生作用，从而达到改变这些公司在国内外市场竞争中的相对地位。

表 10－1 中列出了一些较为普遍的国际业务，这些业务是跨国公司现金流量发生变化的来源。

表 10－1　　汇率波动产生的经济风险

影响公司本币流入量的交易	本国货币升值时对交易的影响	本国货币贬值时对交易的影响
本国销售（相对于在本国市场上的外国竞争者而言）	减少	增加
以本国货币标价的出口	减少	增加
以外币标价的出口	减少	增加
对外投资的收益	减少	增加
影响公司本币流出量的交易		
以本国货币标价的进口物料	无变化	无变化
以外币标价的进口物料	减少	增加
所欠外债的利息	减少	增加

我们用海外投资收益的例子来进行说明：

中国 A 公司在英国拥有一家子公司，一年后该子公司将为 A 公司带来 100 万英镑的预期利润，即上述表格中的以外币表示的投资收益。假设当前人民币与英镑的汇率是 GBP1 = CNY8。那么，这笔未来外币现金流量会如何反映在 A 公司目前的股价上呢？市场将首先对一年后的英镑汇率进行预测，假设汇率预期变动为 GBP1 = CNY7，则按此预期把 100 万英镑折算成 700 万人民币。然后，把这 700 万人民币折算成现值。那么，A 公司目前的股票价格应该正确地融合了上述所有信息。若一年后，英镑汇率水平的确下降到 GBP1 = CNY7，但是 A 公司的股票价格将不会受到影响，因为此次汇率波动的负面影响早已考虑到了。但是，若一年后英镑贬值幅度超过预期达到 GBP1 = CNY6，则 100 万英镑的利润只能折算为 600 万人民币，远远低于预期。汇率变动导致总利润下降，进而导致 A 公司的股票价格下跌，这就是汇率的意外波动对公司价值的影响。

因此，对于企业来说，经济风险是比交易风险和折算风险更为深层次的影响。

第二节 外汇市场风险的度量

我们需要引入一个新的概念——风险敞口（Risk Exposure），来学习外汇风险的度量。

汇率风险讨论的是汇率随机波动后使得什么正处于风险之下。而汇率风险敞口是指暴露在风险之下的程度。事实上，无论企业的风险管理水平如何，它们所面临的外汇风险的性质是一样的，只是遭受的汇率风险敞口不同。对企业来说，风险敞口是指容易受到风险因素影响的资产和负债的价值量。

一、交易风险敞口的度量

（一）交易风险敞口的定义

交易风险发生在国际贸易和国际借贷活动中。当企业面临以外币计价的合约的现金流量时，交易风险就产生了。因此，交易风险敞口可以定义为外币应收账款或应付账款的金额。合约外币现金流量的结算会影响到企业本币的现金流量，因此，交易风险敞口也被认为是短期经济风险。

（二）交易风险敞口的度量

一般涉外企业进行交易风险度量时，只需要将本企业暴露在交易风险中的现金流出和流入量进行加总，即计算出净交易流量。这需要创建资金流动报告来观察风险敞口的大小。资金流动报告是指通过每月或每季的不同币种的资金流动报告，动态反映交易风险敞口的变动状况。对于暴露在风险中的外币应收或应付账款采取保值措施。

例如，中国A公司在世界多个市场进行销售。表10－2是A公司2014年现金流量情况：

表10－2　A公司2014年四个季度的资金流动报告表　　单位：万元人民币

季度	项目	英镑	欧元	美元
第一季度	预期收入	1 730	1 140	1 680
	预期费用	2 704	585	430
	净收入	－974	555	1 250
第二季度	预期收入	850	1 600	1 250
	预期费用	2 070	590	200
	净收入	－1 220	1 010	1 050
第三季度	预期收入	1 350	900	1 250
	预期费用	2 050	550	400
	净收入	－700	350	850
第四季度	预期收入	850	1 900	1 250
	预期费用	2 170	590	1 230
	净收入	－1 320	1 310	20
年度总计		－4 214	3 225	3 170

表10－2中的数据是以本国货币（即人民币）计量的某一特定货币的净头寸。A公司年度净资金流量表现为：与英镑对应的是净流出4 214万元人民币，与欧元对应的是净流入3 225万元人民币，与美元对应的是净流入3 174万人民币。可以看出，若A公司提

前计量出月度、季度或年度资金净流量，则可以较好地把握本公司的风险敞口，从而采取相应的管理手段。

若A为跨国公司，则情况会复杂一些。因为交易风险的度量不仅涉及不同的货币，还涉及众多海外子公司。因此，在作出任何相关的套期保值决策之前，应该逐个按货币测定所有子公司的净交易风险。每个子公司的管理层报告各自的预期流入量和流出量，由总公司合并子公司财务报告，以便确定整个跨国公司在未来几个期间各外币的预计净头寸。跨国公司由此确定总体风险的大小。

表10－3　　特定时点所有子公司货币净风险统计　　单位：万元人民币

子公司所在地	以总公司货币计量的每一特定货币的净头寸		
	美元	欧元	加元
纽约	100	－40	80
巴黎	60	－85	－30
法兰克福	－40	55	－50
伦敦	50	30	－70
合并净风险头寸	170	20	－70

表10－3中假设A公司在海外有四个子公司，以三种货币进行交易。从表10－3中可以看出，有三家公司有货币1净流入，一家公司有货币1净流出。合并以后，该跨国公司货币1的预期净流入为170万人民币。通过核算所有子公司的头寸，跨国公司可以算出每一货币的合并净流入。而这些净流入量就是需要进行管理的风险敞口。

二、折算风险敞口的度量

（一）折算风险敞口的定义

折算风险敞口是指无法预料的汇率变化对公司合并财务报告时产生的影响程度。折算风险对公司合并利润有较大影响。例如，中国A公司美国工业园的利润在与总公司资产负债表合并时，可能会因为美元汇率贬值导致以人民币计量的总利润下降。最终导致下一个季度的每股收益率的下降，从而间接影响公司价值。

（二）折算风险敞口的度量

折算风险敞口与会计折算方法有关。公司海外子公司会计折算方法有四种，即流动和非流动项目法、货币和非货币项目法、时态法和现行汇率法。不同的折算方法下，资产负债表项目所使用的折算汇率不同，可能是历史汇率，也可能是现行汇率，因此折算风险敞口的大小主要与折算方法有关。

1. 流动和非流动项目法。这个方法的基本原则是，资产和负债应当按照到期日的不同进行换算。流动资产和流动负债，即在一年或一年以内到期的，将按现行汇率进行换算。非流动资产和负债则按其最初登记入账时的历史汇率进行换算。采用这种方法的后果是，在当地货币升值（贬值）时，一家流动资产大于流动负债的国外子公司将会出现折算收益（损失）。若该子公司以当地货币计量的净资产为负值时，即流动负债大于流动资产时，情况则相反。

2. 货币和非货币项目法。在此方法下，国外子公司的所有货币性资产负债表项目（例如现金、有价证券、应收账款、应付票据、应付账款）都按现行汇率进行换算。所有其他非货币性资产负债表项目，包括股东权益，则按照初次登记入账的实际历史汇率进行换算。

3. 时态法。此方法下，诸如现金、应收账款、应付账款等货币性项目（不论是流动性还是非流动性）都应按现行汇率换算。其他资产负债表项目，如果会计账簿上是以现行价值报告的，就按现行汇率折算；如果是以历史成本报告的，则按最初登账时的历史汇率折算。

4. 现行汇率法。此方法下，除股东权益外，所有的资产负债表项目都应按现行汇率折算。这是所有方法中最简单的一种。

例如，中国A公司在美国的工业园将本年度资产负债表进行折算，同时，如果美元预期贬值，即汇率水平由$1 = ¥8 变为$1 = ¥6，用上述四种方法折算，各结果如表10－4所示。

表10－4　A公司美国子公司财务报表折算方法比较　单位：千元人民币

	当地货币 $	人民币 ($1 = ¥8)	流动法 ¥	货币法 ¥	时态法 ¥	现行汇率法 ¥
现金	2 000	16 000	12 000	12 000	12 000	12 000
应收账款	200	1 600	1 200	1 200	1 200	1 200
存货（按市价）	1 100	8 800	6 600	8 800	6 600	6 600
流动资产合计	3 300	26 400	19 800	22 000	19 800	19 800
固定资产（净值）	1 600	12 800	12 800	12 800	12 800	9 600
资产总计	4 900	39 200	32 600	34 800	32 600	29 400
应付账款	200	1 600	1 200	1 200	1 200	1 200
长期借款	1 500	12 000	12 000	9 000	9 000	9 000
负债合计	1 700	13 600	13 200	10 200	10 200	10 200
实收资本	1 000	8 000	8 000	8 000	8 000	8 000
留存收益	2 200	17 600	11 400	16 600	14 400	11 200
股东权益合计	3 200	25600	19 400	24 600	22 400	19 200
负债和股东权益合计	4 900	39 200	32 600	34 800	32 600	29 400
折算损益			(6 200)	(1 000)	(3 200)	(6 400)

注：折算损益＝由折算后的各留存收益－以历史汇率计算的留存收益（¥17 600）。

可以看出，由于美元贬值，子公司美元留存收益折算成人民币后的数值都减少了，但是，减少程度不同。损失最大的是现行汇率法，损失最小的是货币法。

由于不同折算方法所得到的风险敞口不同，因此，跨国公司应该根据自己的需要选择相应的会计折算方法，明确可能的折算风险敞口。

三、经济风险敞口的度量

（一）经济风险敞口的定义

经济风险敞口，是指汇率的随机变化对企业现金流量影响的程度。随着经济日益全球化，越来越多的公司参与到国际竞争中。汇率波动会影响公司的现金流，进而会大大改变这些公司在国内外市场竞争中的相对地位。

（二）经济风险敞口的度量

经济风险敞口可以用两个敏感度来衡量：一是利润对汇率的敏感度；二是现金流量对汇率的敏感度。

1. 利润对汇率的敏感度。考察利润对汇率敏感度，首先要把现金流量划为不同的利润表项目。依据汇率预测值主观地预计每个利润表项目。再引入备选的预期汇率，修正利润表项目的预测值。在连续预期汇率变动下，观察利润表盈利预测值的变动。这样，企业就能确定汇率波动对利润及现金流量的影响。当然，若企业的成本和收入受到的影响程度相同，可在一定程度上化解汇率的经济风险。

例如，中国A公司在美国有一个分公司。该公司在中国的销售收入以人民币计价，在美国的销售收入以美元计价。该公司的预测利润表如表10-5所示。表中各利润表项目由中国和美国两部分组成。

表10-5　A公司预期收入和费用　单位：百万元

	中国业务（¥）	美国业务（$）
销售收入	3 000	6
销售成本	-500	200
毛利	2 500	-194
营业费用		
固定费用	-300	—
变动费用	-200	—
合计	-500	—
息税前利润	2 000	-194
利息费用	-30	-10
税前利润	1 970	-204

为简化分析，我们假设在中国的销售收入不会受到汇率变动的影响。然而，实际中，由于美元走强，使得从美国进口的商品价格上升。为维持消费，国内居民转而购买国内商品，因而，中国A公司在中国的销售收入可能会增加。

在表10-5中加入汇率变动因素，可考察在不同预期汇率水平下利润表的波动（见表10-6）。假设，中国A公司所预期的1美元兑人民币的汇率变动是：(a) \$1 = ¥5;

(b) \$1 = ¥6；(c) \$1 = ¥7。

表 10－6　汇率变动对利润的可能影响　单位：百万元

	不同汇率水平下人民币收入			
	美国业务（\$）	\$1 = ¥5	\$1 = ¥6	\$1 = ¥7
销售收入	6	30	36	42
销售成本	－200	－1 000	－1 200	－1 400
毛利	－194	－970	－1 164	－1 358
营业费用				
固定费用	—			
变动费用	—			
合计	—			
息税前利润	－194	－970	－1 164	－1 358
利息费用	－10	－50	－60	－70
税前利润	－204	－1 020	－1 224	－1 428
总利润		950	746	542

注：总利润＝以人民币表示的美国市场利润＋中国市场利润 1 970 元。

从表 10－6 中可以看出，中国 A 公司以人民币计价的总利润发生了很大变动。一般情况下，海外子公司的收入会随着美元的升值而增加，成本也会随着美元的升值而增加。由于本例中子公司的收益为负数，即子公司的成本风险高于其收入风险，美元升值对毛利的总体影响是负的。相反，则美元升值将使总利润增加。

2. 现金流量对汇率的敏感度。度量汇率经济风险的另一个方法是回归分析法。回归分析法利用历史的现金流量和汇率数据对汇率风险进行预测。其计算公式如下：

$$PCF_t = a_0 + a_1 E_t + \mu_t \tag{10-1}$$

式中，PCF_t 是 t 期一企业本国货币计量的剔除通胀后的现金变动百分比；E_t 是 t 期货币汇率变动百分比；μ_t 是随机误差项。

由回归分析得出的回归系数 a_1 表示 PCF_t 对 E_t 的敏感度。如果预期企业不调整经营结构，那么回归分析得出的敏感度未来在一定程度上是一样的。该回归模型可以修正以处理更为复杂的情况。比如，如果中国 A 公司在全球多个国家有业务活动，那么，对其利润表有影响的不同国家的货币汇率也会增加。这些货币汇率在模型中被视作增加的独立变量。每一种货币汇率的影响将有各自的回归系数估计值来计量。也可计量 PCF_t 对货币汇率指数（或组合）的敏感度。

如果一家公司更在意以股票价值来代表企业价值，那么，就可以用公司股价变化的百分比来替代 PCF_t。通过把股票价格变动率作为因变量，来分析企业价值对汇率的敏感程度。

第三节
外汇市场风险的管理

一、外汇风险的预测

预测汇率需要掌握一定的方法，现实中企业可能自己进行预测，也可能向外部机构购买预测服务。汇率预测的方法可以归结为三种：有效市场预测法、基本分析法以及技术分析法。

（一）有效市场预测法

有效市场预测法是以有效市场假说为基础的一种汇率预测方法，包括即期汇率预测法和远期汇率预测法。

1. 即期汇率预测法。如果外汇市场是有效的，即现行汇率已反映了所有有关的信息，比如通货膨胀率、国际收支状况、经济增长率等。此时，只有新信息出现时才会引起汇率波动。然而，新信息是无法预测的，因此汇率会在一定时期内随机波动，而未来汇率的期望值应该等于现行汇率。这就是以即期汇率进行预测的“随机漫步假说”，公式表达如下：

$$S_t = E(S_{t+1}) \tag{10-2}$$

随机漫步假说认为，今天的汇率就是明日汇率的最佳预测值。也可以理解为汇率变动不受历史汇率水平的影响。如果某种货币的汇率变动比较小，外汇市场比较平衡，在预测该货币的短期汇率时，可以认为当前的即期汇率就是下一期的即期汇率。这种方法只适用于市场比较稳定的情况。

2. 远期汇率预测法。远期汇率预测法与利率平价理论有关。该理论讨论了即期汇率、远期汇率和利率之间的变动关系。从中可以看出：如果外汇市场是有效的，当前的远期汇率就可以看做是在可用信息基础上得到的未来市场汇率的期望值，即：

$$F_t = E(S_{t+1} \mid I_t) \tag{10-3}$$

但是，当前远期汇率决定未来即期汇率这一结论是否准确，取决于市场效率能否保证资本套利行为完全无摩擦地进行、市场价格能否及时有效地反映各国通货膨胀的差异。一般情况下，当前的远期汇率和未来的即期汇率具有较大的偏差，远期汇率只能显示汇率的长期趋势。

（二）基本因素分析

基本因素分析法是根据经济变量同汇率间的基本关系进行预测。这些经济变量包括利率、经济增长率、国际收支状况、通货膨胀率、市场预期、中央银行干预以及投机因素等，它们是影响汇率长期或短期变动的因素。

以购买力平价为例。购买力平价说认为各国货币兑换关系与各国货币在本国的购买力有关。例如，购买一个麦当劳汉堡，在美国、中国、德国分别需花费 3 美元、15 元人民币、1.5 欧元。这意味着 3 美元、15 元人民币及 1.5 欧元具有相同的购买力。相应地可推算出这三种货币的兑换比率，分别是1美元兑换5人民币、1美元兑换0.5欧元、1欧元兑换10人民币。如果一段时期后，各国物价水平分别发生不同幅度的变化，则货币之间的兑换比率也将发生变化。这只是一种极为简单的分析。事实上，除去购买力平价理论自身的缺陷外，一国汇率水平的变动要同时受多种经济因素的影响，分析过程非常复杂，结果的不确定性也较大。

基本分析法的定性研究找出了影响汇率的因素，但是不能指出影响程度的大小。因此，在结合了计量经济方法后，基本分析法下有了许多预测汇率的模型。经济主体可以借此测算出经济因素对汇率的影响程度。但是，基本分析模型也有自身的缺陷，例如独立变量的选取是否合理、政府政策或经济结构变化对变量的影响等，都会使预测结果失去意义。

（三）技术分析法

技术分析是指通过研究汇率过去的变动情况，以便找出其变化规律，进而据此预测汇率的将来走向。技术分析依赖于三个基本假定：

1. 市场行为包容消化一切。所有影响价格走势的因素都会反映在当前期和历史的市场价格中，因此可以不用考虑间接而复杂的基本面因素。

2. 价格以趋势方式演变。趋势是由波峰和波谷依次上升或下降的方向所构成的。这些峰和谷依次递升，或依次递降，或者横向延伸，其方向就构成了市场的趋势。

3. 历史会重演。即汇率的变化是有规律可循的。因此，技术分析法与认可随机漫步假说的有效市场预测法不同。技术分析人员或制图人员把汇率的历史数据画在图表中，以期找出汇率波动的规律。这个过程与各种经济指标，如经济增长率、利率等全都无关。

二、交易风险的管理

（一）运用金融合约进行保值

金融市场上有多种交易手段可以用来进行保值。这些交易手段包括：远期合约保值、货币市场保值、期货合约保值、期权合约保值，还包括互换协议，如对等贷款、货币互换和信用互换等。企业在决定使用何种方法以前，要对每一种保值方法所预期的现金流量进行比较。

我们引入一个存在外汇风险的商业案例。

假设德国一家公司6月份向美国某公司出售一批家用电器，双方约定以美元计价，合约金额为100万美元，并约定3个月后即9月份付款。该公司的年化资本成本为12%。此外，各种套期保值交易相关汇率和利率给定如下：

即期汇率：€1.5640/ $1；

3个月远期汇率：€1.5540/ $1；

德国3个月期的借款利率：年8.0%（季2%）；

德国3个月期的投资利率：年6.0%（季1.5%）；

美国3个月期的借款利率：年10.0%（季2.5%）；

美国3个月期的投资利率：年8.0%（季2.0%）。

1. 远期合约套期保值。远期外汇合约，又称“期汇交易”，是指外汇买卖双方先签订合同，规定买卖外汇的数量、汇率和未来交割外汇的时间，到了规定的交割日期双方再按合同规定办理货币结算的外汇交易。

德国公司应在6月份与银行签订一份远期合约，按3个月的远期汇率€1.5540/$1卖出100万美元远期，9月份进行货币结算。3个月后，公司收到100万美元，根据远期合约到银行办理交割，获得155.4万欧元。如果德国公司不采取保值措施，那么当它在9月份收到100万美元时，将以到期日的即期汇率出售美元，所获欧元数量的多少与这个即期汇率是相关的。如果到期日美元汇率高于6月份的即期汇率，如€1.5840/$1，则德国公司的欧元收入也相应增加为158.4万欧元。如果到期日美元汇率为€1.5600/$1，显然，欧元收入下降为156万欧元。而这个欧元收入看起来比采取了远期合约保值后的收入还高出6 000欧元。那么，是不是没有必要采取套期保值措施了？事实上，运用远期合约后，155.4万欧元的收入就已经成为不带风险的收入。而且，未来美元即期汇率水平有可能比€1.5540/$1还要低，若不进行保值损失就会很大。比如到期日美元汇率为€1.5200/$1，则欧元收入仅为152万欧元。图10－1描绘了采用远期交易后，当到期日即期汇率与远期合约价不同时，远期套期保值的收益和损失。

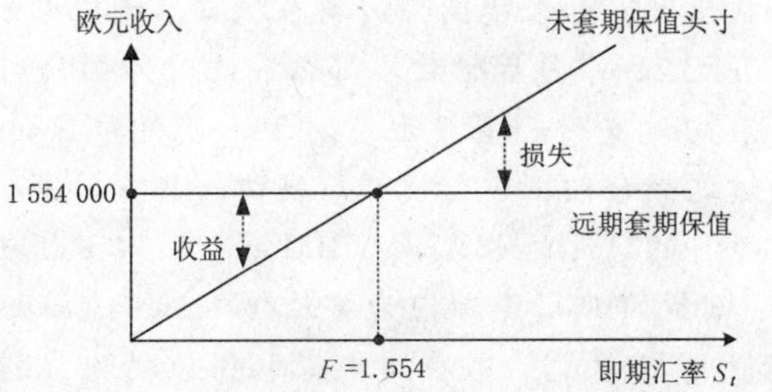

图10－1 远期套期保值中的收益和损失

图10－1中坐标轴中向右上倾斜的曲线是到期日任意即期汇率水平的欧元收入。水平曲线是采用远期交易保值后的欧元收入。由于远期交易合约一旦签订，交割时的欧元收入不再受即期汇率的影响，因此曲线是水平的。可以看出，只要公司采取了远期保值措施，汇率的不确定性就与其无关了，欧元收入在签约时就已经确定为€1 554 000。相反，如果德国公司不对交易风险敞口进行套期保值，来自美国的销售收入结算为欧元收入时，将会随即期汇率的波动而波动。我们从图10－1中可以看出，当到期日即期汇率低于€1.5540/$1，即在$F$点的左侧，公司以远期价格€1.5540/$1交割所获得的欧元收入会更高一些。当到期日即期汇率高于€1.5540/$1，即在$F$点的右侧，公司以远期价格€1.5540/$1交割所获得的欧元收入会相对低一些。若到期日即期汇率也是€1.5540/$1，则以远期合约价格交割和以即期汇率交割所获得的欧元收入相同，所以两条欧元收入曲线在此时相交。

表10－7列举了汇率波动对公司收益的影响。并对套期保值和未套期保值收入进行了比较。如果到期日即期汇率（S_t）与远期合约中的远期汇率（F）相同，则保值和不保值的欧元收入都一样，套期保值损益为零。当$S_t > F$，则套期保值收益为正。相反，当$S_t < F$时，收益为负。结合图10－1可以看出，到期日汇率波幅越大，收益或损失的程度就越大。

表 10－7　远期套期保值的损益

到期日的即期汇率 (S_t)	将美元收入结算为欧元收入（€）		套期保值损益（€）$=B-A$
	未套期保值的头寸 A	远期套期保值 B	
€1.5840/$1	15 840 00	1 554 000	−30 000
€1.5600/$1	1 560 000	1 554 000	−6 000
€1.5540/$1	1 554 000	1 554 000	0
€1.5500/$1	1 550 000	1 554 000	4 000
€1.5300/$1	1 530 000	1 554 000	24 000

注：本例中的远期汇率是：€1.5540/$1。

上述分析其实是一个事后分析，事实上没有人能够预先知道未来的即期汇率。因此，企业首先需要对汇率波动进行预测，在根据预测结果决定是否需要采取保值措施，以及采取哪一种措施。

现在，我们考虑相反情况。如果德国公司现在从日本进口电子零部件，计价货币是日元，合约金额1 000万日元，3个月后付款。那么，此时德国公司面对的是一笔外币应付账款，即需要在6个月后向外支付一笔日元。对于一笔外币应付账款产生的交易风险敞口，德国公司也可以通过远期合约来进行规避。具体而言，德国公司应在6月份与银行签订一份远期合约，按3个月的日元远期汇率￥100/€1买入1 000万日元远期，9月份进行实际交割。3个月后，日元即期汇率升值为￥95/€1，但德国公司可以以远期合约价购入1 000万日元，共花费10万欧元。若公司未采取保值措施，则必须以即期汇率购入日元，需花费10.53万欧元。

2. 货币市场套期保值。货币市场套期保值，是指通过在货币市场上借入或贷出来套期保值。企业可以通过借入（贷出）外币以便对它的外币应收（应付）账款进行套期保值，从而使资产和负债以同种货币搭配。

在运用货币市场套期保值时，德国公司从美国货币市场借入美元，随即将美元兑换为欧元，并按1.5%季利率（欧元的年投资利率是6%）对欧元进行投资，希望通过这一投资所获得的收益来抵销部分交易风险敞口。而且，3个月后德国公司可以用美元应收账款来清偿这笔美元借款，从而避免了货币兑换。

货币市场套期保值首先要确定外币借入量。

由于美元借款的到期值应该刚好等于对美销售产生的美元应收账款，因此所需借入的美元数量可以用美元应收账款的贴现值来计算，即 $1 000 000/(1＋0.025)＝$975 610。若德国公司此时借入975 610美元，3个月后需偿还的美元本息和正好是100万美元，正好与货款到期日收到的美元应收账款数额相等。具体步骤如下：

步骤1：现在德国公司从美国货币市场借入975 610美元，季利率是2.5%。

步骤2：以即期汇率€1.5640/$1将借入的975 610美元兑换成1 525 854欧元。

步骤3：将1 525 854欧元在德国投资，为期3个月期，季利率是1.5%。

步骤4：3个月后从美国获得100万美元应收账款，用于偿还美国货币市场的美元

借款。

步骤5：同时，收到欧元投资的到期价值，即€1 525 854 ×（1 + 0.015） = €1 548 742。

从上述步骤中可以看出，德国公司通过借入美元，形成100万美元（本息之和）的应付账款，以此对应100万美元的应收账款，从而规避了交易风险，使风险敞口为零。而第5步骤所获得的欧元数，就是德国公司对美销售中能确保的欧元收入。

与远期市场套期保值的结果155.4万欧元相比，货币市场保值程度低于远期市场。不过，对于德国公司而言，存在一个临界利率，可以使远期套期保值与货币市场套期保值效果一样。假设r为此例中的临界利率，则1 525 854欧元的投资在3个月后应该等于3个月远期保值收入155.4万欧元。具体计算如下：

$$€1\ 525\ 854 \times (1+r) = €1\ 554\ 000$$

$$r = 0.0184$$

转换成年利率为7.38%。那么，若年利率高于7.38%，运用货币市场套期保值有利；若年利率小于7.38%时，运用远期市场套期保值有利。若年利率等于7.38%时，两种保值方法的效果相同。

若情况相反，即德国公司需要向外支付100万美元货款。其他条件与上例所给条件相同。德国公司需要现在计算这笔应付款的现值，即：

$$\$1\ 000\ 000 / (1+2.0\%) = \$980\ 392$$

并以2%的美国季利率在美国投资$980 392，这样可以保证3个月后有100万美元的本金和，并以这项投资的到期值来偿还美元货款。这笔980 392美元资金需要由德国公司以欧元购入，当前即期汇率为€1.5640/ $1，则需要花费的欧元是：

$$\$980\ 392 \times (€1.5640/\$1) = €1\ 533\ 333$$

而这笔欧元也要考虑到它的时间价值，若这笔欧元在德国投资3个月，可获得1.5%的收益率：

$$€1\ 533\ 333 \times (1+1.5\%) = €1\ 556\ 333$$

那么，€1 556 333就是德国公司为偿还100万美元所承担的欧元成本。在这种情况下，到期日即期汇率的波动已经没有任何影响了。

3. 期权市场套期保值。外汇期权交易是指期权持有者获得在一定期限以约定的价格买入（卖出）一种预期升值（贬值）的货币的权利。这种权利也可以放弃，转而在外汇即期市场上以即期汇率进行买入和卖出。企业可以通过购买看涨期权对它的外币应付账款进行套期保值，购买看跌期权对应的是外币应收账款的保值。

在前面的分析中我们已经发现，远期合约和货币市场套期保值虽然可以完全消除汇率风险敞口，但是，当汇率的波动有利于企业现金流量时，企业却失去了从中获利的机会。而期权交易为企业提供了一种管理汇率风险敞口的弹性选择权。

德国公司将有100万美元的应收款，因此，德国公司通过购买看跌期权来抵补汇率风险。把汇率风险限制在一个已知的水平上，同时保留美元升值带来潜在收益的机会。

假设德国公司购入9月份到期看跌期权：合同金额为100万美元，协定汇率为€1.5500/ $1，期权费为合同金额的1.5%，即15 000美元。以当前即期汇率€1.5640/ $1

换算，期权费为23 460欧元。则

期权费 = 合同金额 × 即期汇率 × 费率

= \$1 000 000 × €1.5640/ \$1 × 1.5%

= €23 460

此项交易为德国公司提供了一项权利，即未来无论即期汇率如何变动，它都可以以€1.5500/ \$1的汇率来兑换这100万美元。此外，还应考虑货币的时间价值。由于该公司的资本成本为年12%（每季为3%），这就意味着当前支付的期权费€23 460在3个月后的价值为€24 164（=23 460×1.03）。因而，德国公司为这笔交易支付的最终期权成本是€24 164。

9月份，如果美元即期汇率高于€1.5500/ \$1，则公司可不履行期权合同。此时，德国公司将在即期市场卖出美元，扣去需支付的期权费€24 164，可换得更多的欧元。从理论上说，欧元收入可以达到无限。如果美元即期汇率低于€1.5500/ \$1，公司会选择履行期权合同，以协议价€1.5500/ \$1卖出美元，收到€1 550 000，扣除期权费成本€24 164，获得净收入€1 525 836，此为确保的欧元收益。

以上分析表明，期权套期保值为公司可能产生的风险损失设定了下限，而可能产生的盈余却是无限的。但是，无论如何公司需要为这种选择权支付期权费。

表10－8记录了在未来一系列即期汇率下，通过套期保值德国公司从美国销售中得的净欧元收益。

表10－8　　期权套期保值的欧元收入

未来的即期汇率	是否执行	欧元毛收入	期权费用	欧元净收入
€1.4500/ \$1	是	1 550 000	€24 164	€1 525 836
€1.5000/ \$1	是	1 550 000	€24 164	€1 525 836
€1.5500/ \$1	任意	1 550 000	€24 164	€1 525 836
€1.5780/ \$1	否	1 578 000	€24 164	≈€1 554 000 *
€1.6000/ \$1	否	1 600 000	€24 164	€1 575 836
€1.6500/ \$1	否	1 650 000	€24 164	€1 625 836

说明：* 是指当未来的即期汇率为€1.5780/ \$1时，期权保值交易与远期保值交易所得的€1 554 000收入基本相等。

图10－2描绘了采用看跌期权套期保值时，与到期日即期汇率相比较后，德国公司在执行或不执行期权时的欧元收入曲线。当到期日美元汇率低于€1.55/ \$1时，公司决定执行期权，其欧元收入为€1 525 836。因此，从原点到E点的欧元收入曲线是水平的。也可以说，期权套期保值为欧元收入设置了一个底线，欧元收入至少为€1 525 836。

当到期日美元汇率高于€1.55/ \$1时，公司放弃期权，转而在即期市场卖出收到的美元应收款，扣除期权费后，获得的欧元收入不再固定，而是与即期汇率的高低有关。从E点开始往右，到期日美元即期汇率越高，则欧元收入就越高。而且，理论上这个收入可以无限大。因此，曲线从 E 点开始往右上方倾斜。

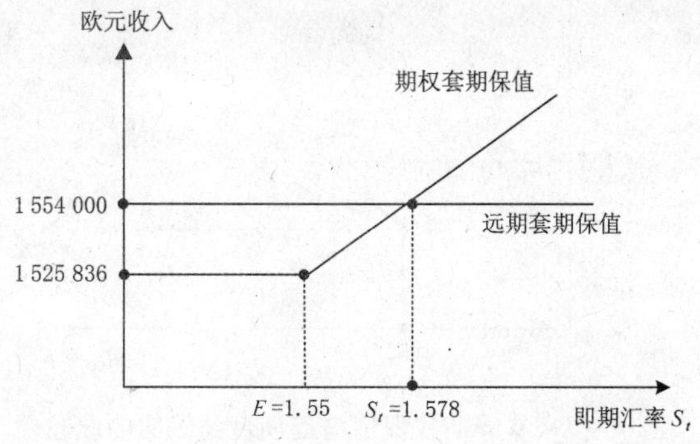

图 10－2　看跌期权保值与远期合约保值的比较

图 10－2 还比较了看跌期权套期保值和远期合约保值的欧元收入。图中的水平曲线是远期保值的欧元收入曲线，所使用的汇率是远期汇率€1.5540/$1。如图 10－2 显示，€1 554 000 是采用远期合约保值的欧元收入，而€1 525 836 是执行期权合约的欧元收入。如果公司希望期权保值的欧元收入与远期保值收入相同，那么 $1 000 000 换得的欧元数就必须是€1 578 164（扣除€24 164 期权费，可得到€1 554 000）。因此，临界点汇率水平 S_t^* =€1.578（≈1 578 164/1 000 000）。

如果到期日美元即期汇率等于€1.5780/$1，期权市场的保值与远期市场的保值效果相同，欧元收入都是€1 554 000。如果未来即期汇率高于€1.58/$1，期权市场的保值就优于远期市场的保值。而当未来即期汇率小于€1.5780/$1，远期市场保值优于期权市场。

现在考虑相反情况，即德国公司需要向外支付 100 万美元。为应对美元到期升值导致更多的欧元支出，德国公司此时需要买入 100 万美元看涨期权，以应对美元应付款。若其他条件与上例相同，那么，执行合约的欧元成本是 1 574 164 欧元，包括购买 100 万美元的支出 155 万欧元，以及 24 164 欧元的期权费支出。是否执行合约，由付款到期日即期汇率的水平决定。若到期日即期汇率高于协议价，则执行期权，这意味着可以比即期汇率低的价格购入美元。若到期日即期汇率低于协议价，则放弃期权，转而在即期市场上以即期汇率购入美元。

图 10－3 描绘了采用看涨期权套期保值时，与到期日即期汇率相比较后，德国公司在执行或不执行期权时的欧元收入曲线。当到期日美元汇率低于€1.55/$1 时，公司放弃期权，转而从即期市场购买所需支付的美元，考虑期权费后，需要支付的欧元成本不是固定，而是与即期汇率的高低有关。从 E 点开始往左，到期日美元即期汇率越低，则欧元成本就越低。而且，理论上这个成本可以无限小。因此，曲线从 E 点开始往左下方倾斜。

当到期日美元汇率高于€1.55/$1 时，公司决定执行期权，其欧元成本为€1 574 164。因此，从 E 点开始往右，欧元成本曲线是水平的。也可以说，期权套期保值为欧元成本设置了一个最高线，欧元成本至多为€1 574 164。

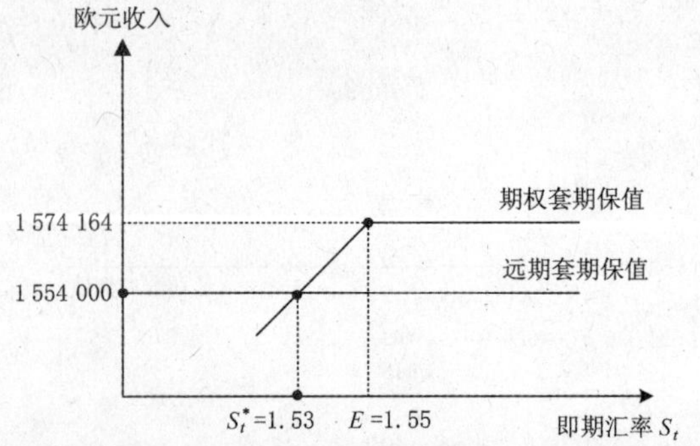

图 10－3　看涨期权保值与远期合约保值的比较

图 10－3 还比较了看涨期权套期保值和远期合约保值的欧元成本。图中的水平线是远期保值的欧元成本曲线，所使用的汇率是远期汇率€1.5540/$1。如图 10－3 显示，€1 554 000 是采用远期合约保值的欧元成本，而€1 574 164 是执行期权合约的欧元成本。临界点的即期汇率是€1.53/$1［≈（€1 554 000－€24 164）/$1 000 000］。在临界点汇率上，两种保值措施对德国公司来说没有区别。当到期日即期汇率超过€1.53/$1 时，选择远期合约保值，所需支付的欧元成本为€1 554 000。当即期汇率低于€1.53/$1 时，选择以期权交易进行保值，所需支付的欧元成本将低于€1 554 000（见表 10－9）。

表 10－9　德国公司多种套期保值策略小结

策略	交易	结果
远期合约套期保值	1. 现在签订一份卖出 100 万美元的远期合约 2. 3 个月后，从美国收到 100 万美元，执行合约	3 个月后一定可以收到 $1 554 000；与未来即期汇率无关
货币市场套期保值	1. 借入 975 610 美元，以即期汇率兑换成 1 525 854 欧元 2. 3 个月后，从美国收到 100 万美元，用于偿还借款	确保现在收到 1 525 854 欧元；3 个月后收到 1 548 742 欧元；与未来即期汇率无关
期权市场套期保值	1. 购入一份 100 万美元看跌期权，支付期权费 2. 3 个月后，根据现行汇率决定是否执行期权	3 个月后，美元贬值，则执行期权，至少可以收到 1 525 836 欧元；若美元升值，则有无限获利空间

4. 互换合约套期保值。货币互换，又名货币掉期，是交易双方使用两种不同的货币，约定稳定的汇率、利率计算方法，设置确定的规模和存续期而进行的资金调换。在货币互换下，有两笔价值量相同、期限相同、计算利率方法相同，但币种不同的债务进行调换，同时也对相应的债务利息进行调换。货币互换的目的在于降低筹资成本及防止汇率变动风险造成的损失，而双方各自的债权债务关系并没有改变。

假设有一家美国 H 公司和一家英国的 B 公司。H 公司想借入 5 年期的 1 000 万英镑借款，B 公司想借入 5 年期的 1 500 万美元借款。但由于 H 公司的信用等级高于 B 公司，两国金融市场对 H、B 两公司的熟悉状况不同，因此市场向它们提供的固定利率也不同。不同的固定利率意味着两个公司的筹资成本有高有低（见表 10－10）。

表 10－10　　货币互换交易过程

借款利率	H 公司	8.0%（美元），11.6%（英镑）
	B 公司	10%（美元），12.0%（英镑）
互换策略	H 公司借入 1 500 万美元，B 公司借入 1 000 万英镑	
利率节省	节省的利率成本	2%（美元），－0.4%（英镑）
	节省的总利率成本	1.6%
互换过程	双方互换本金（假定互换汇率为 &1 = $1.5000，则这两笔债务的价值等价）；每年按期互换利息支付；期末以协议汇率再次换回本金，用于偿还借款	
互换结果	若不考虑安排货币互换协议的中介费用，则 H 公司和 B 公司平均分配 1.6% 的成本节约，即分别享受 0.8% 的利率成本节省	
实际支付利率	H 公司实际支付的英镑利率	10.8%（＝11.6%－0.8%）
	B 公司实际支付的美元利率	9.2%（＝8%＋1.2%）

此货币互换交易的流程如图 10－4 所示。

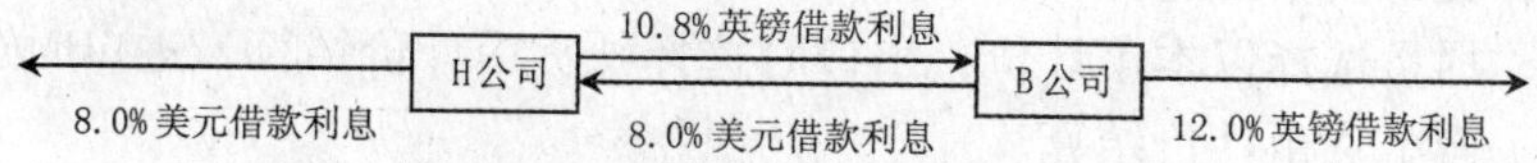

图 10－4　货币互换交易过程演示

上面的例子解释了企业在筹集外币资产时，通过货币互换协议规避汇率风险，同时也降低了筹资成本。事实上，除了筹资时可能产生外汇风险敞口外，企业还经常有周期性的外币应收账款或应付账款，货币互换合约也可以对类似周期性的现金流量进行保值。企业首先要识别未来的现金流量，明确风险敞口，再通过货币互换来规避汇率风险。

（二）其他保值技巧的运用

企业除了在金融市场进行保值外，也可以从其他方面来降低交易风险。如保值条款、定价政策、提前与延迟结汇等等。

1. 在贸易合同中加列保值条款。外汇保值条款是有关汇率风险承担方面的条款，规定从生意签约成交到货币实际收付结算这段时间内，交易货币若发生超过双方商定的额度时，应由买卖双方按一定比例共同承担外汇风险的损失。

保值条款的形式有黄金保值条款、外汇保值条款、特别提款权保值条款或其他复合货币保值条款等。这里以外汇保值条款为例来说明。外汇保值条款是指在合约中列出本币与外币的兑换比率，如果支付时这一比价发生变化，则参照合约中的兑换比率对应收或应付账款进行调整。

假设日本向美国出口商品，约定以美元计价，用日元保值。如果签订合同时，这批出口商品的价值为 10 万美元，汇率为 $1 = ¥115，则应收账款 10 万美元的日元收入为 1 150 万日元。也就是说，无论到期日汇率如何变化，这批货款始终要相当于 1 150 万日元。假如收款时，即期汇率为 $1 = ¥110，那么这批货款的美元收入应达到约 $10.46 万（= ¥1 150 万/¥110）。

2. 提前与延迟结汇。提前意味着超前支付或收取，而延后意味着推迟支付或收取。一般地，公司希望提前收回软货币，即在预期某种货币将要贬值时，可以将结汇时间进行提前。推迟硬货币的收取，即在预期某种货币将要升值时，调整结算时间，以从硬货币的升值中获利。

然而，当一家公司希望提前支付硬货币或推迟支付软货币时，合约另一方却有着相反的想法，除非前者给予一定的补偿。所以，此策略更多地用于处理跨国公司内部的应收和应付款。例如，一家跨国公司的各子公司之间材料费、租金、利息和股息的应收和应付款。

3. 定价政策。定价包括价格变更和交易货币选择两个方面。汇率变动的影响可以通过商品价格的调整来抵消一部分。出口时企业可采用加价保值，即当用软货币计价结算时，事先就把可能的汇率损失摊入到出口价格中，以转嫁汇率风险。加价的幅度与预测的软货币贬值幅度相同。企业在进口时，如果采用硬货币计价结算，则可用压价保值的方法，即将汇率风险损失从进口商品价格中减去，以转嫁汇率风险。压价的幅度与预期的硬货币升值幅度相同。

总而言之，交易货币的选择，常常决定于双方的经济实力以及在交易中的相对地位。一般的策略是，尽量选择以本币计价；出口时选择硬货币计价结算，进口时选择软货币计价结算；选用一篮子货币计价结算。

三、折算风险管理

在编制合并报表时，当子公司功能货币与报告货币不同时，跨国公司需要把每个公司的财务数据折算为本国货币，这时就会产生折算风险。由于折算时现金流量不受到影响，因此有人认为没有必要规避或降低折算风险。然而，折算风险会对报告的合并收益有潜在影响，因此对折算风险敞口的管理也是非常重要的。跨国公司可以运用资产负债表套期保值和远期合约套期保值降低风险敞口的损失。

（一）资产负债表套期保值

资产负债表保值主要通过外币风险资产和风险负债的平衡来实现对风险的控制。在资产负债表中，当风险性外币资产和外币负债达到平衡时，外币汇率变动带来的会计风险将等于零。

假设中国A公司在法国和德国都设有子公司。如果中国A公司美元风险敞口资产比风险暴露负债多200万元，那么，只要总公司或任何一个子公司的美元风险负债敞口比风险暴露资产多200万元，A公司的美元折算风险就可以被抵消了。这可以通过增加子公司美元长期借款来实现。这就是资产负债表套期保值。此时，美元对人民币的汇率波动就不再会对公司的合并资产负债表产生影响，因为用美元计量的资产价值的变动被同样以美元计量的负债价值的变动抵消了。然而，一旦任何一个子公司或者在中国的总公司对美元负债增加，就会打破平衡，折算风险敞口又形成了。

（二）远期合约保值

远期合约保值就是利用远期市场保值。根据表10－5，我们知道中国A公司的子公司以美元表示的资产比负债多160万美元，即净风险敞口为160万美元。如果美元贬值，合并报表时的总利润会比贬值前低，使合并报表期股东权益下降并影响公司价值。因此，公司可以采用远期合约来实现套期保值。

假设中国A公司与银行签订远期合约，约定在未来卖出一笔美元远期，金额是160万美元，远期汇率是\$1 = ¥8。这里的“未来”是指财务报表合并的日期。如果预期即期汇率是\$1 = ¥7，低于远期汇率，则公司通过远期交易就可以抵补一部分折算风险。具体而言，到期日，若即期汇率与预期相同，则以\$1 = ¥7的价格在即期市场购入160万美元，需要花费1 120万元人民币。再将购入的160万美元用于远期合约的交割，汇率是\$1 = ¥8，从而得到1 280万元人民币，这一操作使公司获得160万元（=1 280 - 1 120）人民币的盈利。这个盈利可以用于抵补折算时美元净资产的下降。

此外，企业在确定可能出现的折算风险敞口时，也面临着不确定性，因为子公司资产负债表和利润表在这个期间有可能发生变动。

四、经济风险管理

在经济的全球化中，许多公司开始参与到国际活动中，比如进出口、海外投资等。这些公司的现金流量对汇率的变化非常敏感。管理经济风险的目的，就是在汇率波动中求得稳定的现金流。企业可以通过以下几个策略降低经济风险：

（一）经营环节多样化

在公司的长期战略计划中考虑经营环节的多样化来防范经济风险是非常重要的。例如，在厂址、原料和零部件购买地以及销售地等战略决策时，可考虑在全球范围内进行选择。

1. 低成本产地的选择。当本币坚挺或有此趋势时，意味着外币在贬值，本国海外收益的未来现金流以本币表示时会减少，企业的竞争地位将被削弱。因此，企业可以在国际范围内选择将工厂建在成本低的国家，比如拥有廉价劳动力或生产原材料价格低的国家。或在多个国家设立生产基地，以期减轻本币升值带来的负面效应。

2. 多元化的采购政策。跨国企业在国内拥有生产基地的同时，也可以选择在价格较低的地区购买原料或零配件，以减轻本币升值对成品出口价格的影响。如日本的家电行业和汽车制造业，在20世纪70年代开始，向东亚发展中国家和地区（如中国台湾、泰国、马来西亚和中国大陆等）输出资本，建立原料或零配件生产基地，以降低最终产成品的价格。

3. 市场分散化。销售环节防范汇率风险的方法是尽量分散产品市场。

假设中国A公司在德国和美国销售电器。由于人民币相对于欧元升值，A公司电器的欧元出口价将上升，在德国的销售量可能下降。但若此时人民币相对于美元贬值，则A公司电器的美元出口价将下降，在美国的销量上升，从而弥补德国销售市场的损失。因此，中国A公司的现金流量会比仅有一个国外市场时更加稳定。

（二）财务多样化

企业资本的运营也会受到汇率波动的影响，并使得未来现金流发生变化。跨国公司可以在多个金融市场、以多种货币进行资金的筹措或投放。这样，不同货币之间的涨跌，会自动抵销公司的一部分汇率风险。

（三）金融性套期保值

金融性套期保值虽然不能取代前述长期经营结构调整的方法，但是对于稳定公司的现金流量还是有很大的作用。例如，买入远期外汇合约或期权合约，并在必要的时候抛出。需要指出的是，现有的金融合约是针对名义汇率变化，而非实际汇率变化进行的套期保值。然而，公司的竞争地位受实际汇率变化的影响，所以，金融合约至多只能为公司的经营风险敞口提供一个大概的保障。

【复习与思考】

一、关键概念

交易风险	折算风险	经济风险	外汇风险敞口
远期合约交易	货币市场交易	期权合约交易	货币互换
保值条款	定价政策	提前与延迟结汇	会计折算方法
有效市场理论	基本因素分析法	技术分析法	

二、思考题

1. 外汇风险的构成要素是什么？
2. 外汇风险种类有哪些？
3. 如何对外汇风险进行度量及管理？
4. 美国A公司出售价值300万欧元的产品，6个月后将收到对方支付的欧元货款。目前金融市场相关报价如下：6个月美元利率：年利率6%；6个月欧元利率：年利率8%；当前即期汇率：€1 = \$1.2550；预期6个月后即期汇率：€1 = \$1.2450；6个月欧元远期汇率：€1 = \$1.2500；美国银行的6个月期权：看涨期权，协议汇率€1 = \$1.2580，期权费1%；看跌期权，协议汇率€1 = \$1.2520，期权费1%。

请根据上述资料分别对不保值、运用远期市场、货币市场和期权市场套期保值等操作进行分析，并进行比较。

5. 美国某公司应收账款25万欧元，9月1日到期，该公司决定在7月1日购买4单位9月份到期的欧元卖权合约，执行价格\$0.61/€1，买价\$0.0028/€1；在9月1日，该公司用对冲的方式结束合约，卖价是\$0.0230/€1，当日即期汇率是\$0.59/€1。

请问该公司从应收账款共得多少美元？如果9月1日那天，卖价是\$0.0001/€1，当日即期汇率是\$0.62/€1，则该公司从应收账款共得美元多少？

三、思考案例

日本丰田公司外汇风险管理分析

2011 年 3 月 11 日日本发生了强烈的地震和海啸，然而对于日本的汽车制造业来说这都算不上最坏的情况，因为持续走强的日元或将带来更大的灾难。日元持续走强使得日本出口产品价格上涨，销售量受到影响。“在高汇率的压力下，我们除了向日本首相请求援助外没有什么好的办法。”丰田的首席财务官（CFO）Satoshi Ozawa 忧心忡忡却也无可奈何。

“丰田汽车公司过去 50 年的发展壮大都基于一个简单法则：该公司总是能够在日本制造汽车并将其销往全球其他市场从而获利。而现在由于日元持续升值，3 月 11 日的大地震又使丰田的日本工厂受到影响，面对这些压力，丰田的成功法则正在被打破。”《华尔街日报》的报道指出。目前，大约有 50% 挂着 Toyota 标志的汽车是在日本国内生产的，这一情况或因汇率波动发生变化。社长丰田章男近日明确表示，如果日元持续升值，丰田的出口生产基地或将移至北美，以维持其在北美的市场份额。

早在 2 月份，丰田汽车就曾在新闻发布会上透露，日元对美元的走强导致企业净利润减少了 2 900 亿日元（约合 35.96 亿美元）。“我强烈地感觉到，我们似乎再怎么努力都无法抵抗汇率的影响了。”Satoshi Ozawa 在新闻发布上说道。而根据 5 月份的统计，公司一季度利润下降了 77%，总额高达 254 亿日元。

资料来源：《时代周报》，2011 年 6 月 2 日。

问题思考：分析日本丰田公司面对的汇率风险类型，并指出该公司应该如何进行相应的风险管理。此外，请谈谈丰田公司的做法对我国涉外企业的启示。

第十一章 保险市场风险管理

【导入案例】

永安保险被接管事件

1996年8月永安财产保险股份有限公司成立。注册资金6.8亿元，主要经营财产保险、责任保险、信用保证保险等业务。永安保险是我国唯一一家设在西部地区的保险公司，总部在西安，营业区域为西北五省、山西、四川和重庆。公司实行董事会领导下的总裁负责制。成立当年即1996年，永安实现保费收入455万元。然而营业不到一年半，1997年12月1日，中国人民银行陕西省分行发布公告，依法对永安财产保险股份有限公司进行接管，接管期限为1997年12月1日至1998年5月31日，为期半年。

永安保险自1996年1月中国人民银行批准成立到被接管只有不到两年时间，究其原因主要是永安保险的严重违法违规经营。保险公司不同于一般的生产型企业，保险公司能够在社会生活中起到“稳定剂”的作用，这一性质要求保险公司自身的发展需要更加稳健。因此，一家保险公司在组建时必须要有充足的资本金做后盾，以确保公司在未来经营时有足够的资金进行周转、理赔。永安保险在组建的过程中向人民银行申报的实付资本金是6.8亿元人民币，但该公司创立以来没有妥善处理好这部分资金，而是挪用了其中的近4个亿建造了自己的办公楼永安大厦。而按照《中华人民共和国保险法》（以下简称《保险法》）有关规定“保险公司资本金中的固定资产部分不得超过其总资本的30%”，显然永安保险违反了规定。

永安事件暴露的另一个问题是中国保险业监管的缺失。根据《保险法》第七十一条和第七十四条规定：设立保险公司，应有符合规定的注册资本最低限额，并且具有法定验资机构出具的验资证明。在公司注册资本实际到位不到1亿元的情况下，验资证明从何而来？此外，根据《保险法》第七十八条规定：“保险公司成立后应当按照其注册资本总额的百分之二十提取保证金，存入金融监督管理部门指定的银行，除保险公司清算时用于清偿债务外，不得动用。”永安保险也没有满足应向中国人民银行陕西省分行交存保证金1.36亿元的要求。作为地方监管者，中国人民银行陕西省分行明知永安保险保证金不足，仍然允许其营业达一年之久。此外，按照当时有关规定，保险资金是不能投资股票市场的，而永安保险又走在了监管部门的前面，运用违规资金。

资料来源：中金在线，http：//insurance.cnfol.com。

永安保险被接管的事实告诉我们，如果不注意风险管理，保险公司也不保险。

本章详细介绍保险市场、保险市场风险以及保险市场风险的度量和管理等内容。

第一节 保险市场风险概述

一、保险的概念与功能

（一）保险的定义

保险，是指投保人根据合同的约定，向保险人支付保险费，保险人对于合同约定的可能发生的事故因其发生所造成的财产损失承担赔偿保险金责任，或者当被保险人死亡、伤残、疾病或者达到合同约定的年龄、期限时承担给付保险金责任的保险行为。

保险的具体内涵包括四个方面：（1）从经济角度看，保险是分摊意外事故损失的一种财务安排；（2）从法律角度看，保险是一种合同行为，是一方同意补偿另一方损失的一种合同安排；（3）从社会角度看，保险是社会经济保障制度的重要组成部分，是社会生产和社会生活“精巧的稳定器”；（4）从风险管理角度看，保险是风险管理的一种方法。

（二）保险的功能

保险具有经济补偿、资金融通和社会管理功能，这三大功能是一个有机联系的整体。经济补偿功能是基本的功能，也是保险区别于其他行业的最鲜明的特征。资金融通功能是在经济补偿功能的基础上发展起来的，社会管理功能是保险业发展到一定程度并深入到社会生活诸多层面之后产生的一项重要功能，它只有在经济补偿功能和资金融通功能实现以后才能发挥作用。

1. 经济补偿功能。经济补偿功能是保险的立业之基，最能体现保险业的特色和核心竞争力。具体体现为两个方面：（1）财产保险的补偿；（2）人身保险的给付。

2. 资金融通的功能。资金融通的功能是指将形成的保险资金中的闲置的部分重新投入到社会再生产过程中。保险经营要求保险资金的增值与保值，而保费收入与赔付支出之间存在的时间差，以及收取的保险费与赔付支出之间存在数量差，为保险资金的融通提供了可能。

3. 社会管理的功能。具体体现为社会保障管理、社会风险管理、社会关系管理和社会信用管理四个方面。

二、保险市场风险的根源

（一）保险商品的定价风险

保险商品定价的特殊性在于它不是对实实在在的产品进行定价，而是要对无形的“风险”进行定价，由于风险发生在时间上和规模上都具有不确定性，保险公司为保险商品定价时只能是根据以往的风险概率来预期未来可能发生的损失，但是以往的风险概率相对于未来的损失并不是非常准确的数据，这就增大了保险商品定价的风险。

（二）保险经营的不确定性

保险经营是以“概率论”和“大数法则”为数理基础。但是，在保险业无论是从损失的程度，还是损失出现的概率，都不大可能存在足够多的同质性标的。因此“大数法则”运用的前提条件很难满足。在我国保险公司中，中、小公司和区域性公司占绝大多数，这些公司的分支机构极少，承保的风险也集中于一个地区，这就使风险标的很难达到“大数法则”要求的数量，风险标的的集中性也很难通过“大数法则”加以分散，使大数法则的应用受到局限。

“概率论”要求保险人尽可能搜集全面详细的历史损失记录，科学地根据调查所得资料计算出保险损失率，由此制定保险费率。但在计算过程中，由于统计资料不全和不够精确，人的主观判断往往起主导作用，从而使保险经营的数理基础具有不确定性的，增大了风险发生的概率。

（三）道德风险和逆向选择

保险市场是一个很典型的不完全信息市场，因此道德风险和逆向选择问题在保险市场很突出。道德风险和逆向选择的存在使得保险作为一种应对风险的机制受到限制，因为逆向选择的存在将减少保险公司的保险需求，导致保险公司聚集了大量质量低下的投保者，使保险公司经营效益降低、风险增大。而道德风险的存在将增大保险公司的赔付率。

三、保险市场风险的类型

根据风险来源不同可以把保险市场风险分为环境性风险和经营性风险两大类，前者主要反映公司外部环境变化带来的风险，后者主要反映公司经营过程中产生的风险。

（一）环境性风险

环境性风险主要指由于宏观经济环境、市场环境、经济政策调整、经济体制变革以及监管等经济环境因素以及除经济因素以外的一般社会环境因素的变化，导致保险公司产生损失的风险，又可细分为一般社会环境风险和经济环境风险。

1. 一般社会环境风险。一般社会环境风险主要包括四类：（1）政治风险，是指由于战争、政变以及其他政治动荡而带来的不确定性影响。（2）政策风险，是指财政及货币政策、政府法规、保险法规、监管政策和其他规章制度变化带来的影响。（3）社会风险，是指社会风俗变动、社会消费观念变化、社会不安定、示威及罢工等带来的影响。（4）自然风险，是指由于自然灾害对保险公司的自有财产造成损失的风险。

2. 经济环境风险。经济环境风险是指由于利率、汇率、物价水平、股价、房价、市场竞争等因素变动导致的风险。具体包括以下五种：（1）利率风险，是由于利率水平以及利率期限结构的变动给保险公司造成的影响。（2）通货膨胀风险，指由于通货膨胀率的变动给保险公司带来的影响。通货膨胀一方面作用于保险需求，另一方面对财产保险公司的赔付金额直接产生影响。（3）汇率变动风险。经营涉外业务的保险公司在接受国际运输保险、国际再保险等业务时，是以外币为收费币种，因而持有多种外币，各国货币之间汇价的变动可能带来财务损失。（4）股价波动风险，指由于股票市场价格波动给保险公司的股票投资带来的风险。（5）市场竞争风险，主要来源于市场竞争各方的力量出现非预计的情况而造成的影响。

（二）经营性风险

这是保险公司经营过程中的不确定性带来的风险，公司的业务活动、决策是影响风险效果的主要来源。可以细分为：

1. 承保风险。源于保险公司承保的全部风险暴露的不确定性。主要表现为损失频率、损失幅度的随机波动情况，保险未到期责任的分布构成及随机波动。可以按承保过程各个经营环节对其如下划分：（1）定价风险，指保险公司厘定费率不准确而给公司带来的影响。（2）营销风险，主要来源于营销人员缺乏对风险标的的评估和选择，以及与被保险人之间的信息不对称。（3）核保风险，源于公司的核保制度的不完善，对保险标的不能进行有效的风险选择和承保控制而给保险公司带来的风险。（4）理赔风险，是由于保险企业在理赔过程中缺少有效的核赔手段和对各种骗赔行为的鉴别手段而导致的风险。

2. 资金运用风险。资金运用风险主要源于公司资产面临的不确定因素，以及资产与负债不匹配的可能性。具体包括以下几种：（1）资产价值风险，是指投资资产价值的波动，以及资产最优组合的难以确定给保险公司带来的不确定性影响。（2）流动性风险，是保险公司因资产与负债的流动性不一致，从而带来的财务上的风险。（3）信用风险，来源于合同签约者不能按事先约定履行其责任及义务的可能性。

3. 巨灾风险。巨灾风险源于在承保的风险范围内，由于地震、台风、洪水、瘟疫等发生，保险标的的相互独立性被严重损坏，从而造成巨大财产损失和严重人员伤亡的可能性。巨灾风险发生的频率虽然低于一般的灾害事故，但损害程度非常高，会有多个风险单位同时受到严重影响。每一次事故的发生通常会使许多受害的被保险人同时向保险公司索赔，形成庞大的累积理赔金额，也就是所谓的风险累积。

4. 再保风险。再保风险是源于对公司整体承保能力、总资本需求及再保险市场难以把握，以及对再保险的结构、规模、品种选择上出现偏差。如何安排再保险，对保险公司特别是规模不大的公司有着至关重要的影响。在再保险的分出额度方面，若分出保险过多，则第一保险人不能充分获得应有的保险收益；若分出保险过少，则第一保险人相对其实力而言可能承担了过高的风险暴露。另外，再保险合同形式很多，不同的再保方式产生不同的风险转移效果，合理安排整个公司的再保险结构，是解决这一问题的关键。

5. 操作风险。操作风险来源于行为人个体行为的不确定性。具体表现为两个方面：一是决策风险，指在制定保险公司未来发展的重要决策时出现偏差或失误而导致的风险。主要源于决策者和决策机构自身理性的不完美，如管理能力、管理经验、洞察力等的局限。决策风险管理的要点主要有：决策的形成方式与逻辑、组织结果与决策的配合度、组织文化、核心竞争力的选择与培养等等。二是行为风险，是指公司除最高决策者之外的其他员工的能力、道德、品行等给保险公司带来的影响。行为风险可能会导致效率低下、专业判断能力不足、甚至违法，将严重影响保险公司的利益与目标实现。

资料链接

保险风险的分类

主　体	风险的类型
美国精算师协会（AAA）	资产风险、价格风险、资产负债匹配风险和其他风险
美国保险监督官协会（NAIC）	寿险公司风险包括关联企业风险、资产风险、保险风险、利率风险和业务风险；财产保险公司风险包括表外风险、资产风险、信用风险、核保风险和净签单保费风险
国际保险监督官协会（IAIS）	承保风险、与准备金有关的风险、市场风险、经营风险、法律风险、机构和集团风险以及信用风险
美国国际集团.（AIG）	保险业务相关风险、操作风险、法律风险、信用风险和财务风险
法国安盛集团（AXA）	市场风险、信用风险、操作险和保险风险
德国安联集团（AG）	市场风险、信用风险、精算风险、业务风险
德国慕尼黑再保险公司	战略风险、承保风险、违约风险、投资风险、操作风险、信息风险、人力风险、法律风险和环境风险
中国平安保险（集团）股份有限公司	保险风险、市场风险、金融风险、资产与负债的失衡风险和经营风险

资料来源：作者根据相关资料整理。

第二节 保险市场风险的识别与度量

一、保险市场风险的识别

风险识别是保险公司风险管理的基础和起点，也是保险公司风险管理首要的一项工作。它的任务是在事故发生之前，运用各种方法系统地、全面地、连续地辨认承保标的所面临的风险有哪些，分析风险事故发生的潜在原因，确定各种风险的性质，分析可能发生的损失及风险单位。

（一）风险识别的方法

1. 财务报表分析法，是根据企业的资产负债表、损益表、财产目录等资料，以每一会计科目为一风险单位，对企业的固定资产、流动资产之分布进行风险分析，以发现潜在损失的风险识别方法。

企业一般采用比较分析法和比率分析法。比较分析法是通过与其他保险公司财务报表的横向比较衡量公司本身的相对效率，或通过将以前会计期间的经营成果进行纵向比较，分析公司成本及利润的变动趋势。比率分析法则是通过一些比率指标发现公司经营风险的分析方法，可借此发现公司经营的一些风险线索或征兆，而若经进一步的调查了解更可使问题获得答案。

2. 流程图法。这种方法是通过一系列流程图展示企业经营活动的全过程，对过程的每一个阶段和环节逐一进行调查分析，运用潜在损失一览表来确定企业所面临的损失。保险公司既可编制从企业供应商所在地的原料、能源等投入开始至成品送到用户手中为止的总体经营流程图，也可编制企业的部分经营（如制造、销售等）的更详细的流程图。借助潜在损失一览表，分析每一流程图所展示的各种经营活动所涉及的财产、责任、人身等方面的潜在损失，将使保险公司能够有效地识别和鉴定承保企业的风险，及时确定相应的对策。

3. "SWOT"法。"SWOT"法是分析风险发生状况的有效工具和方法。S（strength）代表寿险公司内部条件的优势，W（weakness）代表劣势，O（opportunity）代表外部环境为公司提供的有利机会，T（threat）代表环境威胁，将上述四项内容组合在一起，可得到一个四象限矩阵，如图 11－1。"SWOT"法可以通过比较分析公司内部条件和外部环境的相互关系，确定企业风险发生的领域和影响状况。"SWOT"法不仅可以用于公司整体风险的分析，还可以用于各项业务的风险分析。

		外部条件	
		机会	威胁
内部条件	优势	Ⅰ	Ⅱ
	劣势	Ⅲ	Ⅳ

图 11－1 "SWOT"法四象限矩阵

4. 历史差距法。历史差距法是保险公司静态风险度量的一种有效方法，它分析监测实际情况与预期情况的差距，比如实际退保率与预期退保率的比值。如果这个比值等于 1，说明我们的估计非常准确；如果这个比值大于 1，则说明估计的退保率不足；如果这个比值小于 1，则说明估计的退保率过高。研究这些实际预期比率，虽然不能直接预测风险，但这些经验将有助于进一步的风险分析。

历史差距法的优点主要是能够对保险公司的风险状况进行量化分析，可以对资产组合的风险状况进行加总，分析保险公司的整体风险。

历史差距法的缺点主要是以主观预测为分析基础，过分依赖历史数据使得结果的稳健性大打折扣。

二、保险风险的度量

风险识别之后，就应准确地对风险进行度量，即对与各种风险相关联的损失进行估计。具体地说，就是保险公司根据已掌握的统计资料确定承保标的损失发生的概率及严重程度，确定各种潜在损失可能对企业造成的影响，并对承保标的的风险等级进行评估。常用的保险风险度量模型有以下几种：

（一）偿付能力模型

1. 精算风险理论模型。精算风险理论是传统非寿险精算的经典理论，重点研究损失赔付的不确定性。按照研究对象和区间可以把精算风险理论模型分为短期个别风险模型、短期聚合风险模型、长期聚合风险模型。

（1）短期个别风险模型。该模型针对不同风险的险种分别研究，考察期间通常是1年。假定有 n 份同质独立保单，每份保单的损失金额 X_i 为随机变量，则只要确定总损失额 S 就可以确定需要多少资金来满足偿付要求，具体见下面公式：

$$S = \sum_{i=1}^{n} X_i \tag{11-1}$$

（2）短期聚合风险模型。对 n 份同质独立保单，将一定期间内的每一次损失作为单位，将每一次损失的金额 X_i 和期间内的损失次数 N 同时作为随机变量，同样要先确定总损失额 S，进而确定需要多少资金来满足偿付能力额度，考察期间通常也是1年，计算公式如下：

$$S = X_1 + X_2 + \cdots + X_N = \sum_{i=1}^{N} X_i \tag{11-2}$$

在短期聚合风险模型的基础上，可以建立公司的理赔总量模型 TS，分析 K 个险种同时作用下，公司需要满足的偿付能力额度，计算公式如下：

$$TS = \sum_{j=1}^{K} S_j \tag{11-3}$$

（3）长期聚合风险模型。在短期模型中，认为“丧失偿付能力”是指在考察期间末，保费收入和初始资本不足于弥补赔付损失。而长期聚合风险模型是从动态的角度出发，认为不论任何时刻出现资不抵债的状况即发生“流动性”危机时，都意味着丧失了偿付能力。显然，这是对偿付能力更高层次的要求。

2. 破产概率模型。破产理论研究保险基金受保费收入和赔款支出的影响，探求保险基金耗尽（丧失偿付能力）的概率。破产理论假设资产价值保持不变，主要研究承保风险和再保险选择对偿付能力的影响。实际上，资产价值的变动、投资组合的绩效对保险公司的偿付能力有很大的影响，于是投资收益率、利率、资本损失、红利和股权价格逐渐被引入破产概率的研究中。

3. 风险资本模型（Risk - based Capital Model，RBC）。风险资本这一概念最早由 Spencer Kimball 在其著作《保险与公共政策》（1960）中提出，他认为固定最低资本标准作为设立保险公司的资本要求可能是合理的，但随着保险业务的不断增长，固定资本要求就难以为继了。因此，应当根据公司规模和风险状况来评估资本和盈余的充足性，当保险公司的资本和盈余达不到规定的最低标准时，监管机构就会进行干预。显然，风险资本模型是作为行业监管工具出现的，其风险的分析和测量基础是各个公司的财务数据。但从公司内部管理来讲，使用 RBC 标准来评价自我偿付能力的变化，仍然具有积极意义。

（二）风险—回报模型

这类模型的典型代表是 Markowitz（1952）提出的均方差模型，该模型以期望收益作为回报指标，以收益的方差作为风险指标，主要用来分析投资组合风险。将 Markowitz 的投资组合理论应用于保险业，可以得到保险市场的均方差模型，利用该类模型可以分析保险公司的承保与投资最佳组合，得出效率前沿曲线。决策者可以根据决策的原则在有效边界上选取最优点。如果在模型中考虑监管限制、法规限制、产品保额限制、投资不同资产比例限制等等约束条件，则模型具有更为现实的意义。

（三）现金流分析模型

这类模型的共同特点是以实现公司资产和负债的安全性和流动性为首要目标，重点考察利率风险。由于寿险公司的资产和负债对利率的敏感性更胜于财产保险公司，所以在寿险行业有更好的发展。主要有现金流匹配模型和免疫模型。

1. 现金流匹配模型。现金流匹配模型的基本思路是通过购买固定收益债券组合（不含隐含期权），使得每一时期从债券获得的现金流入与该时期约定的现金流出在时间和数量上相一致，从而规避再投资风险。但该模型在实际使用中存在不少问题：（1）当负债现金流到期延长，而与之相匹配的资产在市场上不存在，完全匹配是不可能的；（2）完全匹配的要求对于组合管理而言过于严格，容易造成利润损失；（3）该类模型要求对现金流的时间完全了解，这也是不现实的。

2. 免疫模型。免疫模型（Immunization Model）也称“久期匹配模型”，是以 Macaulay（1938）的久期理论为基础，根本目的是要将资产和负债的利率风险相抵消。根据该类模型，达到免疫的条件是：资产和负债对利率的一阶偏导数（久期）相等，但资产的二阶偏导数（凸度）大于等于负债的二阶偏导数（凸度）。标准免疫模型由于假设期限结构是水平的以及假设现金流是固定不变的，也没有考虑存在隐含期权的情况，所以该方法也有缺陷。

（四）综合目标模型

上述模型的共同特点是研究某一风险或多个风险对单一目标的影响，综合目标模型则更加灵活，研究的风险变量和目标变量可以根据需要加以选择，主要有以下几种：

1. 统计回归模型。这种模型主要讨论保险公司偿付能力问题。通过从整个行业的角度着手，分析公司的历史数据，将公司的偿付能力作为因变量，选取可能影响公司偿付能力的财务指标作为自变量，然后使用不同的数理统计方法，得到最终的偿付能力方程。利用偿付能力方程，可以看出在行业平均水平下，各种风险因素对公司偿付能力的影响程度、影响方式以及相对重要程度，从而为公司分析各种风险暴露提供一定的依据。在不同的假设条件下，研究者可以选取单变量分析、多元分析、分组回归、非参数分析、神经网络方法等不同的研究方法。

2. 规划模型。规划模型的一般做法是在一定的约束条件下，使用数学规划的方法使目标函数的期望值达到最优。这类模型通常用于资产负债管理，通过设定不同目标函数，规划求解得到最优的资产负债组合。目标函数的选取可以比较灵活，比如当将风险暴露作为约束时，目标函数通常为资产收益最大化或期望效益最大化；将要实现的资本收益率作为约束时，目标函数通常为风险控制成本的最小化。

3. DFA 模型（Dynamic Financial Analysis）。DFA 方法是一种财务预测分析管理方法。区别于静态、传统的财务比率分析，该方法体现了随机性和动态性的特点，能够随机模拟不确定性环境下公司的资产、负债及未来的经营成果，为高层管理者控制经营风险提供决策依据。

分析案例

澳大利亚 HIH 保险公司破产案

HIH Insurance Limited（以下简称 HIH）是澳大利亚第二大非寿险保险公司，总部设在悉尼，在英国、新西兰、美洲和亚洲等多个国家和地区都设有分公司及子公司。HIH 业务范围广阔，包括承保非寿险、管理承保代理人和管理投资基金等，2000 年 6 月前的毛保费收入达 28 亿澳元，总资产 80 亿澳元，总负债 71 亿澳元，净资产 9 亿澳元。

2000 年伊始，看似“辉煌”的 HIH 公司状况突然急转直下，在短短的一年之后，这艘航空母舰就沉没了。2001 年 3 月 15 日，澳大利亚新南威尔士地方高等法院勒令 HIH 及其在澳大利亚当地的 17 家子公司进行临时清算。经过初步调查，发现 HIH 账面亏损高达 8 亿澳元，如果加上可能的未决赔款和潜在追索，实际总损失可能高达 36 亿 ~53 亿澳元。在确信 HIH 无力清偿债务的情况下，澳大利亚高等法院于 2001 年 5 月 17 日正式宣布 HIH 破产，这是澳大利亚历史上最大的破产案件。

“冰冻三尺，非一日之寒”，一个资产超过 80 亿澳元的大型保险公司的破产，其原因是错综复杂的，但最主要的原因有以下几点：

1. HIH 的扩张策略及其海外业务问题。HIH 的扩张性政策迫使其进入高风险的承保领域，再加之其缺乏对风险的有效控制，损失也就在所难免。

2. 收购 FAI 及其再保险交易问题。FAI Insurance 曾经是澳大利亚著名的非寿险保险公司，1998 年 9 月被 HIH 以 3 亿澳元的价格收购。然而两年之后即 2000 年 9 月，HIH 因收购 FAI 导致的总损失共计 4.05 亿澳元，结果使 HIH 的财务能力更加恶化。

3. HIH 的风险管理策略。HIH 的保单很多是普通保险，因此很容易面临着风险的定价和准备金方面的错误，尤其是对长尾风险，例如雇员补偿保险和职业责任保险。

4. 精算师的作用被忽视。作为 HIH 独立精算师，David Slee 先生曾多次警告过，HIH 有偿付能力不足的问题，David Slee 的报告中也多次提到 HIH 会计操作的方法应加以规范。但他的报告并未被送达董事会。

资料来源：葛云刚等：《精算通讯》，第 3 卷第 4 期，第 35 ~45 页。

第三节
保险市场风险的管理

一、保险市场风险的内部管理

从保险公司角度来看，对保险风险进行内部管理的技术主要包括：

（一）分散化

作为经营风险的行业，如何对自身承担的风险进行分散，是保险业风险管理技术中重要的一环。作为保险经营重要的一环，保险业在投资方面应利用空间的分散性、地域的广阔性、行业的多元化、品种的多样性来最大限度地促使保险公司分散风险、提高收益，由此达到降低保单成本、提高其价值和效用，使消费者最终受益的目的。

（二）资产负债匹配管理（ALM）

资产负债匹配管理是指保险公司资产与负债的匹配，是对保险公司的产品组合以及投资组合两个方面的财务结果进行协调和管理的计划方案，它集中在对保险人的净现金流及与之相联系的利率风险管理上，以维持其持续的技术偿付能力。

ALM 的具体操作程序如下：首先，将资产和负债按其现金流和风险特点进行组合分类；其次，利用凸性和久期等预测性指标，对资产和负债的组合分类进行分析；然后，将久期和凸性匹配的资产和负债结合起来管理。在此过程中，用模型对可能产生的后果进行预测。主要包括动态现金流测试（Dynamic Cash Flow Testing，DCFT）和动态偿付能力测试（Dynamic Solvency Testing，DST）两种：

1. 动态现金流测试（DCFT）。动态现金流测试是在某一确定的评估日，在一系列预测的基本假设下，通过预测和比较资产与负债在未来某个时间段中可能的现金流的时间和数量，来分析保险公司的财务状况、偿付能力水平、准备金水平以及产品设计的可行性等。寿险公司通常采用五年的预测期，而财产保险公司则采用一年的预测期。

DCFT 是一种保险公司动态风险评估方法，主要用于对保险公司的利率风险暴露进行分析。DCFT 集中测试了保险公司提存准备金充足情况，但它只适用于长期产品以及经济条件变化非常敏感的业务，而且 DCFT 仅对确定的几种利率情景进行分析，只适用于对利率风险进行评估，而不能反映保险公司经营过程中所面临的其他风险对保险公司偿付能力的影响，并且，只有当利率假设合理地反映经济环境变化时，测试结果才有意义。由于没有考虑保险公司未来将要发生的业务，DCFT 不能充分地反映利率变动对公司经营的影响，其正确评估保险公司偿付能力的作用也要大受影响。

2. 动态偿付能力测试（DST）。动态偿付能力测试是由保险公司委任的精算师通过分析保险公司面临的各种风险，建立综合模型来测试在未来一段时间内保险公司现在和未来业务相关的准备金和盈余的充足性。精算师在调查保险公司前三年资本充足性的趋势后，根据保险公司的发展计划以及合理的假设，测试资本的敏感性，预测公司未来五个会计年度的资本水平和资本要求，并与保险公司当前的资本状况进行比较，从而判断保险公司的资本是否充足。

3. DST的评价。与DCFT相似，DST通过设定一系列的不利情景假设，进行情景分析，考查保险公司在各种不利假设下的财务状况和未来的偿付能力。但与DCFT相比，DST由于更全面地考查保险公司所面临的潜在风险，因而能更有效地反映保险公司未来的偿付能力。这主要体现在以下三个方面：第一，DST不仅对利率变动进行情景分析，还对其他所有影响保险公司财务状况的风险进行情景测试。第二，DST不仅考虑当前生效的保单，还考虑保险公司未来发展的新业务。第三，DST在进行情景分析时同时考虑不利假设下各方的反应以及反应所带来的影响。

资料链接

我国保险业资产负债匹配管理的主要方法

1. 现金流量检测模型。

2. 现金流量匹配模型。从理论上说，保险公司可以将其资产和负债的现金量在时点和金额上达成一致从而消除利率风险的影响，这样的过程被称为“专用法”或“现金流量匹配”。

3. 免疫法。该方法通过资产组合的设计和安排，抵消利率波动带来的负债变化，针对保险公司资产和负债受利率敏感部分的匹配过程，对利率造成的损失进行保护，因而被称为“免疫法”。其核心思想是匹配资产和负债的久期。

4. 动态财务分析模型。这种方法使保险公司能够估计公司在各种情况下的结果以及在不同战略部署的前景。其核心思想是在较广泛的区间内监控保险公司的整体财务状况，在不确定和变化的市场环境下考察保险企业的经营成果和财富变化。

资料来源：中国保监会网站，http：//www. circ. gov. cn。

（三）企业整体风险管理（ERM）

ERM方法是在ALM方法基础之上的进一步优化。它依据单个相关性框架对企业管理进程中的整体风险进行测量和评估。具体而言，它包括市场风险、信用风险、投资和再投资风险、流动性风险、运作风险、精算风险和政策风险。

市场风险的管理主要采取VaR方法；信用风险管理的现代方法，主要是运用结构性产品，例如ABS和信用衍生产品。其利用的模型主要有：结构型模型、精算模型、信用级别模型、拓扑模型等。投资和再投资风险需要动态地预测资本市场的潜在变化。运营风险需要在模糊逻辑、系统动态模拟和贝叶斯信心网络模型的基础上，对欺诈风险、管理失败、模型错误、系统失败、企业运营中断、监管、会计、法律制度变革等风险进行控制。流动性风险管理可通过分析现金流的流动性要求保持一定比例的短期流动性资产，切忌再融资储备的无效使用和保持不必要的流动性。无偿付能力的风险可通过预防损失、减少损失、内部审计和比例监控等方式进行控制。

二、保险市场风险的外部监管

保险市场风险的外部管理指的是保险监督管理机构为了维护保险市场的正常秩序，为了维护被保险人的利益，也为了保险公司正常的偿付能力，对本国的保险业所进行的监督与管理方法、措施以及政策与制度规定等的总和。

（一）压力测试与情景规划

1. 压力测试。压力测试是指将整个金融机构或资产组合置于某一特定的极端市场环境下，如出现经济危机、市场崩溃的情况下，该金融机构或资产组合能够承受的最大价格变动或者综合价格变动，并将这一信息应用于实际的业务活动和投资组合中，以量化潜在的收益和风险。

压力测试作为风险管理的一个辅助工具，在一定程度上弥补了如在险价值（VaR）等工具的不足。通过压力测试，可以使风险管理者了解到在极端市场情况下，金融机构所能承受的压力水平，以此来确保一旦市场出现异变的情况下，不至于使其遭受破产。做好压力测试的关键是选取合适的风险因子，应尽量选取能够影响资产组合的所有风险因子。进行压力测试或者说取得价格变动信息的主要技术方法有情景分析、VaR 压力测试和系统压力测试等。

资料链接

中国保监会对财产保险公司的要求

2008 年，中国保监会下发了《关于建立压力测试及应急风险预案报告制度的通知》，从监管要求出发，各个财产保险业务经营主体需要进行压力测试，并就压力测试的内容与方式进行了明确：

1. 压力测试对象：现金流状况、偿付能力状况、净资产。

2. 压力测试的数据基础：按照当前的财务、业务数据为基础，并对重要假设进行了明确，主要包括：（1）保费收入：对于偿付能力充足的公司，保费收入下降 10%；对于偿付能力不充足的公司，保费收入下降 30%；（2）赔付情况：假设赔款增加 10%；（3）费用情况：费用率提高 5%，假设固定费用与可变费用的比例相同；（4）应收保费情况：与经验数据保持一致；（5）赔付模式：未来的赔付模式与以往保持一致，包括赔付进度、赔付周期、流程等；（6）再保模式：未来的再保模式与以往保持一致，包括分保比例、分出保费的付款进度、摊回费用与赔款的时间进度以及再保分入人信用情况；（7）权益类资产公允价值情况：上证综合指数下降到 1 000 点，公司所持有的权益类资产同比例下降；（8）退保情况：传统非寿险业务的退保情况与以往经验数据一致，预定收益型投资型产品有单独的规定；（9）增资扩股与发行次级债等补充资本的情况。

对于保险公司现有资产配置不能承受上述负现金流压力的，在压力测试报告中要补充说明保险公司能够最大限度承受的保费收入减少、赔付与费用增长以及资本市场下跌等情况。

资料来源：中国保监会网站，http：//www. circ. gov. cn。

2. 情景规划。情景规划的基础是通过假设确定情景，方法主要有历史情景法和最坏情景法，而通常情景分析采用的是最坏情景法。最坏情景法不管历史或经验上是否发生过，而是以测试者认为未来可能会发生的各种状态为情景，这些可能会发生的状态可以是平均状态，也可以是对测试对象最不利的结果。确定最坏情景的方法可以通过广泛的专业智库对市场、资产组合、市场交易等方面的了解来选取可能导致市场出现最坏情景的因素，也可以利用计算机来进行模拟。

（二）资本充足性管理

1. 风险资本理论（Risk - based Capital，RBC）。

风险资本理论基于风险的偿付能力要求，对承保人面对的风险进行识别及分类，计算出各种风险的资本要求，总计各种风险的资本要求后进行分散和调整。此理论主要应用于加拿大和美国等国家的保险市场。

以美国的人身保险为例，人寿与健康保险公司的风险资本公式包括四类风险：资产风险 C_1（包括债权资产的违约风险与权益资产的市值损失）、保险风险 C_2（包括死亡率风险与发病率风险）、利率风险 C_3（指因利率变动而导致的直接损失以及由此引发的早期退保的损失）和营业风险 C_4（包括上述风险之外的其他风险种类）。各项风险所需的资本金计算公式为：

$$C_1 = \sum(\text{资产项目的资产市值} \times \text{此项目风险因子})$$

$$C_2 = \sum(\text{健康险保费} \times \text{此项目风险因子}) + \sum(\text{寿险风险净额} \times \text{此项目风险因子})$$

$$C_3 = \sum(\text{负债项目准备金} \times \text{此项目风险因子})$$

C_4 广泛，且较难定量分析，精算师一般对此风险进行定性分析，然后根据以往经验确定其风险资本额。

风险资本总额 C 并不是将上面计算出的四种金额简单加总，因为各种风险不是相互独立的，有的之间还存在一定相关性，应该把相关性也考虑进去：

$$C = \sqrt{(C_1 + C_3)^2 + (C_2)^2} + C_4 \tag{11-4}$$

对于财产与责任保险公司的风险资本总额计算，思路是一样的，就是在风险划分与计算方面有不同之处。此外，还有一个指标是风险资本比率，其公式为：

$$\text{风险资本比率} = \frac{\text{总调整后资本}}{50\% \times \text{风险资本总额}} \tag{11-5}$$

总调整后资本为保险公司法定资本与盈余、自主投资准备金、资产评估准备和50%保单分红责任的总和。

监管机构把风险资本比率划分为几个级别，其中若比率大于等于200%时，不采取任何措施；若在150%与200%之间，保险公司应向监管机构说明原因以及要采取的措施，监管机构可以给予建议；若是在100%与150%之间，监管机构进行审查，提出改进措施，保险公司提交行动方案；若在70%与100%之间，监管机构可以依法进行清算或者整顿；若是在70%以下，监管机构可以对其进行接管。

2. 保险监管信息系统（Insurance Regulatory Information system，IRIS）。

IRIS系统是在早期预警系统（如RBC）的基础上，逐步发展起来的一套比较完善的指标系统，并于1974年由NAIC推行实施。IRIS系统对财产与责任保险公司和人寿与健康保险公司各设置了12个指标来衡量资本的充足性，这些指标虽然简单、离散，但能起到筛选作用，在目前的技术水平下仍具有不可替代性，这些指标具体见表11-1。

表11-1 IRIS的指标体系

1. 毛保费与盈余的比率	7. 盈余的变化
2. 净保费与盈余的比率	8. 负债与流动资产的比率
3. 保费的变化	9. 代理人的资产与盈余的比率
4. 盈余的增量与盈余的比率	10. 一年的准备金进展与盈余的比率
5. 两年的杠杆率	11. 两年的准备金进展与盈余的比率
6. 投资回报率	12. 预计目前的准备金赤字与盈余的比率

资料来源：王一佳、马乱、陈秉正等：《寿险公司风险管理》，中国金融出版社2003年版。

对于每一个比率，都有一个合理的区间。如果指标值都落在正常区间范围内，则说明保险公司风险状况良好；如果某保险公司有4个或4个以上的IRIS指标值超出正常范围，则认为该保险公司处于风险状态。从而在分析阶段，对于不符合一定标准的保险公司，政府监管部门抽调有经验的财务检查和分析人员组成专家小组，重新分析年报数据和IRIS比率。

3. 财务分析和偿付能力追踪系统（Financial Analysis and Solvency Tracking，FAST）。从1995年开始，NAIC在IRIS的基础上针对那些至少在17个州开展业务并且毛保费收入超过5 000万美元的人寿与健康保险公司以及毛保费收入超过3 000万美元的财产与责任保险公司进行另一项附加分析，即FAST系统。财产与责任保险公司FAST系统的具体指标如表11-2所示。

表11-2 财产与责任保险公司FAST指标

1. 净保费收入与盈余之比	13. 流动资产增长率
2. 毛保费收入与盈余之比	14. 代理人账户余额增长率
3. 准备金与盈余之比	15. 已决赔款的应收摊回款与盈余之比
4. 净保费收入增长率	16. 未决赔款的应收摊回款与盈余之比
5. 毛保费收入增长率	17. 长尾型险种的保费与总保费之比
6. 盈余津贴与盈余之比	18. 附属机构投资与盈余之比
7. 投资收益率	19. 附属机构应收账款与盈余之比
8. 盈余增长率	20. 其他应收款与盈余之比
9. 两年期提存准备金与盈余之比	21. 非投资级别债券与盈余之比
10. 综合比率增长率	22. 其他投资资产与盈余之比
11. 毛费用与毛保费之比	23. 管理者潜在风险
12. 毛费用增长率	24. 现金流出测试

资料来源：王一佳、马乱、陈秉正等：《寿险公司风险管理》，中国金融出版社2003年版。

（三）经济资本管理

1. 经济资本的产生背景。经济资本最早起源于1978年美国信孚银行创造的风险调整后的资本率（RAROC）模型，20世纪90年代后期，被欧洲和美国的一些大型商业银行广泛应用，许多国际金融集团（如花旗集团）以及一些知名的国际银行（如加拿大蒙特利尔银行（Bank of Montreal）更是在自身的业务发展规划中注入了经济资本理念。许多行业协会（如SOA、GAAP等）、咨询机构（如PWC）、金融企业和监管部门（如NAIC）及评级机构（如标准普尔）对此都进行了比较深入的探索。经济资本这一概念逐渐成为金融行业衡量风险和资本管理的重要标准，经济资本的内涵不论从理论角度还是从实践角度都得到了极大的丰富。

保险行业运用经济资本的步伐较银行业落后很多。目前国际上只有一些大型的保险集团公司引入了经济资本的风险管理、资本配置办法。例如，法国的安盛集团（AXA），作为业内对“经济资本”的主要支持者之一，早在1999年就引入了这一理念，通过多年实践，于2002年首次发布了统一的用于判断各业务线资本配置状况的经济资本计算系统。

2. 经济资本的内涵。

从概率论的观点看，经济资本是用以防范一段时期内在既定置信水平下的意外损失而留存的资本量。对于保险公司来说，经济资本可以定义为保险公司为了对付非预期风险而应持有的资本，即在某一置信度下，大于某一分位点的损失金额的期望。根据定义，如何置信水平应该如何确定，以及在给定置信水平的条件下，意外损失应该如何定义，是确定经济资本的关键。

经济资本具有以下特点：

（1）经济资本的“经济性”。“经济性”即资本的有效配置。作为盈利性主体的保险公司，资本成本与内部配置至关重要，配置过多将减弱资本的盈利能力，配置过少又将影响资本防范风险的能力。经济资本的概念是基于经济现实的、动态的以及可调整的。这与现行的监管资本概念不一致。目前的监管资本设定是出于对保险公司偿付能力的要求，主要关注债权人资金的风险，并不关注资本成本、资本配置和企业效益。

（2）经济资本的风险匹配。经济资本的风险匹配是指经济资本用于弥补哪一类型的损失。一般来说，可以将损失划分为预期损失（EL）和意外损失（UL）。预期损失可根据损失的历史数据统计，这一损失往往频率高、程度轻。意外损失是指超过期望损失水平以上的损失，这类损失往往发生频率较低、但程度重、很难预测、风险性较大。此外，对发生频率极低但损失程度极重的一类损失事件，通常称之为重大损失（SL）或最糟糕损失（WCL），此类风险如果运用资本分配的方式进行弥补会有较高的资本成本，因此一般采用再保险方式转移风险。

3. 经济资本的简要评价。经济资本的优势主要有：（1）对整个组织的所有风险做一个整体的测量；（2）与风险资本和资本充足性比率比较而言，经济资本对于管理更有意义；（3）强制公司将其所面临的风险进行量化，并将其整合成一个概率分布；（4）不仅为组织整体，也为独立的各条业务线设置一个可接受的风险水平的框架。

经济资本的局限性：对于非保险企业来说，在企业风险管理中的资本是从经济资本开始考虑的，通常采用尾部概率的方式来衡量在险价值（VaR），譬如2000年1遇。但是对于保险人来讲，这种方式太简单，保险公司趋向于综合采用多种风险衡量方式进行风险测量，同时观测各种方式的结果是否具有一致性。

【复习与思考】

一、关键概念

保险市场风险　环境性风险　经营性风险　财务报表分析法
流程图法　SWOT 法　历史差距法　分解分析法
精算风险理论模型　破产概率模型
风险资本模型（RBCM）　现金流匹配模型　免疫模型
DFA 模型　规划模型　统计回归模型
资产负债匹配管理（ALM）　企业风险管理（ERM）
经济资本管理　保险监管信息系统（IRIS）
财务分析和偿付能力追踪系统（FAST）
动态现金流测试（DCFT）　动态偿付能力测试（DST）

二、思考题

1. 简述保险市场的功能。
2. 简述保险市场风险产生的根源。
3. 保险市场风险有哪些分类方法？
4. 保险市场风险的识别方法有哪些？
5. 保险市场风险的度量模型有哪些？各有什么优缺点？
6. 保险公司有哪些内部风险管理技术？
7. 简要阐述资产负债匹配管理的做法。
8. 对保险市场的风险进行监管的方法主要有哪些？

三、思考案例

《中国第二代偿付能力监管制度体系整体框架》

2013 年 5 月 14 日，中国保监会项俊波主席签发了《中国第二代偿付能力监管制度体系整体框架》（以下简称“《整体框架》”）。《整体框架》明确了“偿二代”的总体目标，确立了“三支柱”框架体系，制定了“偿二代”建设的若干基本技术原则，既为“偿二代”建设勾勒出了完整的蓝图，也为“偿二代”各项技术标准的研制和测算奠定了坚实的基础。

“偿二代”的整体框架由制度特征、监管要素和监管基础三大部分构成。其中，制度特征包括统一监管、新兴市场、风险导向兼顾价值三大特征；监管要素包括定量资本要求、定性监管要求、市场约束机制三个支柱；监管基础是指公司内部偿付能力管理。这三大部分密切联系、相互依恃，构成一个有机统一的完整体系。

《整体框架》确立了“三支柱”的监管体系。第一支柱是定量资本要求，主要防范能够量化的风险，通过科学地识别和量化各类风险，要求保险公司具备与其风险相适应的资本。第二支柱是定性监管要求，是在第一支柱的基础上，进一步防范难以量化的风险。包括风险综合评级、保险公司风险管理要求与评估、监管检查和分析以及第二支柱监管措施四部分内容。第三支柱是市场约束机制，是引导、促进和发挥市场相关利益人的力量，通过对外信息披露等手段，借助市场的约束力，加强对保险公司偿付能力的监管。

《整体框架》遵循国际保险监督官协会的核心原则，借鉴欧美等国成熟有效的经验，坚持与国际监管接轨的大方向，主要体现在两个方面：一是监管的基本理念和基本原则与国际趋同；二是三支柱的主要内容包括定量监管、定性监管和市场约束，体现了国际偿付能力监管模式的变革趋势与共识，也与银行业的资本监管体系保持一致。

《整体框架》也充分考虑了我国保险业的发展实际，建立了一套具有新兴市场代表性的偿付能力监管模式。第一，具有三个中国特色的制度特征。一是统一监管。我国保险市场是全国统一监管，这与美国以州为单位和欧盟以成员国为单位的分散保险监管体制有重要区别；二是整体框架充分考虑了我国作为新兴保险市场的特征。三是风险导向兼顾价值。“偿二代”以风险为导向，全面、科学、准确地反映风险，识别和守住行业不发生系统性和区域性风险的底线。第二，增加了监管基础——公司内部偿付能力管理，建立外部偿付能力监管与公司内部偿付能力管理之间的激励相容机制。第三，在第一支柱中，引入了宏观审慎监管资本要求和调控性资本要求，在技术原则中建立了体现新兴市场特征的资产负债评估原则。第四，在第二支柱中，建立风险综合评级制度，将操作风险纳入第二支柱。第五，在第三支柱中，不仅强调公开信息披露要求，同时注重对市场约束机制相关主体的培育和引导。

资料来源：中国保监会网站，http：//www.circ.gov.cn。

思考问题：

(1)《整体框架》出台的背景？

(2) 偿二代的整体框架主要由哪几部分构成？

(3) 如何理解整体框架中提出的偿二代三大制度特征？

(4) 理解偿二代的“三支柱”体系。

第十二章 影子银行的风险管理

【导入案例】

2007 年美国次贷危机

次级按揭贷款在美国市场由来已久。信用程度较低、收入水平不高的民众，通过这种方式获得房屋抵押贷款，而与之相对应的，申请贷款者要支付相对较高的利率。但在将其证券化，并产生 CDO（担保债务权益）之前，这类产品与华尔街的关联并不大，迟至 1987 年才有一家券商发行了第一只 CDO。CDO 的出现，使得资产证券化产品更适合华尔街的口味，由于更细分、更高的收益率和更好的针对性，CDO 在最底层的次级按揭贷款和华尔街巨头之间架起了桥梁。一些商业组织收购贷款商手中的次级按揭贷款，并将其批量证券化，作为可以获得稳定现金流的产品兜售给更广大的投资者。这样贷款的风险就分散到了更多的投资者手中。最早收购贷款并将其证券化的是房地美。随后由于 CDO 的流通性大增，在回报丰厚的情况下，在雷曼兄弟之后，绝大部分华尔街投行都进入这一领域，并迅速推高其规模。2004 年，全球 CDO 发行量达到 1 570 亿美元，而到了 2006 年，这一规模已经达到 5 520 亿美元，其中超过 1 400 亿美元涉及次级债券。

可是好景不长，同样在 2006 年，房地产价格的下降和短期利率的上升使得次级按揭贷款的违约率逐渐上升。2007 年 6 月，房地美披露季度亏损，在随后的 8 月，美国第五大投资银行贝尔斯登旗下两只次级债对冲基金倒闭，华尔街才意识到危机来到了。2008 年 3 月，贝尔斯登申请破产倒闭，在美联储的斡旋下被摩根大通以每股 10 美元的价格收购，而在 2007 年 1 月份，贝尔斯登的股票交易价格还曾高达每股 171 美元。2008 年 9 月 7 日，美国政府宣布接管“两房”——房利美和房地美。2008 年 9 月 15 日成为华尔街历史上最黑暗的一天，有 158 年历史的雷曼兄弟申请破产。同日，拥有 94 年历史的美林公司也在美联储的压力下出售给美国银行，500 亿美元的价格仅相当于美林一年前估值的 2/3。美国五大投资银行的集体倒塌使得影子银行系统的运营基础遭受严重的损失，并对传统银行体系造成巨大的冲击。苏格兰皇家银行、花旗银行、美国银行等大型商业银行因无法剥离规模巨大的有毒资产，于 2009 年初都陷入了前所未有的困境。

这就是发生在美国的次贷危机，也正是次贷危机让我们认识了另外一个金融系统——影子银行系统的风险。

资料来源：作者根据相关资料整理。

本章介绍影子银行系统、影子银行风险的产生和度量以及影子银行的风险管理等有关内容。

第一节 影子银行概述

一、影子银行的定义

影子银行体系（The Shadow Banking System）的概念由美国太平洋投资管理公司执行董事麦卡利首次提出并被广泛采用。**影子银行（Shadow Banks）是指那些游离于监管体系之外的，与传统、正规、接受中央银行监管的商业银行系统相对应的金融机构**。相应地，影子银行体系（The Shadow Banking System）就是由影子银行组成的非银行金融体系。

"影子银行"这个概念在当前中国金融市场中对应的口径主要如下：一是最窄口径，影子银行仅包括银行理财业务和信托公司两类；二是较窄口径，包括银行理财业务和信托公司、财务公司、汽车金融公司、金融租赁公司、消费金融公司等非银行金融机构；三是较宽口径，包括较窄口径、银行同业业务、委托贷款等表外业务、融资担保公司、小贷公司和典当行等非银行金融机构；四是最宽口径，包括较宽口径和民间借贷。目前，关注度最高也最流行的是较窄口径。

虽然国内外对影子银行的定义是从不同角度入手的，但在厘定影子银行的内涵时，大都考虑了影子银行的功能、与传统银行的关系、是否受到监管或政府支持这几个要点。简而言之，影子银行是一种传统商业银行体系之外的金融实体及其活动所组成的信用中介体系，包括独立主体和非独立部门，以及它们的相关活动。它通常使用期限转化、高杠杆操作进行信用创造、转让的融资业务活动，相比传统银行体系具有更高的系统性风险。

二、影子银行体系的特点

（一）高杠杆性

这是影子银行最显著的特点。影子银行由于融资渠道不及传统商业银行广阔，资金力量不够雄厚，要想进行大量大额的投资并追求赢取更高的利润，必须采用很高的杠杆率举债经营。一般做法是影子银行向传统银行信贷、资本市场等借入资金，获得原始资本，运用杠杆操作再投资于内生杠杆性的金融衍生品，资金量扩张几十倍，从而获得高额倍数的利润。由于受制于8%的资本充足率，传统商业银行使用的杠杆率不超过12.5。而对于影子银行来说，其使用的杠杆率要大得多。研究表明，截至2007年底，美国CDS（Credit Default Swap，信贷违约掉期）的交易合约总额超过60万亿，而担保品的实际价值只有2.7万亿，其杠杆率达到20多倍。世界上10大投资银行控制的资产超过13万亿美元，平均杠杆率约为30.6倍，而在2003年平均杠杆率还不到23倍。美国FCIC的报告提到，在2007年金融危机爆发以前，美国银行控股公司适用的杠杆率为10~20倍，而投资银行适用的标准为30~40倍。但在资产证券化过程中设立的特殊目的机构倾向于持有少量的权益性证券，使得它们的杠杆率可以高达100倍。高杠杆率的使用创造了高倍的利润回报，但同时也使系统性风险得到了高倍的放大。

（二）不透明性

影子银行的不透明性表现在其产品设计和信息披露制度两方面。

影子银行的产品设计一般都非常复杂。金融工具的结构化使用、高杠杆操作、证券化和衍生品的反复套嵌等，使得影子银行的业务活动与产品变得非常复杂和多样。而投资者由于缺乏对影子银行产品的现金流和定价进行深入了解，在对这些设计复杂的金融产品进行投资时，对其结构、收入和风险等因素其实并没有全面的把握。加上影子银行在证券化产品的重组包装过程中，为了提高产品的发行规模，追求更高的利润，会有意识地选择淡化基础资产信息，过分强调衍生品的附加值，这进一步增强了影子银行产品的不透明性。

另一方面，这些金融衍生品交易大都在场外柜台交易市场进行，虽然有信用评级机构的意见可供参考，但投资者主要还是需要根据自己的独立判断进行交易。由于场外交易市场的交易对象多样、交易区域分散复杂，所以都采用自律监管模式，因此鲜有公开的、可以披露的信息。

（三）批发业务模式

传统商业银行采取零售经营模式，主要业务对象为单个企业或个人，主要业务是对单个客户的存款或贷款，在业务过程中可以针对每笔业务搜集信息、识别风险、推进业务以及事后跟踪等。影子银行的业务模式和传统商业银行不一样，其融资和投资都是以批发方式进行。首先，影子银行的融资具有批发的性质。影子银行机构在商业票据市场、回购市场、拆借市场等货币与资本市场集中大批量进行举债融资，这种融资不是针对某一特定个体，而是通过证券的规模发行认购来获得批量资金，对象也大多是机构投资者。其次，影子银行的投资活动也不同于传统银行贷款业务，它是通过从不同渠道购买基础资产和商业票据等证券来持有资产，投资项目。相比零售业务模式，影子银行采用的批发业务模式流动性渠道更为通畅，资本消耗成本更低，业务规模更大，并且可以获得更为丰厚的利润。但是同时，批发业务模式也会带来更严重的信息不对称性、对流动性的依赖更强和系统性风险更大等弊端。

（四）信用创造

影子银行机构之所以被称为影子银行，首先是因为影子银行部分替代了商业银行的功能边界和业务范围，也以资金为经营和交易对象，并具有实质上的信贷创造或信贷膨胀效应。比如，结构投资工具就部分取代了传统银行的短借长贷的资金融通功能。同时，影子银行机构不受当局监管，不需要留存准备金，资本运作的杠杆率更高，信贷扩张系数也更大，所以其信用创造功能某种程度上更优于传统商业银行体系。

（五）不受监管

由于影子金融机构都属非银行类机构，其负债不是存款，主要是采取金融资产证券化的方式，最初目的是要分散风险，因此无需接受政府对银行的严厉监管，加之其交易场所是柜台交易市场，采用自律监管模式，所以影子银行存在监管套利的行为。

三、影子银行体系的构成

影子银行体系的构成主体包括：货币市场基金公司、对冲基金公司、投资银行、金融公司、结构化投资实体、政府支持机构、其他金融担保公司。从影子银行功能和发起设立两个角度出发，可以对这些主体进行如下分类：

（一）功能角度的影子银行分类

1. 证券化机构。主要包括资产证券化的发起人、投资银行和证券化过程中设立的SPV。SPV设立的主要目的是为资产证券化提供风险隔离、信用增级和资产重组三大功能上的便利，是资产证券化所必须的名义形式机构，从法律形式上来看，包括信托、有限责任或股份制公司、有限合伙制机构。

2. 市场型金融公司。市场型金融公司指以市场为导向的金融业务公司，它们为市场提供直接或间接的信贷和流动性，但不吸收存款。主要包括货币市场基金、对冲基金、私募股权基金、保险公司、养老基金、私人信用贷款机构和其他类型金融公司等。

3. 结构化投资实体。结构化投资实体指资产支持商业票据和资产支持证券的发行主体以及结构化投资等。结构化投资实体部分是独立机构，但大多是银行或金融控股公司的组成部分，为传统商业银行体系履行结构化投资职能，例如房地产投资信托、ABCP管道、结构化理财部门等。

结构化投资实体又分为管道（Conduit）和结构性投资载体（Structure Investment Vehicle，SIV）。管道指主要履行购买资产并据此发行商业票据或资产支持商业票据的主体，收益主要来自购买资产与发行商业票据的利差。它向出售资产的客户收取结构费和管道管理费，同时提供流动性和信用增级。SIV是独立经营的投资公司，购买资产之后不仅可以发行商业票据，还可以发行中短期债券和次级债券，收益同样来自于购买资产和发行证券之间的利差。

4. 证券公司。指从事证券经纪业务、融资融券业务和充当做市商的证券公司。证券公司处于影子银行业务链条的末端，主要在二级市场发挥作用，包括股票市场、回购市场、票据市场等。

（二）发起设立角度的影子银行分类

1. 政府支持机构，指依靠政府发起和赞助设立的机构，是影子银行早期发展的主要方式。政府的主导和支持使影子银行获得稳定的重组资产来源，同时政府信誉能非常有效地提高发行证券的信誉和信用评级。由于影子银行业务中通常会引入第三方担保机构，第三方担保机构的信誉直接影响发行证券的信用评级，因此，影子银行体系中的政府支持机构，会被市场认为获得了政府的间接担保，从而得到更高的信用评级和更好的市场预期。

2. 内部影子银行机构，是指由传统商业银行发起设立的或有金融控股公司控股的从事影子银行业务活动的机构部门或者子公司。内部影子银行的业务主要是从事商业银行的贷款资产证券化。内部影子银行帮助传统商业银行分散了信用风险，降低了资本要求并提高了流动性，使得传统商业银行放贷能力和意愿大大增强，贷款目的从持有获利转向销售获利。

3. 外部影子银行机构。指独立的、以市场为导向的专业化非银行信用中介机构。其业务范围比较多样，包括了证券化在内的所有非银行信用中介业务，不同于内部影子银行机构监管套利的主要目的，外部影子银行机构是市场型金融机构，旨在追求最高利润回报，但因为没有政府的信用担保或控股母公司的信用担保，风险也相对较高。利用资源整合优势、经营自由优势和专业技术优势，外部影子银行机构成为目前最主要的影子银行类型，具体形式包括对冲基金、货币市场基金、养老基金、保险公司、金融信托、财务公司、结构性投资实体、信用担保融资公司、证券经纪公司等。

四、影子银行的作用

（一）影子银行的积极作用

1. 提供了辅助的信用创造。影子银行本质为非银行信用中介，具有信用中介的信用创造、转让和融通功能。在传统商业银行信用创造功能受制于监管制度的情况下，并不是社会上所有的资金需求者都能获得传统商业银行的信用支持，使得经济发展受到一定阻碍。影子银行可以为游离在传统商业银行信贷对象之外的市场主体提供信用，满足更多融资主体的需求，提供更多的信用以促进金融市场的繁荣。

2. 提高了金融市场的流动性。影子银行拥有期限转换的功能，为流动性差的长期资产提供了极佳的变现方式，给传统商业银行和众多投资者提供了资金来源，提高了整个金融市场的流动性。传统商业银行可以通过影子银行将其持有的长期存量信贷资产证券化，迅速将资产组合的全部净现值变现，卖出短期金融票据或者回购协议以获得流动性。影子银行的存在提高了传统银行体系的资金利用效率，为防止银行流动性风险提供了保障。此外，影子银行大量的证券化产品的投放和交易，以及各类基金公司、证券经纪商自身的投资和对冲交易，极大地活跃了二级市场，提高了金融市场的流动性。

3. 提供了风险分散的途径。对于商业银行来说，影子银行的存在为其提供了信用风险转化和稀释的方式。通过影子银行的证券化业务，商业银行体系将其贷款存在的信用风险通过资产出售的方式转移至影子银行，影子银行又将其证券化为不同风险等级的产品，出售给不同风险偏好的投资者，达到分散风险的目的。此外，信贷资产在恰当时机转售可以帮助传统商业银行降低可能面临的利率风险，并且时刻为传统商业银行提供着交易对手和筹资渠道，以缓冲银行的流动性风险。

对于投资者来说，影子银行的存在为他们提供了极其丰富的投资渠道和产品，使其可以分散投资，对冲异质风险。影子银行根据风险分级设计出的不同产品，可以满足不同风险偏好的投资需求，使得投资者可以分散风险，依照自身风险承受能力调整投资方案。

4. 降低了交易成本。影子银行作为投资者和融资者的中介，减少了交易双方的信息搜索和信息甄别成本，解决了信息不对称带来的损失风险。对于商业银行来说，可以通过合理利用影子银行体系降低经营成本。商业银行的资产负债和业务活动受到严格监管，因而监管成本是经营成本的重要组成部分，而因为影子银行受到的监管少，监管成本低于传统银行，因此传统商业银行可以通过将其部分业务转向表外，盘活监管资本来达到降低监管成本的目的。

5. 促进了金融创新。创新是影子银行的灵魂，金融创新赋予了影子银行蓬勃发展的动力，影子银行从特定角度说是一类特殊的金融创新，它具有金融创新所拥有的基本特征，当前可能会以银行理财作为表现形式，在新的市场环境下可能会以另一种金融创新的方式出现，影子银行为金融创新不断注入新的内容，从而推动了金融市场不断繁荣发展。影子银行与金融创新推动了金融市场活动自身不停地调整变革，满足了经济发展中不断产生的新的金融需求。

（二）影子银行的负面影响

1. 高杠杆率放大了单体金融风险。影子银行的高杠杆率主要源于其特有的业务模式。传统银行体系其资金主要来源于存款，在留取一定存款准备金后再做贷款，主要以零售为主导，并受到监管部门的严格监管。与传统银行体系不同，影子银行采取了一系列的金融创新，能够在短期内迅速发展起来，突破了现有的银行监管制度与体系，把金融衍生品的设计建立在不存在的假定之上，并形成了一套高风险的运作方式。尽管通过杠杆提高盈利能力是影子银行获利的模式之一，但过高的杠杆率使得影子银行在面临重大的非预期损失时，将迅速丧失清偿能力，产生巨大的类似银行“挤兑”风险，由此造成影子银行追求过高的杠杆率而形成巨大的单体金融风险。

2. 期限错配会带来流动性危机。商业银行和储蓄机构的主要资金来源一般具有长久固定的性质，因为存款保险制度的存在，很少客户会轻易更换储蓄的银行。而影子银行的资金来源主要依靠短期市场融资，如回购协议和商业票据等，由于这类资金不具有“粘滞性”，非常容易撤资转移。而影子银行的资产运用大多是按揭贷款等期限相对较长的资产，流动性较差。所以影子银行的信用期限结构产生了期限错配，容易在市场不稳定的情况下，出现资金溃逃局面。重要存款基础的缺失，使影子银行短借长贷的模式具有更大的脆弱性，容易受到挤兑和资金溃逃的打击，从而不得不在低迷的市场里出售资产而遭受巨大损失，出现流动性危机。由于影子银行与传统商业银行越来越紧密的联系，这种风险非常容易蔓延到整个金融市场，从而导致整个金融体系的风险危机。

3. 影子银行容易被利用成为逃避监管的工具。影子银行相关金融工具的合理使用，可以达到减少监管成本的目的，但若过度或恶意操作，即会产生恶性的监管套利。影子银行业务大多游离在监管体系之外，加上各国的信息披露制度、审计制度、税收制度和监管立法等千差万别，因此，影子银行有着充分的余地逃避监管和税收。例如，商业银行利用影子银行规避杠杆约束、违规利用表外业务逃避资产负债监管约束、大量在避税天堂地区设立证券化的离岸 SPV 等。影子银行的监管套利违规行为会大大削弱监管制度的功效，掩盖金融机构的真实资产负债情况，积聚大量无法被及时发现的金融风险。

4. 影子银行风险具有关联性和传染性。影子银行通过业务往来和股权投资等方式，和商业银行体系相互关联，因此在发生危机的时候，风险迅速从影子银行体系传染至传统商业银行体系，从而带来系统性风险。

五、我国影子银行的现状与特征

影子银行体系在拥有成熟资本市场和金融体系的国家非常发达和繁荣，而我国影子银行体系与其相比有着较大的区别。我国金融监管一直采取非常谨慎的原则，对于资产证券化、衍生品市场和金融创新有着非常严格的限制，注重杠杆率限制管理，监管立法也没有完全放开金融创新市场的准入和产品推行。因此，我国影子银行体系处于初级的幼稚发展阶段，规模较小、运作简单、产品结构复杂程度低，并且有着我国独特的影子银行主体形式。尽管如此，我国的影子银行表现出蓬勃发展和不受控制的趋势，并且和传统商业银行有着过于紧密的联系，应当引起了我国监管部门的关注和重视。

（一）我国影子银行体系的主要表现形式

1. 银信理财合作业务。这是我国影子银行最典型的表现形式，也是影子银行风险最积聚的领域。该类业务包括但不限于信托贷款、受让信贷或票据资产、附加回购或回购选择权的投资、股票质押融资等。

该类业务主要风险有：一是银行的隐性担保和声誉风险。银行在贷款移出表外后依然承担着贷后管理、到期收回等实质上的法律责任和风险。二是资本不足风险。银行通过银信合作将资本移出表外，调整了自身的资产负债结构，表面上减少了资本要求，并规避了相应的准备金计提和资本监管要求，产生了过度使用表外业务的监管套利。三是信托公司贷款和投资大量投向各级政府基建项目导致的集中度风险和政府投融资平台公司违约风险。

2. 资产证券化。我国资产证券化第一批试点始于2005年12月，中国建设银行在银行间市场发行了第一期个人住房抵押贷款支持证券（MBS），国家开发银行发行了第一期资产支持证券（ABS）。截至2010年6月末，共有11家金融机构累计发行了17单证券化产品，发行金额为667.83亿元。基础资产已从初期的一般贷款和个人住房抵押贷款扩大到汽车抵押贷款、中小企业贷款。

资产证券化产品的主要风险有：一是商业银行存在隐性担保，风险不能实质剥离。二是道德风险导致银行贷款审批标准降低，资产池信贷风险高于表内贷款风险。三是市场参与方少，投资主体多为银行业机构，交叉持有问题突出，导致信贷风险仍然留在商业银行体系内。四是资产证券化可能借助银信合作、理财产品等非正式途径进行，缺乏有效监管。

3. 私募基金。私募基金分为民间私募基金和阳光私募基金。民间私募基金主要以投资咨询公司、投资顾问公司等名义，以委托理财方式为投资者提供投资服务。其运作完全靠个人信誉维持，属于纯民间行为，未被纳入金融监管范围，具体规模尚未有权威性数据。阳光型私募基金主要是商业银行理财产品、证券公司集合理财计划、信托公司集合资金信托计划以及私募股权投资基金等。

私募基金的风险主要有：一是民间私募基金缺乏明确的法律规范，没有纳入监管范围，甚至滋生非法集资。二是由于缺乏法律规范，投资者与投资管理者之间容易产生资金纠纷，当事人利益难以得到保护。三是大量私募基金游离于监管之外加大了整个金融体系的风险。部分国外对冲基金透过虚构交易、平行贷款、柜台交易、钱庄及间接通过合格境外投资者渠道进入国内市场，容易对我国金融安全和交易秩序带来冲击。

4. 金融衍生品。我国金融衍生品市场规模小，产品单一，风险较高的信贷类衍生品尚未推出，主要的金融衍生产品是利率衍生品和外汇衍生品。截至2010年6月底，利率互换市场名义本金交易总额合计达到4 847亿元，超过2008年全年的交易量（4 611亿元）。

该类业务主要风险有：一是我国高端金融人才匮乏，存在衍生品定价风险。二是我国

2009年发布的《中国银行间市场金融衍生品交易主协议》（NAFMII主协议），与《破产法》、《公司法》相关规定不完全一致，存在一定的法律风险。三是场外交易透明度低，隐含风险较大。

5. 民间借贷。我国民间社会从事金融活动，提供融资借贷等服务的机构主体主要包括小额贷款公司、融资性担保公司、典当行等。据测算，截至2011年12月末，我国民间借贷（主要包括私人之间拆借、企业之间不以商业票据为基础的拆借、互助基金组织、和会等组织，也包括非政府小额信贷和典当行等准金融机构）余额在3.5万亿~4万亿元之间，相当于银行总贷款的7%左右。截至2012年12月末，全国共有小额贷款公司6 080家，贷款余额5 921亿元，全年新增贷款2005亿元。同时，典当行业也在快速扩张，据商务部公开统计数据显示，截至2012年6月底，全国共有典当企业6 078家，从业人员4.8万人，上半年实现典当总额1 481亿元；全国共有各类融资租赁企业近400家，合同余额约12 800亿元。

我国的民间融资借贷机构在传统商业银行之外，为融资需求者提供了新的融资信贷途径，尤其是针对我国中小微型企业、个体户及个人贷款困难的情况，提供了解决办法，有其存在的积极价值。但是，近年来，民间借贷成为法律问题频发区域，以温州地区为典型，一系列非法集资案件引发了我国法律界对民间借贷金融合法合规性的争论。

民间金融的风险主要有：一是高利贷等民间金融方式造成企业或个人财务负担沉重，加剧了破产风险，甚至可能引发社会稳定风险。二是民间借贷风险经由银行信贷渠道向正规金融机构传递。此外，一旦银行从业人员违规参与民间金融，也会放大金融风险，扰乱金融秩序。三是互助组织如民间标会、基金会等组织没有相关法律法规制约，容易出现财务混乱、投资人利益难以保障等状况。

（二）我国影子银行的特征分析

根据对我国的影子银行表现形式的分析，可以看出我国影子银行拥有不同于成熟金融市场国家的特征：

1. 我国影子银行处于初期发展阶段。我国资本市场的发展落后于发达国家，影子银行的萌芽更晚，加之我国金融监管的审慎严格，影子银行体系的发展还处于初期幼稚阶段，远未成熟。表现出金融创新少、主体规模小、结构单一、运作及功能简单、产品复杂程度低等初期发展的特点。但值得注意的是，由于我国金融市场的不成熟和特殊国情，我国影子银行的规模目前已经不可小觑，以融资工具来统计测算，截至2012年12月，影子银行规模大致在28.8万亿，约占2012年GDP的55.4%，约占存款余额的32.3%。可见，我国影子银行虽处于幼稚期，但其可能导致的系统性风险不容小觑，未来的发展走向还不明朗，对于我国影子银行的监管应该注重前瞻性的框架构建，预见可能发生的状况和风险，并事先设计好监测和防范措施，随时应对其发展变化。

2. 我国影子银行活动的杠杆率相对较低。高杠杆率是影子银行的主要特点，也是系统性风险的主要根源。但在我国，由于监管部门对于杠杆率的管理非常严格慎重，并且规定商业银行不得为私募股权基金发放并购贷款，而涉及高杠杆操作较多的衍生品和资产证券化业务处于起步阶段，所以我国影子银行活动表现出了杠杆率相对较低的特殊特征，由高杠杆操作带来的系统性风险也低于发达国家。

3. 我国影子银行体系的风险源与成熟市场经济国家不同。我国影子银行最主要部分是传统商业银行的表外业务，是隶属于传统商业银行的非独立主体。我国影子银行体系另一个主要主体——信托公司虽然是独立主体，但其业务多为银信合作理财，是嵌入银行主导的信用中介链条中的一个环节，履行着其中一部分重要职能，其业务的独立性低，对传统商业银行有着强烈的依赖。此外，我国没有真正意义上的对冲基金，资产证券化和衍生品的主要操作者是传统商业银行设立的子公司或特殊部门，而非国外常见的对冲基金、投资银行等。而作为独立市场主体的民间融资借贷机构，由于资金来源渠道的狭窄和限制，并未占据影子银行市场中的主要地位。

第二节 影子银行风险的识别

一、影子银行风险的主要形式

（一）高杠杆率风险

影子银行风险的最主要形式是高杠杆率风险，这种风险主要源于其特有的业务模式。由于没有传统银行体系那样雄厚的资本金，影子银行机构采取了一系列金融创新，避开监管，大量进行高杠杆率经营。但过高的杠杆率使得影子银行机构在面临重大的非预期损失时，将迅速丧失清偿能力，由此形成巨大风险。因为高杠杆率操作对流动性的依赖非常强，一旦杠杆操作涉及的产品和抵押品丧失再融资功能，影子银行体系的流动性会大幅锐减，产生巨大的类似银行“挤兑”风险。同时，当影子银行体系的基础资产价值下跌时，如果没有办法补充自己的资本规模，那就只能出售持有资产来增补流动性以及偿还债务，而金融市场大规模资产出售势必造成资产价格进一步降低，从而使得影子银行同类资产账面价值再一次贬值，从而形成一个自我强化的资产贬值恶性循环。与此同时，高杠杆操作带来的资产减值和挤兑风险，也会牵连传统商业银行和其他金融机构，使其持有的证券及资产价值大幅缩水，质量下降。传统商业银行不得不将自己影子银行部门的表外业务收回表内，用自身的资本偿还债务，造成传统商业银行的资产负债扩张和拨备加大，导致市场流动性减少。

（二）流动性风险

影子银行的流动性风险主要来源于影子银行期限错配的业务模式。影子银行的负债主要是一些短期融资，是通过在短期资本市场发行的资产支持票据，而影子银行的资产期限比较长，流动性比较差，这导致了其资产和负债期限的不一致，改变了信用期限的结构，从而导致期限错配。重要存款基础的缺失，使影子银行短借长贷的模式更具有脆弱性，容易受到挤兑和资金溃逃的打击。在挤兑中，大量的债权人会撤回资金，减少交易或者对其信用敞口要求增加担保，导致影子银行机构不得不低价出售资产，从而遭受巨大损失，出现流动性危机。由于影子银行与传统商业银行越来越紧密的联系，这种风险非常容易传染至整个金融市场主体，从而演变成整个金融体系的流动性危机。

（三）监管套利风险

影子银行的监管套利风险主要来源于影子银行有可能被利用成为逃避金融监管的工具。影子银行相关工具的合理使用，可以达到减少监管成本的目的，但若过度或恶意操作，即会成为恶性的监管套利。由于影子银行大多游离于监管体系之外，加上世界各地的信息披露制度、审计制度、税收制度和监管立法等差别化，因此，影子银行有着充分的余地逃避监管和税收。例如，商业银行利用影子银行规避杠杆约束、违规利用表外业务逃避资产负债监管约束、大量在避税天堂地区设立证券化的离岸 SPV 等。影子银行的监管套利违规行为会大大削弱监管制度的功效，掩盖金融机构的真实资产负债情况，积聚大量无法被及时发现的金融风险。此外，由于央行难于准确估计影子银行为金融市场额外提供的信用创造，因此没办法有效调控影子银行的流动性进而控制总的货币供应量，导致货币政策效用被削弱，可能对经济平稳运行产生不良影响。

（四）系统性风险

影子银行的系统性风险主要来源于影子银行和传统银行体系的关联性和传染性。由于影子银行和传统银行体系的业务界限日益模糊，打通了风险交叉传染的通道。商业银行深度参与了投资银行的资产证券化和结构性投资，其资产和运作游离于资产负债表之外，但由于防火墙机制不完善和隐性担保、声誉风险等原因，风险并未实质性剥离。当危机发生时，巨大的风险迅速从影子银行体系传染至传统商业银行体系，从而带来系统性风险。此外，许多影子银行通过跨境投资在全球范围内配置资产，通过资产负债渠道、信息渠道等将风险传递给了全球主要金融市场和金融机构，从而造成危机在全球的蔓延。

二、影子银行风险的识别

金融稳定理事会（Financial Stability Board，FSB）从宏观和微观两方面出发，构建了一套对影子银行体系进行监控的方法体系，各个国家可以结合国情，建立本国的影子银行风险识别系统。

资料链接

关于 FSB

FSB 即金融稳定委员会的英文缩写，前身为金融稳定论坛，是七个发达国家（G7）为促进金融体系稳定而成立的合作组织。在中国等新兴市场国家对全球经济增长与金融稳定影响日益显著的背景下，2009 年 4 月 2 日在伦敦举行的 20 国集团（G20）金融峰会决定，将金融委员会成员扩展至包括中国在内的所有 G20 成员国，并将其更名为金融稳定委员会。金融稳定委员会的成员机构包括 20 多个国家的央行、财政部和监管机构以及主要国际金融机构和专业委员会。

资料来源：百度百科，http：//baike. baidu. com/view/2584223. htm。

（一）监管部门对影子银行体系整体概况的掌握

FSB 认为，监管部门应该在资金流量数据的基础上，结合其他相关数据来观测和确定非银行信用中介的范围和主要发展趋势。此外，金融控股公司的相关监管数据，尤其是其非银行子公司的相关数据，也是非常有价值的。因为虽然影子银行的信用中介职能主要由非银行实体来实现，但商业银行在它们的信用中介链条中也扮演着不可或缺的角色，例如为其提供包销、中间交易、流动性融通支持以及其他服务，所以对传统商业银行活动的分析和其交易对手的识别可以为宏观掌握影子银行信息提供一个有效途径。

针对信息来源的个体单位界定存在不一致性和不恰当性，FSB 建议成员国着重关注资金流量数据收集的个体单位划分界定。例如，有些国家金融数据收集以“银行”为对象和单位，但“银行”这个单位的范围却包含了商业银行及其货币市场基金，使得影子银行的数据和传统银行无法区分和定位。因此，监管部门至少在信息监控单位的界定中，应当区分已经纳入审慎监管的个体和其他还未受到审慎监管的非银行金融机构。此外，监管部门还应当将非银行金融机构分类进行信息采集，并且收集关于传统商业银行和非银行金融机构之间链接性的信息，例如银行与非银行金融机构之间的资产和债务关系等。

（二）对影子银行系统性风险和监管套利进行识别

1. 影子银行系统性风险的识别。在识别影子银行系统性风险方面，监管部门应当关注的问题有：

（1）期限转换。为了识别期限转换风险，监管部门应该计算相关金融实体资产负债的加权平均期限，并对资产负债的剩余到期时间和原始到期时间进行长短划分，对不同期限长短之间的转化应该引起注意。此外，监管部门可以考虑使用其他期限转换识别指标。

（2）流动性转换。监管部门应当评估金融实体或信用中介链条中支持信贷的流动性转换程度。流动性转换非常难以测量把握，但是可以通过金融工具二级市场深度信息，以及比如不同时期的保证金交易、扣减率、买卖价差等其他流动性指标来识别，金融工具是否被央行接受为抵押物也可以作为流动性程度的考虑指标。此外，监管部门也可利用国际组织的研究和调查成果报告、金融危机时期的相关资产流动性历史数据和交易数据库中保存的交易对手数据共同来识别评估。FSB 建议监管部门至少将期限分为五类：即付、隔夜至 1 个月、1 ~ 3 个月、3 个月至 1 年、1 年以上，更细致地划分有利于风险识别流动性转换程度。

（3）信用风险转化。监管部门需要监控金融机构或信用中介链条中某一部门的表外业务（例如担保、保函、信用衍生工具和流动性认沽期权等）风险敞口。监管部门需要时刻关注金融实体提供的隐性支持，并且监控分析银行或非银行金融机构使用的信用风险缓释措施的适当性。而金融实体在转化信用风险的过程中，可能产生比交易对手信用风险、操作风险、流动性风险或信用风险转化不完整性等新的风险，这也是监管框架需要考虑的因素。

（4）杠杆操作。监管部门应该搜集可用于计算资产负债表中杠杆率的数据信息，例如资产负债比率、通过回购市场或经纪商的抵押借款数额等。监管部门也可以进一步分析表外业务杠杆操作，例如衍生品中嵌入的杠杆操作等。在监管过程中，监管部门可以使用巴塞尔协议 III 框架下的杠杆率计算方法。

2. 监管套利的识别。在监管套利识别方面，监控流程需要综合多学科的专业技术手段，例如监管政策、经济分析、法律技术和会计专业技术等，并且需要广泛的数据来源。通过监管谈话、现场检查、卖方或买方合约、信用评级机构报告等渠道，监管部门可以获得定性数据。监管部门必须将量化数据和定性数据结合起来识别，并且在识别监管措施地区和国度差异的基础上，对盈利指标进行监控，相对历史数据或行业平均水平过高的盈利代表着监管套利或者风险过大的可能。

3. 对系统性风险和监管套利要素识别之后进行深入分析评估。在对可能存在系统性风险和监管套利的地方有了初步识别把握之后，监管部门应当更加深入细致地分析可能导致这两种风险的特定实体、市场或工具。这种深入分析应该注意在国内或国际环境下影子银行可能会给金融市场带来重大威胁和影响的程度，并且应该随时间和经济情况的变动而变动分析方式。FSB 在监控框架中建议监管部门重点注意以下风险点：

（1）影子银行与传统商业银行的相互作用。影子银行与传统商业银行有着极强的联系，它们在投融资方面相互依赖，并通常受到资产持有和衍生品头寸持有所带来的风险集中，导致风险传导的共同脆弱性。所以，监管部门必须保证信息监控框架能够很好地监控两者的相互作用。为此，监管部门应当收集风险敞口、主要银行与重要非银行金融实体融资依赖、实质性头寸持有等相关信息。

（2）规模大小。影子银行机构和活动规模越大，可能带来的负面影响就越大。监管部门应当注意总资产量和总负债量的数据收集监控，并且可以根据金融工具分类收集。

（3）盈利状况。对净资产收益率、资产回报率、利润增长率及利润质量的监控，可以帮助监管部门分析影子银行主体损失承担能力的可持续性。相比历史数据或行业平均水平，更高的风险调整盈利意味着过多的风险承担，并且可能破坏持续盈利模式和损失吸收能力。

第三节 影子银行风险的管理

一、《多德—弗兰克法案》对影子银行的监管框架

在 2007 年开始的世界金融危机中，美国无疑是受创伤最重的国家，在反思危机源头之后，美国人开始意识到系统性风险的监管缺陷和影子银行的监管空白是引发本轮金融危机的重要原因。因此，在 2009 年金融危机逐渐平息之后，美国推出了全面的金融监管改革法案。2010 年 7 月 21 日，美国政府正式公布《多德—弗兰克法案》，大刀阔斧对金融监管部门、系统性风险监管、非银行类金融机构、金融消费者权益保护、危机处理和国际监管合作等方面进行改革。《多德—弗兰克法案》中涉及对影子银行监管框架的主要内容如下：

资料链接

《多德—弗兰克法案》

《多德—弗兰克法案》全称《多德—弗兰克华尔街改革和消费者保护法》(Dodd - Frank Wall Street Reform and Consumer Protection Act)，它是在众议院与参议院分别通过的法案版本基础上整合而成的，分别于2010年6月30日和7月15日获众议院和参议院通过，最后由美国总统签署，被认为是20世纪30年代以来美国改革力度最大、影响最深远的金融监管改革。该法案旨在通过改善金融体系问责制和透明度，以促进美国金融稳定，解决“大而不倒”问题，保护纳税人利益、保护消费者利益。《多德—弗兰克法案》因为改革力度之大以及监管程度之严格被视为堪与《格拉斯—斯蒂尔格法案》比肩的金融监管法案，该法案将影子银行纳入监管，其影子银行监管框架也是各国影子银行监管设计的范本。

资料来源：百度百科，http：//baidu. com。

（一）进行监管机构和监管功能重组，防范系统性风险

新法案扩充和改革了现有的“多重多头”监管体系。首先，在联邦监管机构层面，增设金融稳定监管委员会、消费者金融保护局、联邦保险办公室等机构来强化联邦层级的监管，一方面提高宏观审慎监管水平，另一方面协调各州监管机构之间的矛盾与冲突，降低金融机构运营成本。其次，除中央银行职能和银行业监管职能外，法案赋予美联储监管大型综合金融保险集团的权力，在分业监管的大背景下做出了混业监管的创新性尝试，使美联储能够对AIG、美国运通、摩根士丹利和美林证券等在危机中出现问题的机构实施更为严格的监管要求，破解“大而不倒”的难题。

（二）创设消费者保护局，加强对消费者权益的保护

《多德—弗兰克法案》的全名是《多德—弗兰克华尔街改革和消费者保护法》，这显示该法案的中心思想是对消费者利益的保护。新法案在美联储体系下设立消费者金融保护局（CFPA）。该机构具有独立的监管权，可以独立制定监管条例并监督实施，署长由总统直接任命。该机构可以监管美国各类银行和非银行金融机构，以及所有资产规模在100亿美元以上的信贷机构、支票兑换机构和其他类似的非银行金融机构。新法案设立消费者金融保护局这样一个机构，有助于保护消费者，特别是金融知识较少的个人消费者，体现了从“买者自负”到“卖者有责”的监管理念的改变。该法案允许各州自行颁布更严格的消费者保护法，并适用于全国性银行。

（三）强化对“系统重要性机构”的监管，解决“大而不倒”的问题

法案建立新的系统风险监管框架，将所有具有系统重要性的银行和非银行金融机构纳入美联储的监管之下，实施更为严格的资本充足率和其他审慎性监管标准，降低金融机构“大而不倒”问题出现的可能性和对金融系统稳定性的威胁。对系统重要性金融机构的全面监管扩展到母公司及其所有子公司（包括国外的）。同时引入“沃尔克规则”（Volcker Rule），限制大型金融机构的自营交易业务。为防止类似雷曼兄弟和AIG的危机重演，该法案授予联邦储蓄保险公司（FDIC）破产清算权限，在超大金融机构经营失败时，对其采取安全有序的破产程序。限制美联储的应急借款权，并禁止破产公司参与紧急贷款计划。通过向大型金融机构征费建立清算基金，用于对濒临破产的金融机构的破产清算，确保相关成本由金融业界而不是纳税人承担。

（四）对证券化及场外衍生品金融市场进行规范和约束

该法案加强了对证券化市场（主要是资产支持证券（ABS））、场外交易（OTC）市场以及具有系统重要性的支付、清算和结算体系的全面监管。在证券化方面，要求证券化信贷敞口的信贷风险要与信贷发起人的利益相联系，要提高证券化市场的透明度和标准，加强对信用评级机构的监管，监管部门应减少对信用评级的使用。在场外交易方面，将绝大部分场外金融衍生品交易移到交易所交易，并通过清算中心结算；禁止银行之间或者银行与客户之间进行这种金融衍生品交易；更为重要的是，要求所有具备从美联储贴现窗口获得融资资格的大型商业银行剥离其信用违约掉期（CDS）等高风险衍生产品到特定的子公司（银行可保留常规的利率、外汇、大宗商品等衍生产品）；对从事衍生品交易的公司实施特别的资本比例、保证金、交易记录和职业操守等监管要求。为防止银行机构通过证券化产品转移风险，要求发行人必须将至少5%的风险资产保留在其资产负债表上。

（五）填补对对冲基金、私募基金、信用评级公司等监管的空白

《多德—弗兰克法案》填补了衍生品、对冲基金、私募股权基金、信用评级机构等领域的监管空白，限制金融机构持有大量脱离实体经济的复杂金融产品。法案要求资产规模超过1 000亿美元的大型对冲基金、私募股权基金及其他投资顾问机构在SEC登记并披露交易信息，接受定期检查。如果此类机构具有特大规模或特别风险，将同时接受美联储的系统风险监管。另外，法案还要求所有资产管理规模超过一定门槛的对冲基金以及其他私人资产池（包括私募股权基金和风险投资基金）的顾问向证券委员会注册，并接受管理。

（六）严格银行资本金监管和业务监管，控制潜在经营风险

《多德—弗兰克法案》对银行实行更严格的资本充足规定，将根据银行的规模和风险设定新的资本金要求。新的金融监管法案确定了美联储在资本监管中的地位，要求美联储对“资本严重不足”进行定义，并设定审慎监督和管理的临界值。只要美联储确定某家金融控股公司资本严重不足，即可强令该公司破产。新法案致力于提高资本质量，明确资本对于风险的覆盖理念。同时，针对银行的某些具体业务行为进行精细化监管，控制潜在经营风险。此外，该法案还将金融高管薪酬纳入监督，规定美联储将对企业高管薪酬进行监督，确保高管薪酬制度不会导致对风险的过度追求。

二、金融稳定委员会（FSB）对影子银行的监管框架

FSB于2011年10月27日发布了名为《影子银行：监控和规制的加强》的报告，即FSB报告。FSB报告对影子银行监管框架提出了六个方面的监管措施建议，具体如下：

（一）传统商业银行与影子银行的相互作用监管（间接监管）

1. 确立符合国际一致惯例的出于审慎目的的兼并规则，保证商业银行所有的影子银行机构都被包含在其资产负债表中。

2. 传统商业银行对影子银行的风险敞口数量和性质的限制需要加强。

3. 传统商业银行对影子银行风险敞口的风险基础资本要求必须重新评估制定，以保

证风险被准确定位和处理。尤其是基金投资的处理，以及影子银行体系中的短期流动性工具的处理。

4. 对隐性支持实行更加严密的监管措施，以限制商业银行对兼并规则效力范围以外的、非控股所有的影子银行机构的援助。

（二）货币市场基金的监管改革

货币市场基金监管改革的关键点在于选择鼓励或要求货币市场基金改变为浮动资产净值模式，还是让其保持向投资者承诺固定资产净值，但加强对其的资本和流动性要求，或者探求其他可能的路径。为了保证监管改革路径选择的有效性，FSB 要求国际证监会组织（IOSCO）承担监管改革的评估工作，通过分析货币市场基金在资本市场中的角色、各国货币市场基金的分类、特点、系统性风险类型、既有监管措施对其资金流的影响和实施效果、货币市场基金在金融危机中的作用、国际惯例和其他可行的措施等要点，构建新的监管框架以减轻货币市场基金的挤兑风险和其他系统性风险。

（三）其他影子银行主体的监管措施

管道、结构化主体、金融公司、保险公司、对冲基金等其他影子银行主体的监管措施需要围绕审慎目的进行制定。FSB 成立了新工作机构，负责划分其他影子银行主体的外延和类别、分析其规模和风险性、进行更加细致的既有监管框架及其差异性的评估、分析它们在金融危机中的作用，并在此基础上形成监管立法建议报告。

（四）资产证券化的监管

监管措施应关注资产证券化的动因，从资产证券化的操作者（如发起人、资产提供者等）在资产证券化中保留部分风险资产的要求和证券化产品的透明性及标准化要求两方面入手进行监管。在 G20 集团的承诺文件中，成员国都同意资产证券化的资助者与发起人必须保留一部分基础资产的风险，以促使其更加审慎地进行证券化活动。除此之外，FSB 授权 IOSCO 与巴塞尔委员会共同合作，对成员国的风险保留要求和证券化产品的透明度及标准化要求的实施效果进行评估，并在评估结果基础上形成政策建议报告。

（五）融资融券交易和回购协议的监管

FSB 要求从审慎监管角度出发对融资市场，尤其对融券交易和回购协议进行监管评估和改革。FSB 认为应当从三个方面出发应对担保性融资市场的风险：

1. 规制融券交易中保证金的再投资活动，可以对保证金投资的期限作出限制，或者限制投资的工具种类，并限制金融机构使用客户的保证金为银行和证券经纪商融资或再担保。

2. 限制融券交易和回购协议中的保证金和扣减率。

3. 完善担保性融资市场的市场基础设施建设，例如回购协议的结算、交易报告制度等。

（六）其他监管措施

监管部门需要建立影子银行适用的信息披露制度与信息报告制度。并严格相关金融机构信贷审核标准，以降低次级贷款的信用风险，抑制期限转换和杠杆操作的过度使用。此外，FSB 还要求对信用评级机构进行进一步监管，降低信用评级机构虚假评级、虚假包装等负面作用影响。

分析案例

美国与 FBS 监管框架的比较分析

一、关于监管主体

美国影子银行的监管主体是以 FSOC 为主，多个监管机构共同监管。FSOC 作为主要监管协调机构，负责影子银行体系监管的统筹协调，提供政策建议和指导；美联储是影子银行体系的实际监管机构，此外美联储还监控传统商业银行与影子银行的活动来往和联系；CFTC 和 SEC 则监管资本市场，包括结构性衍生品市场。

而 FSB 成立的目的是建立一个国际监管合作机制和框架指导，本身不设负责监管的权力机构，因此监管主体其实就是 G20 中二十个国家和其他自愿接受其指导的国家的监管机构。FSB 通常通过与 IMF、巴塞尔协会等国际金融组织合作，以及通过设立专项工作小组来开展影子银行的监管立法等工作。

二、关于监管对象

美国和 FSB 的监管对象都包括传统商业银行、影子银行机构和一些金融中介机构。比较而言，美国影子银行监管对象更为具体，更有针对性，而 FSB 作为一个国际监管协调机构，由于需要考虑各个国家的不同情况，监管对象的规定较为宽泛。此外，美国设立了消费者金融保护局，专门对影子银行市场的投资者尤其是私募投资者进行保护，制定了特殊情况下强制拆分重组、破产清算以及危机救助等措施。FSB 对于投资者保护和事后救助机制方面则还有待进一步完善。

三、关于监管内容

美国对影子银行的行为规定了相关的监管标准和限制等。首先，确定了影子银行适用的资本充足率、杠杆比率、流动性要求、风险资产保留比例等审慎监管标准；其次，规定了影子银行活动的信息披露要求和交易信息保留备案制度；再者，影子银行监管立法明确禁止了一些特定交易行为，取消了以往法律给予的责任豁免，着重加强了利率掉期、信用违约掉期和资产的总收益互换等金融衍生品交易的监管。但美国衍生品市场的监管仍有空缺，很多衍生品交易仍未被监管体制覆盖。

而 FSB 确立的监管内容更为宽泛，它没有具体针对某一产品或交易活动提出限制、禁止或指标，更多的是提出监管需要重点关注的活动和行为，FSB 认为必须受到监管的行为和活动主要包括与传统商业银行的关联、资产证券化、融资融券与回购市场、货币市场基金与信息披露等。

四、关于过程监管

从过程监管角度看，美国建立了事前、事中和事后全过程的监管制度。事前监管主要由 FSOC 负责收集各金融领域的信息，建立监管信息协调机制，并对所得信息做分析研究，识别风险。事中监管阶段，美国要求监管权力机构对影子银行活动全程进行跟踪和控制可能产生的风险，FSOC将负责认定具有重要系统风险性的影子银行机构或可能对金融稳定性产生威胁的非银行金融机构。事后监管方面，美国建立了影子银行机构的破产清算机制，制定了提供贷款增加流动性等危机应对和救援机制。

而FSB的监管框架中，监管过程主要是事前和事中两个阶段，其中事前监管是最大的着力点和亮点。FSB极其强调影子银行体系信息监测和风险识别制度的建立，专门成立了工作小组负责全球范围内信息监测与风险识别制度的建立、调试和实施，到目前为止，FSB共建立了二十国集团内的信息监测和风险识别流程与框架。事中监管阶段，FSB监管框架也要求监管机构对影子银行的活动进行全程跟踪和控制可能产生的风险，对已经发生的风险做持续监控和防范。FSB关于事后监管的制度还完全是空白，这也是FSB现有监管框架的最大缺陷，未来需要加大这一方面的制度建设。

资料来源：作者根据相关资料整理。

三、我国影子银行的监管现状

由于我国影子银行还处于初期发展阶段，所以还没有独立的影子银行监管框架。但是，近几年来，随着影子银行规模的不断扩大，我国影子银行的风险已经不容小觑，如何对我国影子银行进行更有效监管已经是一个迫切的问题。

（一）我国影子银行监管模式

我国目前采取的是“分业经营、分业监管”的模式。分业经营就是指银行业、证券业和保险业各自经营相对应的金融业务；分业监管是指由中央银行、银监会、证监会和保监会形成简称“一行三会”的共同负责金融监管模式。作为非银行金融机构，影子银行金融机构也必须遵循我国的金融法律法规，接受各自所属监管当局机构的监督与管理。在此模式下，信托、证券和保险机构等影子银行主体的所有业务活动，都必须获得相应的主管当局的批准和许可，而中国人民银行在整个监管体系中具有保持金融稳定的职责，具有处理跨部门金融问题的权利。表12－1清楚呈现了我国不同监管机构对影子银行体系金融产品的交叉监管关系。

表12－1　　我国影子银行体系金融产品监管交叉关系表

金融产品	主管部门	交易场所	产品承销机构
企业债（含中小企业债）	发改委	银行、交易所	证券公司
金融债	人民银行	银行和其他金融机构	银行和其他金融机构
可转债	证监会	银行	证券公司
资产支持证券	证监会	交易所	证券公司
基金、证券公司理财产品	证监会	基金公司、证券公司	基金公司、证券公司

续表

金融产品	主管部门	交易场所	产品承销机构
信托公司基金信托	银监会	信托公司	信托公司
银信合作产品	银监会	银行、信托公司	银行
保险产品	保监会	场内和场外	保险公司

资料来源：作者根据相关资料整理。

从表12－1中我们可以清楚地看到，我国影子银行体系的部分金融产品从主管部门到发行、承销需要经过的金融机构，会经过多部门的交叉监管。而且，影子银行体系的创新金融产品主要产生在这些监管权限交叉的领域之中。就现状而言，我国目前只能维持这种分业监管的模式，也基本与我国现阶段金融经营体制相匹配。但是这种多头监管的模式也存在明显问题：首先，中央银行与“三会”之间的关系难于梳理。由于我国三大金融监管机构没有和中央银行之间建立信息共享机制，导致平行机构之间各自掌握独立风险信息，无法建立整个系统性风险的应对决策机制。其次，我国三大金融监管机构的监管体制协调不明显。目前，没有为“三会”之间在法律角度上协同监管、在体系上形成合力创造条件，缺少被监督环节，造成机构各自追求自身利益，产生道德风险。再者，监管机构标准的差异性会导致相似金融产品在被不同机构监管下产生不平等竞争。

（二）我国影子银行的监管对象

我国影子银行的监管框架中，受监管主体可以分为三类：内部影子银行主体、外部影子银行主体和辅助机构，这三类监管对象中，我国的监管重点是内部影子银行主体和外部影子银行主体。

1. 内部影子银行主体的监管。我国影子银行体系的特征为独立性弱，多为内部影子银行主体。此类主体由于与传统商业银行、国企和其他金融市场主体联系尤为紧密，具有很强的互动作用，因此风险传导的机率高、速度快、影响严重，并且大大削弱了银行金融监管的有效性。所以对内部影子银行主体的监管应当高度审慎和严格，对于拥有高系统性风险的内部影子银行主体和影子银行活动，可以制定相对严格的监管标准，予以限制甚至禁止。但是，内部影子银行主体存在隐蔽性较高、业务界限模糊、难以区别界定的情况，而实行严格的监管必须对监管对象进行准确识别定位，保证相关监管措施的针对性。

2. 外部影子银行主体的监管。这类主体是独立自主的市场主体，在我国主要包括独立信托公司、私募基金公司、保险公司、投资银行和其他民间融资借贷金融公司等。这些主体独立经营，并且部分已经被纳入既有监管框架之内，其系统性风险和传导机率相对较小。对于外部影子银行主体的监管可以采用较为宽松的方式。但这种宽松并不是没有边界的，外部影子银行主体中也存在具有较大的重要系统风险的机构。因此，外部影子银行主体的监管应当讲究分层次的区别监管灵活性，根据不同的风险程度予以不同级别和强度的监管措施。

3. 辅助机构的监管。辅助机构主要指信用评级机构、审计机构、交易结算机构等市场基础配套设施。影子银行监管框架中有必要考虑对信用评级机构的监管，从侧面规制影子银行的活动，保证其金融安全和投资者保护。此外，明确与影子银行相关的会计和审计制度，对审计部门进行监管，并且加强影子银行业务的交易结算监管，探索集中清算应用的可能性，完善市场基础配套设施的建设和监管，也对影子银行的监管有莫大的帮助。

（三）我国影子银行未来监管模式。

影子银行体系是典型的金融混业经营，并且经营边界更为模糊，与传统商业银行、保险业等金融行业存在大量不可分割的相互作用和关联关系。所以在分业监管与混业监管两种模式当中，对影子银行体系的监管以混业监管为最佳选择。混业监管中通常有两种方式——功能监管和机构监管。机构监管的监管对象是金融机构，设立不同的监管机构，监管不同类型的金融机构。机构监管的方式也可运用于分业监管。功能监管的监管对象为不同的经营业务，不考虑进行某种业务的主体是何种金融机构，只要履行了某一特定功能的金融机构都归属监管该功能产品的机构管理。

未来混业经营是一种趋势，功能监管更为适合我国影子银行的监管。作为一种过渡，在我国现有的分业监管体制下，监管者需要更多地考虑监管机构之间的信息共享和协调机制的建立。此种协调机制可以采用联席会议或各监管机构代表担任的委员会形式，机制的建立中应重点关注信息共享、决策协商、规章制定及相互遵守、冲突解决机制四个方面：（1）各监管机构应当在前文所述的影子银行风险监测与度量框架下进行相关信息共享，在各自监管范围和工作中充分参考其他部门业务的情况。（2）在对影子银行的日常监管工作和决策中，如果涉及另一监管机构的管辖范围，或在无法确定管辖机构的情况下，各监管机构必须积极协商，在取得一致的情况下做出决策。（3）对于各监管机构就各自管辖范围内制定的法规条款，其他监管机构在监管工作涉及的情况下，必须予以充分的尊重和遵守，保证监管立法的效力，避免潜在监管冲突。（4）要建立有效冲突解决机制，对已发生的冲突提供妥善的解决途径。

【复习与思考】

一、关键概念

影子银行　影子银行体系　监管套利　金融稳定理事会（FBS）
《多德—弗兰克法案》　管道（Conduit）
政府支持机构（Government - sponsored Entity，GSE）
结构性投资载体（Structure Investment Vehicle，SIV）
民间借贷　监管套利风险　系统性风险
沃尔克规则（Volcker Rule）　信用违约掉期（CDS）

二、思考题

1. 简述影子银行的特点。
2. 简述影子银行体系的主要构成。
3. 简述影子银行体系的积极作用和消极作用。
4. 简述影子银行风险的主要形式。

三、思考案例

2011 年厦门担保业危机

2011 年厦门担保业危机的导火索是厦门融典担保有限公司的债主讨债事件。厦门融典成立于2008 年9 月，注册资本10 200 万元，法定代表人为钟明真，1979 年出生，持股49%，厦门广源鑫商贸有限公司持股51%，厦门广源鑫商贸有限公司为钟明真家族所有。

通常债权人将富余资金借给钟明真，月息一般都在2 分以上。一开始钟都会及时给付利息。但借款增大后，钟就开始要求延长借期，降低利息。债权人担心崩盘，只要能正常付利息，就不会去报案。2011 年5 月，厦门融典的一个债主带人上门讨债，随即引发了其他债权人的蜂拥追讨，厦门融典苦心经营多年的隐秘资金链一夜之间土崩瓦解，其债务或达37 亿元。除了融典，厦门至少还有4 家担保公司也面临被客户挤兑而引发整个担保行业的信任危机。这4 家担保公司中，有两家的债务规模都超过了厦门融典，加上另外两家总债务规模保守估计超过百亿。

担保公司和其他企业能够从民间吸收到巨额资金，与银行人员的合作密不可分。例如这次危机中，厦门国际银行厦门直属支行副行长以厦门市贤础贸易有限公司需资金周转、项目投资为由，介绍大量客户高息放贷给企业，他则以个人名义作为担保，出具盖上支行公章的承诺书，为该企业出具虚假资金证明，并承诺支行负责对还款进行担保，其中多数借款协议是在该支行内签署完成的。这家贸易公司以这种方式借贷的民间资金数以亿计，最多的一个放贷人出借的资金超过1 亿元，多为短期借贷，月息为3% ~6%之间。

除了充当“集资人”的中介，银行人员也充当“放贷人”的中介，在企业申请贷款期间，一些银行人员会主动为企业牵线搭桥，只要有较好的抵押物或担保人，就有可能引导、促成企业进行民间高息借贷。有些银行人员甚至直接作为放贷人，自己出面吸收民间资金，然后集中放贷给需要资金的企业或个人，从中赚取息差。

除了银行员工个体行为带来的风险外，担保“异化”极易把担保公司自身的风险转嫁到银行，给整个银行层面带来巨大的风险。担保“异化”主要体现在以下几个方面：

1. 担保公司偏离正业。《融资性担保公司管理暂行办法》明令禁止担保企业从事借贷、集资等行为，但是目前很多担保公司既从事担保，又从事借贷，经营风险极大。

2. 部分担保公司存在实收资本不实以及股东抽逃出资和虚假出资的问题。这对担保公司担保能力产生较大的不利影响，也直接影响了银行第二还款来源的安全性。

3. 担保公司在银行交存的保证金部分或全部是由被担保人交纳。这种现象不但虚增了担保公司的担保能力，增加被担保人的资金压力，同时也加大了银行贷款的风险。

4. 部分担保公司风险准备金计提不充分。财政部关于《中小企业融资担保机构风险管理暂行办法》第十三条、十四条规定，“担保机构应按照当年担保费的50%提取未到期责任准备金；按不超过当年年末担保责任余额1%的比例以及税后利润的一定比例提取风险准备金，用于担保赔付”。“风险准备金达到担保责任余额的10%后，实行差额提取。”但实际操作中，部分担保公司未提取或未足额提取风险准备金，缺乏必要的风险准备。

5. 部分担保公司担保风险防范措施不足。主要表现在：一是未使用反担保措施；二是部分担保公司未建立评级体系，盲目担保；三是部分担保公司的人员素质参差不齐，缺乏专业知识和从业经验。

资料来源：百度文库，http：//wenku. baidu. com。

案例思考：如何防范与担保公司贷款担保业务合作的风险？

参考文献

References

1. Basle Committee on Banking Supervision. Credit risk modeling: Current practice and applications. Consultative Paper, Basle, 1999.

2. Basel Committee on Banking Supervision: "Soud Practices for the Management and Supervision of Operation Risk", BIS, 2003 (2).

3. Cade E. C. Risk Management of Banking. Woodhesd Press, 1997.

4. FCIC: Preliminary Staff Report: Shadow Banking and Financial Crisis, May 4 2011 .

5. FCIC: Final Report of the National Commission on the Causes of the Financial and Economic Crisis in the United States, Jan. 2011.

6. FSB: Press Release: Meeting of Financial Stability Board, 18 July 2011.

7. FSB: Shadow Banking: Strengthening Oversight and Regulation, 27 October 2011.

8. FSB: Report on the Overview of Progress in the Implementation of the G20 Recommendations for Strengthening Financial Stability – Monitoring Progress of the United States, September 2011.

9. 安东尼·桑德斯、马西娅·A. 科尼特:《金融风险管理》,人民邮电出版社,2012 年版。

10. 艾迪·凯德著,王松奇、张云峰等译:《银行风险管理》,中国金融出版社,2004 年版。

11. 陈蓉、郑振龙:《固定收益证券》,北京大学出版社,2011 年版。

12. 戴国强等:《我国商业银行利率风险管理研究》,上海财经大学出版社,2005 年版。

13. 杜习瑞:《债券投资组合管理策略及其实证研》,东北财经大学硕士学位论文,2007 年。

14. 菲利普 . 乔瑞著,张陶伟、彭永江译:《金融风险管理师手册》,中国人民大学出版社,2004 年版。

15. 弗兰克·J. 法博兹:《固定收益证券手册》(第 6 版),中国人民大学出版社,2005 年版。

16. 高晓燕:《金融风险管理》,清华大学出版社,2012 年版。

17. 顾列铭:《多德 – 弗兰克法案:重建美国金融监管》,观察与思考,2010 年第 8 期。

18. 金熠：《中国商业银行流动性风险：计量与管理框架》，复旦大学博士学位论文，2007年。

19. 姜青舫、陈方正：《风险度量原理》，同济大学出版社，2000年版。

20. 李社环：《整体风险管理及其在金融业的应用》，中国财政经济出版社，2008年版。

21. 李红梅：《中国商业银行整体风险管理研究》，辽宁大学博士学位论文，2010年。

22. 刘园：《金融风险管理》，首都经济贸易大学出版社，2012年版。

23. 刘海龙、王惠：《金融风险管理》，中国财政经济出版社，2009年版。

24. 刘湘云：《商业银行利率风险动态综合计量与管理研究》，暨南大学博士学位论文，2007年。

25. 刘昕：《商业银行流动性风险管理研究》，辽宁大学博士学位论文，2010年。

26. 刘小坤：《企业债券：信用风险与市场监管研究》，复旦大学博士学位论文，2005年。

27. 吕香茹：《商业银行全面风险管理》，中国金融出版社，2009年版。

28. 卢亚娟：《金融风险与管理》，中国金融出版社，2012年版。

29. 卢文莹：《金融风险管理》，复旦大学出版社，2006年版。

30. 潘志斌：《金融市场风险度量》，上海社会科学院出版社，2008年版。

31. 王灵芝：《中国证券市场流动性风险的量化与管理研究》，上海交通大学安泰经济与管理学院博士学位论文，2010年。

32. 汪办兴：《中国银行业全面风险管理改进研究——基于"新资本协议"的视角》，复旦大学博士学位论文，2007年。

33. 温红梅：《中国商业银行操作风险的度量与控制研究》，哈尔滨工业大学博士学位论文，2008年。

34. 辛乔利：《影子银行》，中国经济出版社，2010年版。

35. 姚长辉：《固定收益证券定价与利率风险管理》，北京大学出版社，2006年版。

36. 杨海明、王燕：《投资学》，上海人民出版社，2007年版。

37. 于研：《信用风险的测定与管理》，上海财经大学出版社，2003年版。

38. 张晓琦：《我国商业银行信用风险度量及管理研究》，哈尔滨工程大学博士学位论文，2011年。

39. 张金清：《金融风险管理》，复旦大学出版社，2011年版。

40. 朱淑珍：《金融风险管理》，北京大学出版社，2012年版。